세계의 전함 1939~1945

CONTENTS

제2차 세계대전 함대 결전 4

세계 주요 전함 컬러 도면 8

제1장 미국 11
- 뉴욕급 전함 12
- 네바다급 전함 14
- 펜실베이니아급 전함 16
- 뉴멕시코급 전함 18
- 테네시급 전함 20
- 콜로라도급 전함 22
- 노스캐롤라이나급 전함 24
- 사우스다코타급 전함 28
- 아이오와급 전함 32
- 칼럼 - 알래스카급 대형 순양함 36

제2장 영국 37
- 퀸 엘리자베스급 전함 38
- 로얄 소버린급 전함 40
- 넬슨급 전함 42
- 킹 조지5세급 전함 44
- 순양전함 후드 48
- 리나운급 순양전함 52
- 전함 뱅가드 54
- 칼럼 - 전함등장 주요 해전 (유럽지역) 56

제3장 일본 57
- 순양전함/전함 공고 58
- 순양전함/전함 히에이 62
- 순양전함/전함 하루나 64
- 순양전함/전함 기리시마 66
- 전함 후소 68
- 전함 야마시로 70
- 전함/항공전함 이세 72
- 전함/항공전함 휴우가 76
- 전함 나가토 78
- 전함 무츠 82
- 전함 야마토 84
- 전함 무사시 88
- 칼럼 - 전함등장 주요 해전 (태평양전선) 92

제4장 독일·프랑스·이탈리아 93
- 도이칠란트급 장갑함 94
- 샤른호르스트급 전함 96
- 비스마르크급 전함 98
- 슐레스비히 홀스타인급 전함 102
- 쿠르베급 전함 104
- 브르타뉴급 전함 106
- 됭케르크급 전함 108
- 리슐리외급 전함 110
- 콘테 디 카보우르급 전함 112
- 카이오 두일리오급 전함 114
- 리토리오급 전함 116
- 칼럼 - 전함 각부 명칭 / 관련용어 118

제5장 소련·터키·그리스·남미3개국 119
- 마라급 전함 120
- 전함 아르항겔리스크 121
- 순양전함 야부즈 122
- 킬키스급 전함 123
- 미나스 제라이스급 전함 124
- 리바다비아급 전함 125
- 전함 알미란테 라토르레 126

제6장 각국의 미완성 전함 127
- 야마토 개량급/초 야마토급 전함 128
- B65급 초갑형 순양전함 130
- 몬태나급 전함 131
- H급 전함 132
- O급 순양함 133
- 라이온급 전함 134
- 전함 가스코뉴 135
- 소베츠키 소유즈급 전함 136
- K·네데린덴급 순양전함 137

집필/ 이토 류타로, 세토 도시하루, 마츠다이 모리히로
그림/ 다무라 노리오, 고가 슈우토, 다다 게이이치
사진/ 뇌서방(瀬書房), 미 해군, 이카로스 출판

이 책은 2005년 9월에 발행된 「밀리터리 선서6: 제2차 세계대전 세계의 전함」을 재 구성하고 크게 가필·수정 한 것이다.

사마르 앞바다 해전 때의 전함「나가토」 그림 / 요시하라 미키야

2차 세계대전 전함 대결 Part.1

독일 해군은 1935년부터 다가오는 세계대전에 대비해 열강의 전함과 필적하는 대전함 비스마르크의 건조를 개시하고 제2차 세계대전 개전 후인 1940년 8월에 준공했다. 비스마르크는 38㎝ 포 8문과 강인한 방어력, 28kn의 고속력을 함께 가진 전함으로, 영국 해군에는 비스마르크에 단독으로 맞설 수 있는 전함이 존재하지 않았다.

비스마르크는 숙달 훈련을 끝마친 1941년 5월 18일부터 연합국의 상선을 격침하여 교통로를 파괴하는 통상파괴작전 '라인 연습작전'에 중순양함 프린츠 오이겐과 출격했다.

여기에 대해 영국 해군은 강력한 비스마르크가 대서양에 나오는 것을 막고자 전함 3척, 순양전함 3척, 항모 2척, 순양함 11척, 구축함 21척 등 영국 함대의 거의 전 전력을 투입, 비스마르크를 포착해 격멸하고자 했다.

5월 23일 아이슬란드 앞바다에서 신예전함 프린스 오브 웨일즈와 세계 최대의 순양전함 후드가 비스마르크와 프린츠 오이겐에게 도전했다. 그러나 비스마르크가 쏜 포탄이 장갑이 얇은 후드의 갑판을 관통하여 탄약고를 직격 했다. 후드는 일순간에 폭침해 버렸다. 아직 숙달 훈련 중이었던 프린스 오브 웨일즈도 함교에 명중탄을 맞고 함장 이하 함교 인원이 모두 전사했기 때문에 후퇴했다.

라인 연습 작전
(비스마르크 추격전) 1941년 5월

독일 최신전함과 중순양함이 영국 최대 순양전함과 최신 전함을 해치웠던 것이다. 비스마르크는 그 뒤 프린츠 오이겐과 헤어져서 프랑스의 브레스트항으로 향했다. 5월 26일 바싹 따라붙은 영국 해군은 항모 아크로열에서 소드피쉬 뇌격기를 발진시켰다. 소드피쉬가 발사한 어뢰는 비스마르크의 키를 파괴했고, 비스마르크는 자유로운 행동이 불가능하게 되어버렸다.

27일 진퇴양난에 빠진 비스마르크 앞에 프린스 오브 웨일즈의 자매함 킹 조지 5세와 40.6㎝ 포 8문의 유럽 최강의 포격력을 가진 전함 로드니가 매복하고 있었다. 제아무리 비스마르크라 해도 키를 파괴당한 상태에서 영국 최강전함 2척의 적수는 되지는 못하여 다수의 주포탄과 어뢰를 맞고 결국 침묵, 그 뒤 침몰했다.

비스마르크는 최초의 항해에서 지고 말았지만, 영국 본국 전함대를 대등하게 상대하고 또 전함 2척을 격침 또는 대파하는 파격적인 전과를 올린 것으로 영원히 전사(戰史)에 남은 전함이 되었다. (상세지도는 100쪽 참조)

독일 신예전함 비스마르크가 최강 순양전함 후드를 일격에 격침하지만 총력을 다한 영국 본국함대에 무릎 꿇는다

후드를 향해서 38㎝ 주포를 일제히 발사하는 비스마르크

그림 / 요시하라 미키야

다이쇼 시대에 태어난 老고속전함 「기리시마」
미국 신예전함 2척에 한 발도 물러서지 않고 결국 아이언 바텀 사운드에 가라앉다!

1942년 8월이래 과달카날섬 공방전에서 고전하던 일본 해군은 10월 13일부터 14일에 걸쳐서 공고, 하루나 2척의 공고급 전함을 보내 과달카날섬의 미군 비행장을 포격, 35.6㎝ 포의 거탄을 쏟아 부어 일시적으로 미국 항공대의 활동을 봉쇄했다.

여기에 재미를 본 일본 해군은 이어서 11월에도 같은 공고급 전함 히에이, 기리시마로 정신포격을 계획하여 11월 12일 밤에 히에이와 기리시마를 중심으로 한 정신포격대가 과달카날섬 앞바다에 돌입했지만, 그곳에는 벌써 미 순양함대가 매복하고 있었다. 일본 함대는 미 함대의 순양함, 구축함을 대부분 격침했으나 히에이도 근접거리에서 직격탄을 다수 맞아 대파하여 자침하기에 이르렀다. 이것은 태평양 전쟁이 시작한 이래 일본 전함의 첫 손실이었다(제3차 솔로몬 해전·제1야전).

기리시마의 자매함 히에이를 잃었지만 일본 해군은 아직 과달카날섬 포격을 포기하지 않았고 11월 14일 밤, 다시 한 번 기리시마와 중순양함 '다카오', '아타고'를 중심으로 한 정신포격대를 과달카날섬 앞바다에 진입시켰다. 그러나 12일 싸움에서 순양함대를 거의 전멸당한 미 해군도 어떻게 해서든 과달카날섬 비행장을 지키고자 비장한 결의를 하고 있었다. 마지막 비장의 카드로 신예 전함 워싱턴과 사우스다코타 2척을 과달카날섬 앞바다에 내보냈던 것이었다.

적 전함을 발견한 기리시마는 중순양함과 함께 전포문을 열어 전위의 사우스다코타에 집중공격을 퍼부었다. 함 후부의 정찰기가 불타면서 이것이 좋은 목표가 된 불운을 떠안은 사우스다코타는 상부 구조물이 엉망으로 파괴된 채 후퇴하기 시작했다.

그러나 어둠 속에서 목표를 분간하지 못하던 후위의 워싱턴이 8,000m의 거리에서 레이더 사격을 개시했고, 기리시마는 워싱턴의 40.6㎝ 포탄 6발을 맞았다. 기리시마는 원래 순양전함이었는데다 함령 27세의 노함이었는지라 40.6㎝ 포탄의 직격은 견딜 수 없었다. 얼마 뒤 기리시마는 큰 화재를 일으키며 침묵, 11월 15일 미명에는 크게 기울어져 아이언 바텀 사운드 속으로 사라졌다(제3차 솔로몬 해전·제2야전).

기리시마는 이렇게 격침되었지만, 태평양 전쟁에서 적 전함에 의미있는 타격을 입힌 일본 전함은 기리시마 뿐이었다. 어떤 의미로는 태평양 전쟁의 일본 전함 중에서 가장 행복한 최후를 맞이했다고 할 수 있을 것이다. (상세지도는 25쪽 참조)

2차 세계대전 전함 대결 Part.2

제3차 솔로몬해전
제2야전 1942년 11월 14일

적 전함을 향해서 공격을 개시하는 기리시마.
불타는 사우스다코타와 원거리에서 발포 화염을 뿜어내는 워싱턴

그림 / 사타케 마사오

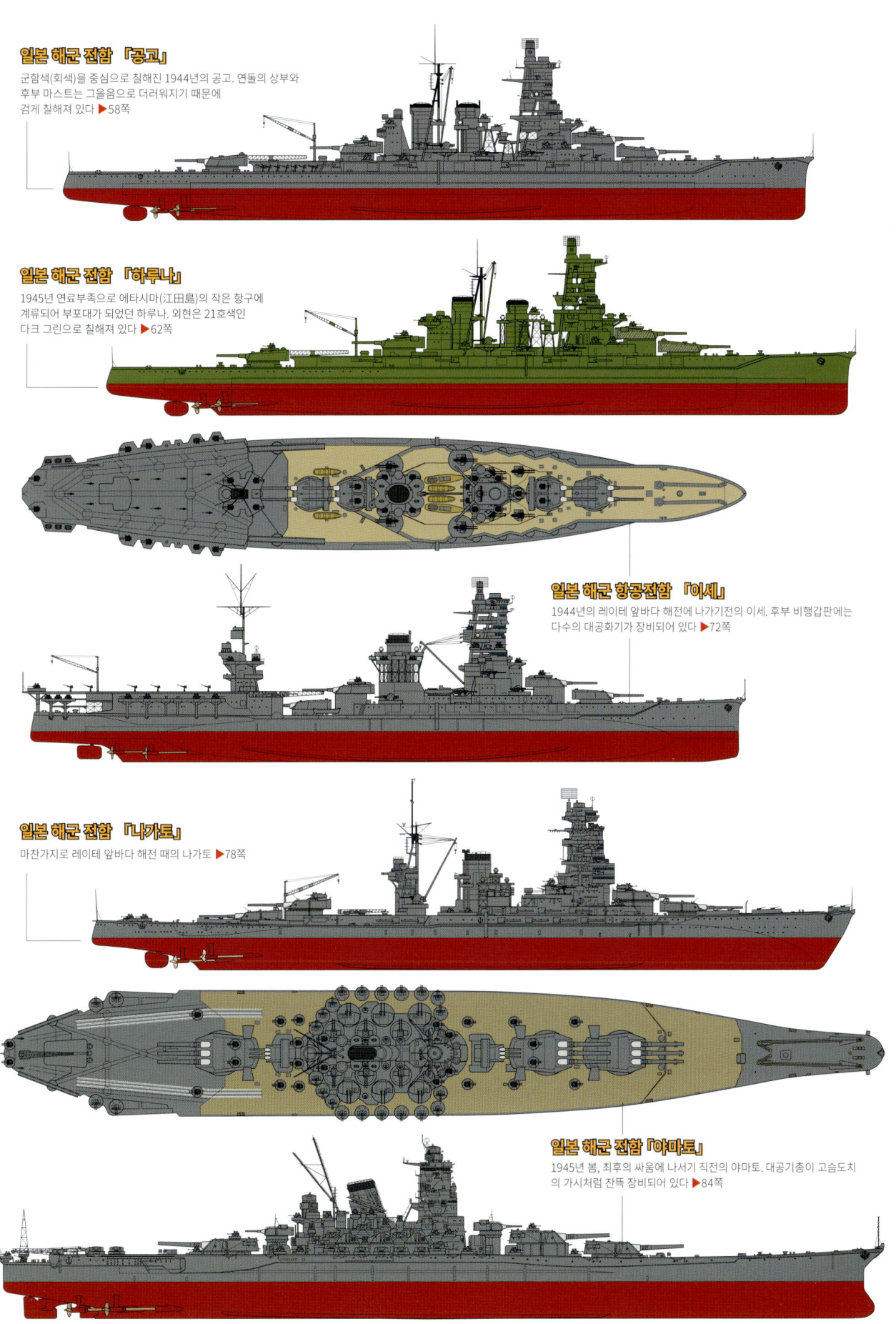

일본 해군 전함 「공고」
군함색(회색)을 중심으로 칠해진 1944년의 공고. 연돌의 상부와 후부 마스트는 그을음으로 더러워지기 때문에 검게 칠해져 있다 ▶58쪽

일본 해군 전함 「하루나」
1945년 연료부족으로 에타시마(江田島)의 작은 항구에 계류되어 부포대가 되었던 하루나. 외현은 21호색인 다크 그린으로 칠해져 있다 ▶62쪽

일본 해군 항공전함 「이세」
1944년의 레이테 앞바다 해전에 나가기전의 이세. 후부 비행갑판에는 다수의 대공화기가 장비되어 있다 ▶72쪽

일본 해군 전함 「나가토」
마찬가지로 레이테 앞바다 해전 때의 나가토 ▶78쪽

일본 해군 전함 「야마토」
1945년 봄, 최후의 싸움에 나서기 직전의 야마토. 대공기총이 고슴도치의 가시처럼 잔뜩 장비되어 있다 ▶84쪽

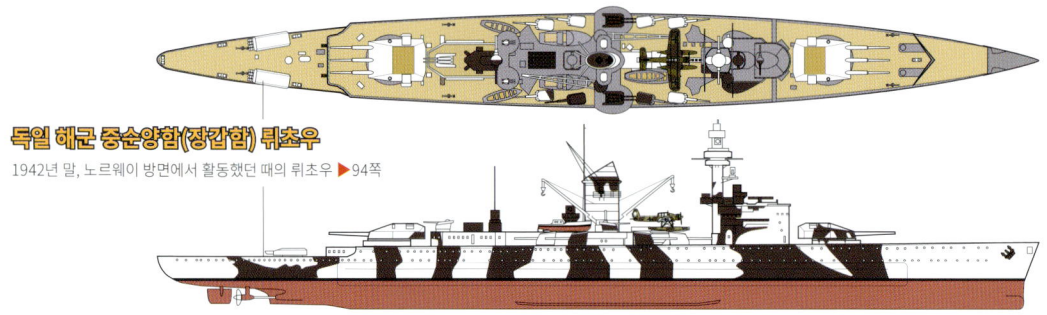

독일 해군 중순양함(장갑함) 뤼초우
1942년 말, 노르웨이 방면에서 활동했던 때의 뤼초우 ▶94쪽

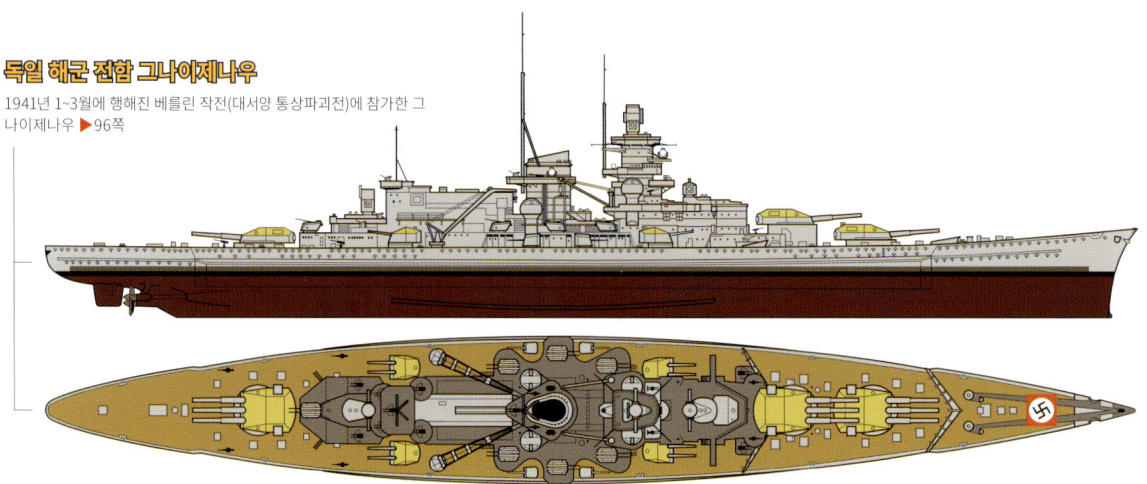

독일 해군 전함 그나이제나우
1941년 1~3월에 행해진 베를린 작전(대서양 통상파괴전)에 참가한 그나이제나우 ▶96쪽

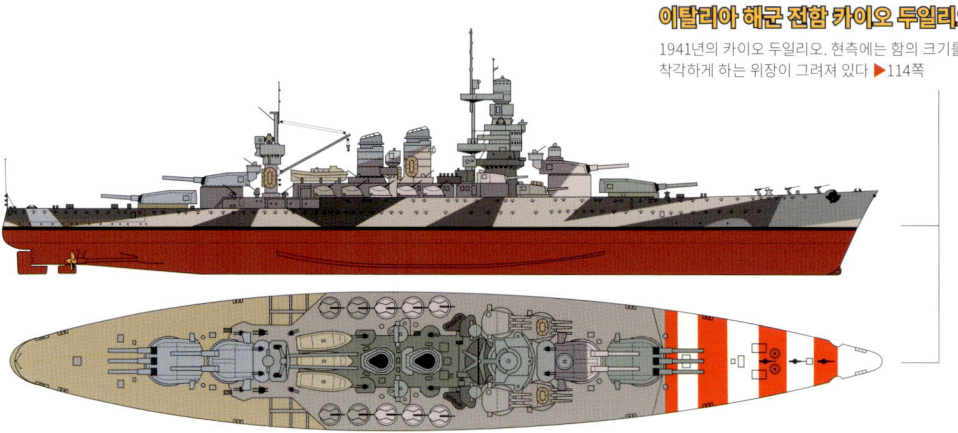

이탈리아 해군 전함 카이오 두일리오
1941년의 카이오 두일리오. 현측에는 함의 크기를 착각하게 하는 위장이 그려져 있다 ▶114쪽

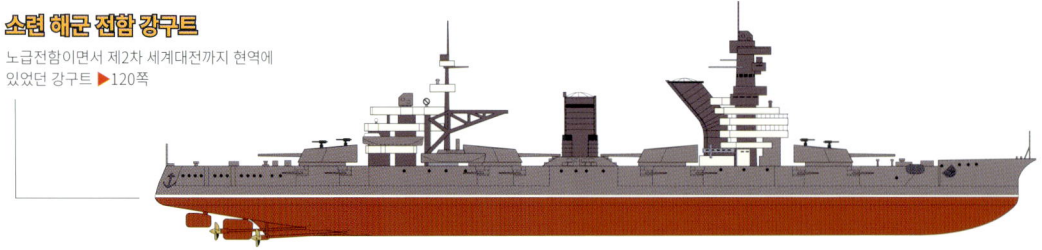

소련 해군 전함 강구트
노급전함이면서 제2차 세계대전까지 현역에 있었던 강구트 ▶120쪽

미국의 전함

글 이토 류타로 **그림** 다무라 노리오

제1차 세계대전 후 미국은 급속히 해군 군비를 강화하여, 영국에 이은 세계 제2의 해군국이 되었다. 미 해군은 같은 맥락에서 대전 후에 전력을 확장해 온 일본 해군을 가상 적으로 보고, 일본을 능가하고자 많은 전함을 건조했다. 미·일 간 건함 경쟁은 1922년에 체결된 군축 조약으로 잠시 일단락되었으나, 군축조약이 체결되지 않고 건함 경쟁이 이어졌더라도 결국 국력의 차로 미국이 일본을 압도했을 것은 분명하다.

1915년부터 1920년 사이에 건조된 뉴욕급, 네바다급, 펜실베이니아급, 뉴멕시코급, 테네시급은 기본적으로 앞서 만들어진 함급에서 익힌 기술을 후속 함급에 물려주어 점점 성능을 높여가고 있었다. 1921년에 건조된 콜로라도급은 40cm 포를 탑재함으로써 나가토급, 넬슨급과 함께, 해군 휴일 당시 '빅 세븐'이라고 불리었다. 군축조약 전에 건조된 이들 전함은 개장공사를 받아 제2차 세계대전에도 참가했다.

공격력·속력을 중시하는 일본 전함과 달리 방어력을 중시하고 있었던 것이 이 시기 미국 전함의 특징이다. 또 와이오밍급의 아칸소^{Arkansas}도 제2차 세계대전에 참전했다.

그리고 무조약 시대에 들어와 새로 건조된 노스캐롤라이나급, 사우스다코타급, 아이오와급의 3개 급은 모두 방어력이 뛰어나고 내용이 충실한 설계를 채택한 전함이었다. 특히 아이오와급은 속력, 공격, 수비 성능이 모두 뛰어나면서도 균형잡힌 강력한 전함이었다. 라이벌인 야마토급과 비교하면, 순수한 공격·방어력은 뒤쳐졌지만, 속력과 전자장비에서 더 우수했다.

제2차 세계대전에서 미 전함군은 서전의 진주만 공격으로 큰 타격을 받았지만, 후에 항모부대 호위와 지상 함포 사격 등으로 활약했다.

(글/편집부)

제1장

뉴욕급
네바다급
펜실베이니아급
뉴멕시코급
테네시급

콜로라도급
노스캐롤라이나급
사우스다코타급
아이오와급

미국 해군  USN — 1차대전에도 참가했던 미국의 초노급 전함
뉴욕급 전함

뉴욕급은 미 해군 첫 초노급 전함이다. 네임쉽[1] 뉴욕은 1914년 4월에, 텍사스는 그보다 1개월 전인 3월에 준공되었다.

뉴욕급 바로 전에 건조된 와이오밍급의 경우, 35.6cm포 탑재 개발이 늦어졌기 때문에 이를 탑재하는 것은 단념하고 대신 30.5cm 포를 탑재했다. 그러나 뉴욕급은 막 실용화된 35.6cm 포를 주포로서 탑재했다. 구경이 확대된 만큼 연장포탑 개수는 와이오밍급에서 6기이던 것이 1기 줄어들어 5기가 되었다.

그러나 이는 영국이 노급전함 이상의 성능을 갖춘 34.3cm 포를 탑재한 초노급전함 오리온급을 건조한 지 5년 후의 일로, 영국은 벌써 초노급전함 12척, 초노급 순양전함 4척을 갖추었다. 더군다나 그 1년 전에는 일본도 35.6cm포 탑재 순양전함 공고를 보유하게 되었으므로, 미 해군은 초노급전함 보유에서 영·일에 뒤처진 셈이 되었다.

2개의 연돌 전후에 격자형 마스트를

---
[1] Nameship 복수의 동급 전함 중 가장 먼저 만들어진 전함

설치한 상부구조물 배치는 이 시기 미국 전함의 공통된 배열이지만 주포탑은 앞부분에 2기를 배치하고, 뒷부분 마스트 바로 뒤에 1기, 그 뒤에 2기를 배치하는 식이다. 와이오밍급은 기관으로 증기 터빈을 채용했는데, 당시 터빈기관은 성능이 안정적이지 않다는 평가가 있었기 때문에 뉴욕급은 왕복식의 레시프로 엔진을 기관부에 채택했다.

제1차 세계대전에 미국이 참전함으로써 뉴욕은 제6전함전대의 기함으로, 텍사스는 그 요함으로 유럽으로 파견되었다. 제6전함전대는 영국의 그랜드 플리트에 소속되어 작전에 참가했다. 뉴욕은 독일 잠수함의 공격으로 손상을 입었지만, 이것이 제1차 세계대전에서 미국 전

제1차 대전 중 건조되어 제2차 대전까지 활약한 뉴욕. 준공 직후인 1915년의 사진

함이 입은 유일한 피해였다.

텍사스는 1925년, 뉴욕은 1926년부터, 대규모 개장공사에 들어갔다. 우선 주포 앙각을 15도에서 30도로 늘려 사정거리를 연장하고, 마스트를 기존의 격자형에서 더 튼튼한 삼각 마스트로 변경했다. 또 보일러를 바꾸어 연돌이 1개로 줄었고, 사출기 등 항공기 탑재 설비 추가, 현측방어강화를 위한 대형 벌지 추가, 12.7cm 부포 일부를 12.7cm 고각포로 바꾸는 등의 공사가 있었다.

강철관을 격자형으로 조립하여 구성한 격자형 마스트는 가볍고도 튼튼하며, 정상부에 넓은 면적의 플랫폼을 설치할 수 있어 사격지휘가 편리하고 철갑탄이 명중해도 신관의 동작을 방해하여 폭발하지 않는 이점이 있다. 따라서 이 시기에 건조된 미 해군 전함에 사용되어 미 해군의 상징이 되었지만 실제로 운영해보니 정상부 플랫폼의 진동이 커서 사격지휘가 곤란했다. 또 미 해군 첫 초노급전함 사우스캐롤라이나의 격자형 마스트가 강풍에 붕괴하는 사고도 발생했기에, 개장할 때 삼각마스트로 교체되었다. 다만, 피스톤식 기관은 터빈기관으로 교환되지 않고 그대로 유지되었다.

1938년 뉴욕은 미 해군에서 최초로 실험용 레이더를 탑재해 실용시험을 했다. 이는 일본 해군보다 4년이나 앞선 것이었다.

제2차 세계대전 발발 후, 뉴욕과 텍사스는 대서양 방면에서 선단 호위를 맡았다. 북아프리카 상륙작전에는 지원부대로서 육상에 대한 함포 사격을 했다. 이것은 미 해군이 처음으로 시도한 전함 육상포격을 통한 상륙작전 지원이었다. 이때 미 해군은 전함의 포격이 상륙작전 지원에 매우 큰 효과가 있음을 확

근대화 개장을 한 1930년대의 뉴욕

뉴욕급 2번함 텍사스. 전후(戰後)인 1948년의 모습

그 뒤 뉴욕은 사격 훈련함 임무에 종사했다. 텍사스는 노르망디 상륙작전에서 지원임무를 맡았지만 쉘부르 포격 때는 상륙 시 적의 반격으로 손상을 입었다. 이어서 남프랑스 상륙작전(드라군 상륙작전)에서도 지원임무를 맡았다.

제2차 세계대전 중에 두 함의 마스트에는 사격지휘 레이더, 수색 레이더가 탑재되었고 40㎜ 4연장기총, 20㎜ 단장기총이 함상의 곳곳에 장비되어 있었다.

대서양 방면 해상 전투의 귀추가 거의 결정된 제2차 세계대전 말기, 뉴욕과 텍사스는 태평양 방면에 돌아가 이오지마, 오키나와 상륙작전에 참가, 지원함포사격을 하였다. 오키나와 전투에서는 뉴욕이 특공기에 명중 당해 손상을 입었다.

뉴욕은 제2차 세계대전이 끝난 1946년, 비키니 환초에서 진행된 원폭 실험 크로스로드 작전의 표적함으로 원폭 폭발을 맞았다. 바로 침몰하지 않았던 뉴욕은, 콰절런 환초에 돌아와서, 방사능 유출이 조사되었다. 조사 후에는 표적함으로서 바다에 버리는 것으로 정해져서, 그 모습을 감추었다.

텍사스는 일단 폐함으로 정해졌지만 1948년 텍사스주가 인수하여 기념함으로 보존되었다. 텍사스는 지금도 텍사스주 휴스턴 교외의 산 하신토 공원에 보존 전시되어 있다.

■ 뉴욕의 전함 이력
1911년 : 기공
1914년 : 준공
1917년 : 제1차 세계대전 참전
1926년 : 근대화 개장
1941년 : 제2차 개장
1942년 11월 : 북아프리카 상륙작전 참가
1945년 2~4월 : 이오지마, 오키나와 작전 참가
1948년 : 표적함으로 침몰

■ 전함 뉴욕 주요 사양 (근대화개장후)
기준배수량 : 26,915톤
길　이 : 174.8m
너　비 : 32.3m
흘　수 : 8.7m
출　력 : 28,100hp
속　력 : 21kn
항속거리 : 10kn / 7,060해리
무　장 : 35.6㎝ 연장주포 5기, 12.7㎝ 단장포 16문, 7.6㎝ 고각포 8문, 2.8㎝ 기관포 8문
장　갑 : 수선 305mm, 갑판 145mm, 주포탑 356mm, 사령탑 306mm
승무원 : 1,290명

NEW YORK CLASS

동급함 - 뉴욕, 텍사스

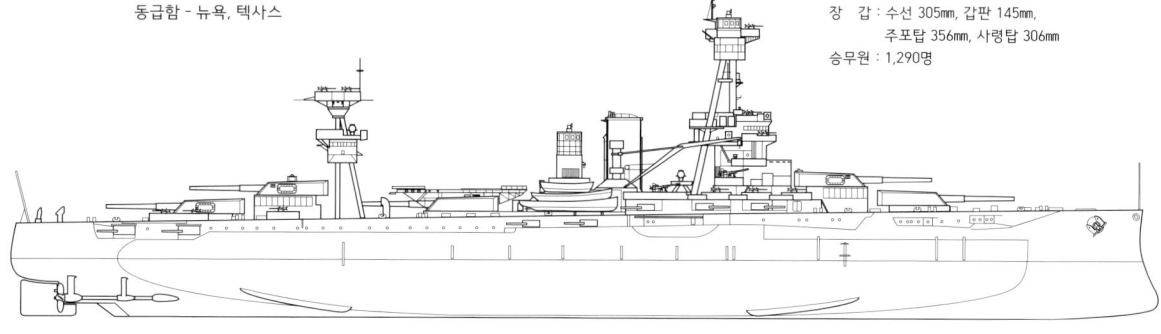

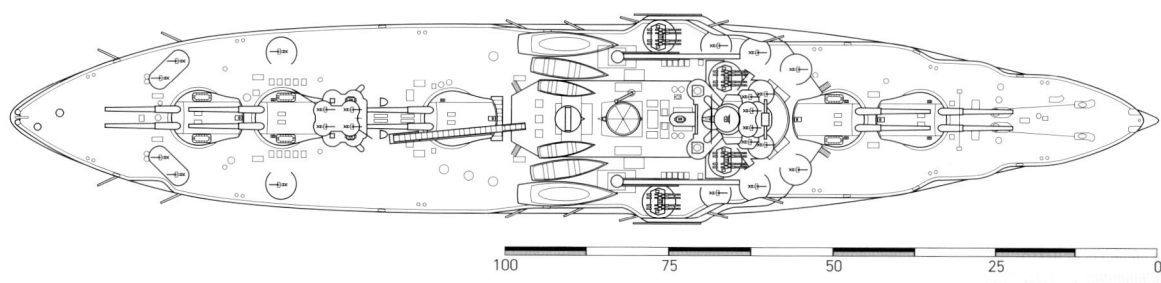

뉴욕 (1944년)

진주만의 비극에서 부활한 불굴의 전함
네바다급 전함

미국해군  USN

네바다급은 뉴욕급에 이은 미해군의 두 번째 초노급전함 함급으로, 1916년 3월에 네임쉽 네바다가, 5월에는 오클라호마가 연이어 준공되었다.

네바다급은 미 해군에서 처음으로 3연장 주포탑을 채용했다. 포탑 수는 뉴욕급의 5기에서 1기가 줄어든 4기가 되었지만, 3연장 포탑 2기와 연장 포탑 2기로 구성되어 전체 주포 문수는 10문으로 같았다.

포탑수가 1기 줄면서, 방어방식도 근본적으로 재점검되었다. 종래는 현측 전체에 설치되었던 장갑을 탄약고와 기관부 등 전함 중앙의 중요부분에 집중하고, 함수부와 함미부는 비장갑으로 하는 집중방어방식all or nothing 방식을 채용했다. 이것은 초대 텍사스[1]를 표적으로 사용한 사격실험을 통해 함수와 함미부 장갑은 덜 중요하다는 결론이 내려졌기 때문이었다. 장갑을 주요부분으로 집중함으로써 장갑 부분의 방어를 더욱 튼튼하게 하는 것이 가능해졌다.

이 시기의 미 해군은 터빈기관과 레시프로기관 사이의 우열을 가릴 수 없었기 때문에, 네바다는 터빈기관, 오클라호마는 레시프로기관을 각각 탑재했

---
[1] 1892년 진수된 미 해군 최초의 전함. 1911년 표적함으로 쓰여 침몰되었다.

다. 보일러도 두 함이 서로 다른 형식을 탑재했었다. 연돌은 순공시부터 1개였고, 연돌 앞뒤에는 이 시기 미 해군 전함의 기본인 격자형 마스트가 하나씩 설치되었다.

와이오밍급과 뉴욕급은 포탑수도 많

격자형 마스트가 인상적인 1916년 준공당시의 네바다

고 갑판이 평갑판형이었던 반면, 능파성(耐波性, 파도에 견디는 성능)이 다소 부족한 탓에 앞부분 갑판이 파도를 뒤집어쓰는 일이 많아서 네바다급은 전함의 앞쪽에 한 층 높은 선수누각갑판을 설치했다. 선수누각갑판은 전함길이의 반 이상, 후부마스트 바로 앞까지 뻗어와 있다. 이러한 갑판 형식은 이후, 군축조약성립 전까지 건조된 미국 전함에 이어졌다. 또 오클라호마는 의장 공사 중에 화재가 나기도 했다.

워싱턴 해군 군축조약 성립으로 전함의 신규건조가 금지되자, 각국은 기존 전함에 대규모 개장공사를 하여 전력을 증강하고자 했으며, 미 해군도 마찬가지였다. 네바다와 오클라호마는 1927년부터 29년에 걸쳐서 대규모로 개장했다. 개장 내용은 주포 앙각을 15도에서 30도로 높여 사정거리 연장, 격자형 마스트를 삼각마스트로 교체, 뒷 갑판에 항공기 탑재장비 설치, 12.7cm 부포 장비위치변경, 부포 일부 12.7cm 고각포로 교체, 현측에 어뢰방어용의 대형 벌지를 장착한 것 등이었다. 뉴욕급은 뒷부분 삼각 마스트가 앞부분 마스트 반 정도 높이였지만, 네바다급은 앞뒤 삼각 마스트가 같은 높이였다.

1941년 12월 일본 해군의 진주만 공격 때는 네바다, 오클라호마와 함께 진주만 항구 내에 정박해있었다. 두 함 모두, 일본 해군 기동부대 함상기의 공격에 노출되어, 네바다는 어뢰 1발, 폭탄 5발, 오클라호마는 어뢰 3발을 맞아 침몰했다.

3개월 후인 이듬해 2월 네바다는 인양되어, 미국 본토로 예항되었다. 퓨젯사운드 공창에서 10월까지 수리와 함께 대개장공사를 받아 전함모습이 전혀 달라졌다. 종래의 12.7cm부포, 고각포는 전부 철거되고, 신형전함과 동급인 12.7cm 연장 양용포탑 8기가 탑재되었다. 또 뒷부분마스트가 철거되고 소형삼각마스트가 앞에 걸쳐졌다. 앞부분 삼각마스트는 레이더를 장비했고, 마스트를 둘러싸던 설비되었던 주위의 구조물에는 각종 사격관제장치가 설치되어, 40mm 4연장기총, 20mm 단장기총이 다수 장비되었다. 구조물이 중앙부에 집중된 전함의 실루엣 만큼은 신형전함을 방불케 하는 모습으로 변해있었다.

한편, 오클라호마는 2년 뒤인 1943년 3월에 인양되고, 선거dock/도크에서 수리를 시작했지만, 손상이 너무 심해 12월에 공사가 중지되었고, 이후 암벽에 계류된 채 남겨졌다.

대개장이 끝나고 전선에 복귀한 네바다는 알류샨 열도 공략작전지원에 참가했고, 후에는 대서양방면을 전전했다. 노

네바다는 진주만공격으로 인해 대파 착저하여 인양 후 수리와 함께 제2차 개장공사를 했다. 사진은 1944년 모습

노르망디 상륙작전, 남프랑스 상륙작전(드라군 상륙작전 Operation Dragoon)에서도 지원 포격을 했다. 그 후 또다시 태평양 방면으로 돌아와, 이오지마 상륙작전, 오키나와 상륙작전에 참가, 육상 함포 사격을 실시했다. 오키나와 전에서는 특공기 명중, 육상포대의 포격 명중으로 각각 작게나마 파손을 입었다.

제2차세계대전이 끝난 1946년, 네바다는 비키니 환초에서 원폭실험 '크로스 로드 작전'의 표적함이 되었다. 원폭 폭발을 맞은 네바다였지만 피해에 견디어 침몰하지는 않았다. 원폭 폭발을 견딘 네바다는 1948년 하와이 앞바다에서 포·폭격표적함이 되어 항공기의 폭격과 함포 사격을 맞고 침몰했다.

진주만 암벽에 계류상태였던 오클라호마는, 1947년에 폐철(스크랩)으로 매각되어 해체를 위해 미국으로 옮겨지게 되었다. 그러나 예항 중에 폭풍을 만났고, 선상의 심한 손상 때문에 그대로 하와이 앞바다에 침몰했다.

1929년 근대화 개장후의 오클라호마. 오클라호마는 진주만공격에서 대파착저, 인양되었지만 손상이 심해 수리를 포기했다.

■ 네바다 전함 이력
- 1912년 : 기공
- 1916년 : 준공
- 1927년~29년 : 근대화 개장
- 1941년 12월 : 진주만 공격에 조우, 대파착저
- 1942년 : 제2차개장
- 1943년 5월 : 애투섬 상륙작전에 참가
- 1944년 6월 : 노르망디 상륙작전에 참가
- 1944년 8~9월 : 남프랑스 상륙작전에 참가
- 1945년 2~6월 : 이오지마, 오키나와작전에 참가
- 1948년 7월 : 표적함으로 침몰

■ 제원 전함 네바다(근대화 개장 후)
- 기준 배수량 : 29,065t
- 길 이 : 177.8m
- 너 비 : 32.9m
- 흘 수 : 8.7m
- 출 력 : 26,500마력
- 속 력 : 20.3kn
- 항속력 : 10kn/15,700해리
- 무 장 : 35.6cm 연장주포탑 2기
  35.6cm 3연장 주포탑 2기
  12.7cm 단장대공포탑 12기
  12.7cm 단장고각포탑 8기
- 장 갑 : 수선 343mm, 갑판 114mm
  주포탑 456mm, 사령탑 406mm
- 승무원 : 1,400명

NEVADA CLASS
동급함 - 네바다, 오클라호마

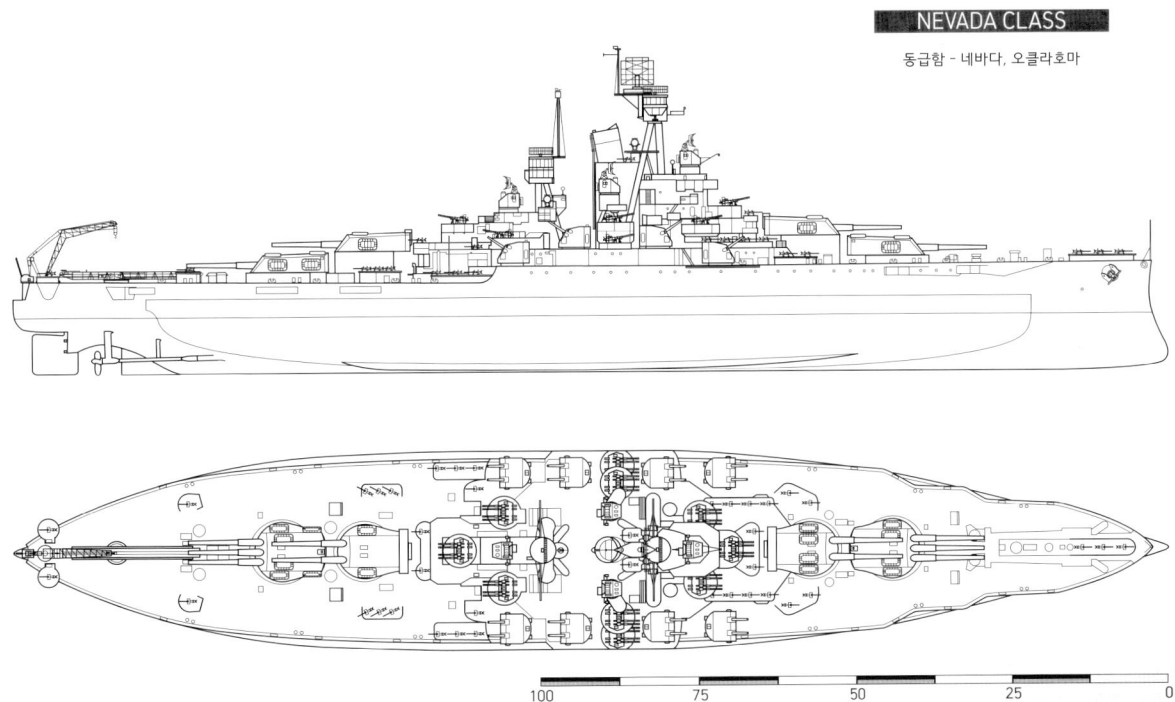

네바다 (1944년)

미국해군  미해군 첫 36㎝포 12문 탑재 전함
펜실베이니아급 전함

펜실베이니아급은 1916년 1월 네임쉽 펜실베이니아, 같은 해 10월에 애리조나가 준공되었다.

35.6㎝ 주포는 포탑 4기 전부 3연장 포탑으로 문수는 12문으로 늘었다. 배수량도 늘어서, 기준 배수량이 3만 톤을 넘는 첫 미국 전함이 되었다. 주포탑 4기가 전부 3연장 포탑으로 바뀐 외에는 전후에 우뚝 솟은 격자형 마스트, 앞부분 마스트 바로 뒤의 1개의 연돌, 선체의 반 이상을 차지하는 선수누각갑판 등, 앞서 만들어진 네바다와 비슷했다. 다만, 터빈기관의 성능이 더 좋아져서, 펜실베이니아, 애리조나 두 전함 모두 이를 기관으로 탑재했다.

다만, 같은 터빈기관이었지만 각각 다른 타입을 탑재했다. 뉴욕급 이후 전함 건조에서 시행착오를 반복하면서 점진적으로 개량해가는 미해군 초노급 전함 개발 방식을 잘 보여주는 함이다.

펜실베이니아는 사령부용 작전 지휘함교가 장비되는 등, 기함 시설이 충실하여 취역 후 곧바로 대서양 함대 기함이 되었고, 그 뒤 1922년에는 합중국 함대 기함이 되었다.

1929년부터 1931년에 걸쳐 펜실베이니아와 애리조나는 대개장공사를 받았다. 공사내용은 주포앙각을 15도에서 30도로 높여 사정거리 연장, 격자형 마스트

근대화 개장을 끝낸 펜실베이니아. 1934년 사진

에서 삼각 마스트로 교환, 뒷부분 갑판의 항공기 탑재장비 설치, 12.7㎝ 부포 장비 위치변경과 일부를 12.7㎝ 고각포로 교환, 어뢰방어용 대형벌지 현측 장착 등이었다. 이것은 함급이 거의 동등한 네바다급과 같은 내용으로 개장 후 전함모습도 비슷했다.

개장 후도 펜실베이니아는 계속해서 합중국 함대 기함 임무를 맡이 1941년 진주만 공격을 맞이하게 되었다.

진주만 공격에서 애리조나는 일본 해군 기동부대 함상기의 공격으로 어뢰1발, 폭탄8발이 명중하여 침몰했다. 1,000명 이상의 승무원이 전함과 운명을 같이했다. 손상상태가 너무 심해서 인양에 착수하지도 못하고 그대로 폐함이 되었다.

펜실베이니아는 정비를 위해 도크에 입거(入渠-배가 선거로 들어감)해 있었기 때문에 공격은 폭탄 2발 명중으로 끝나고 항행 가능상태였다. 자력으로 미국 본토에 귀환했고 3개월간의 수리 끝에 대열에 복귀하여 그대로 전함부대 기함임무를 계속했다. 1942년 10월부터 개장공사에 착수하여 뒷부분 마스트 철거, 레이더 장비, 12.7㎝부포의 고각포를 12.7㎝ 연장 양용포로 교환, 40㎜ 4연장기총, 20㎜ 단장기총의 장비 등 공사가 진행되었다. 손상의 정도도 적었기 때문에 진주만 공격의 피해 수리와 개장을 같이 한 전함으로서는 함형 변모가 가장 적었다.

개장 후 펜실베이니아는 애투섬 공략작전 참가를 위해 알류산 열도 방면으로 출격하여 상륙작전을 지원했다. 수리와 다시 한 번의 개장 뒤 키스카섬 공략작전 참가를 위해 다시 한 번 알류샨 열도 방면으로 출격했다.

이후, 종전 시 태평양방면에서 각지를 전전하여 마킨섬, 콰절런 환초, 에니위톡 환초 공략의 중부 태평양 방면작전, 사이판, 괌 공략의 마리아나 제도방면 작전, 펠릴류섬 공략작전, 필리핀 레이테섬 공략 작전에서 상륙시의 지원함포 사격을 했다.

필리핀 작전 중에는 일본 해군의 니시무라 부대를 요격하고, 수리가오 해협 야간전투에 참가하여 거의 동시기에 준

준공 직후의 1916년, 뉴욕의 이스트 강을 당당하게 항행하는 애리조나. 그녀는 진주만 공격으로 격침되어, 지금까지 진주만 해저에 침몰한 상태다.

공되었던 전함 야마시로와 교전하여 침몰시켰다. 필리핀 링가옌만 상륙작전 지원, 웨이크섬 포격 뒤, 오키나와 방면에서 일본 해군기의 공격으로 대파당했다. 종전 3일전 일이었다.

1946년 비키니 환초에서 일어난 원폭 실험 '크로스 로드 작전'에 펜실베이니아도 표적함으로 함께 했다. 원폭의 폭발을 맞은 펜실베이니아는 피해를 견디고 침몰하지 않았다. 2년후 1948년 콰절런 앞바다에서 포·폭격표적으로 사용되어 항공기의 폭격과 함포 사격을 맞고 침몰했다.

진주만의 얕은 바다에 잠겨 있던 애리조나는 1960년에 기념함이 되어, 그 장소에 상태를 유지하여 보존되었다. 현재는 애리조나의 선체에 올라갈 수 있도록 애리조나 기념관이 만들어져서 애리조나와 전사한 승무원을 애도하는 장소가 되었다.

펜실베이니아의 35.6㎝ 3연장주포탑 2기

■ 펜실베이니아 전함 이력
1913년 : 기공
1916년 : 준공
1929년~31년 : 근대화 개장
1941년 12월 : 진주만 공격을 당해 소파
1942년 : 제2차 개장
1943년 : 애투섬, 키스카섬, 마킨섬 상륙작전
1944년 : 마셜 제도 상륙작전, 마리아나 제도 상륙작전, 레이테섬 상륙작전에 참가
1944년 10월 24~25일 : 수리가오 해협 해전에 참가
1945년 : 링가옌만 상륙작전에 참가, 웨이크섬 함포사격
1948년 2월 : 표적함으로 침몰

■ 제원 전함 펜실베이니아(근대화 개장 후)
기준 배수량 : 33,125t
길 이 : 182.9m
너 비 : 32.4m
흘 수 : 10.1m
출 력 : 33,375마력
속 력 : 21kn
항속력 : 10kn/19,000해리
무 장 : 35.6㎝ 3연장주포탑 4기, 12.7㎝ 단장포탑 14기
         12.7㎝ 고각포탑 12기
장 갑 : 수선 343mm, 갑판 114mm
         주포탑 456mm, 사령탑 406mm
승무원 : 1,159명

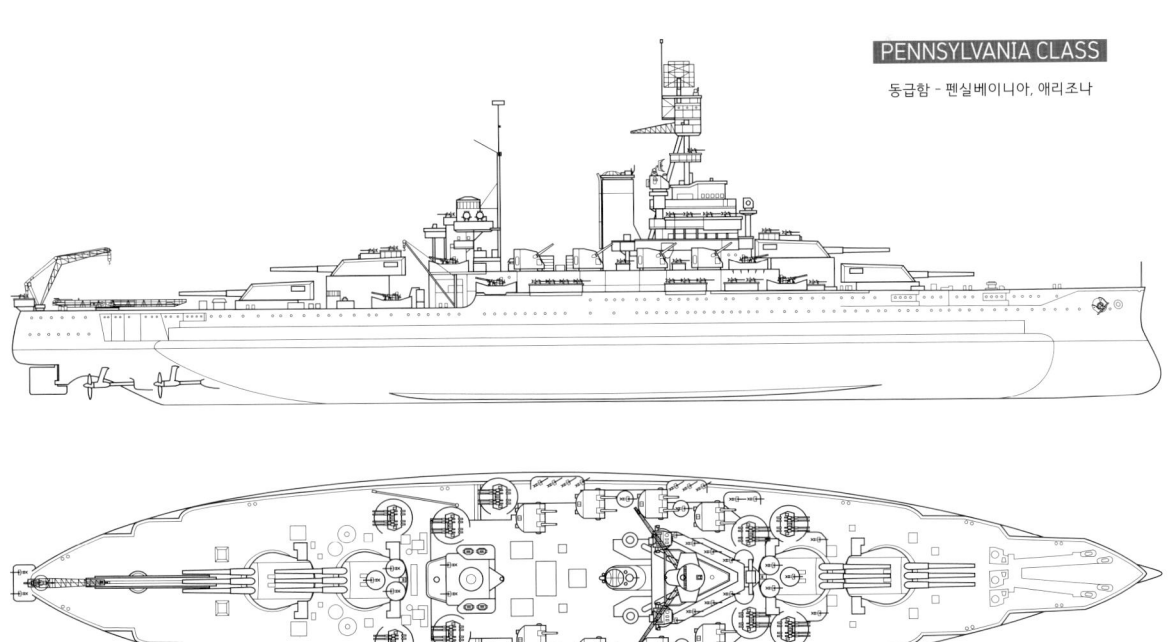

PENNSYLVANIA CLASS
동급함 - 펜실베이니아, 애리조나

펜실베이니아 (1943년)

미국해군  진주만 공격의 난을 피한 행운의 세 자매
뉴멕시코급 전함

뉴멕시코급은 1917년 12월에 미시시피가, 1918년에 네임쉽인 뉴멕시코가 준공됐다. 원래는 2척만 건조할 계획이었지만, 구식전함인 선대 미시시피와 아이다호를 그리스에 매각한 대금으로, 1919년 3월에 아이다호 1척을 추가 준공했다.

전체적으로 뉴멕시코급은 전에 만들어진 펜실베이니아급과 변함이 없는 함형이었지만 함수 앞부분이 크게 돌출된 클리퍼(쾌속범선, Clippers bow)형 뱃머리로 길이가 약 5m 길었다. 주포인 35.6cm포의 포신이 45구경장에서 50구경장으로 길어졌고, 최대앙각도 종래의 15도에서 30도로 높아져 위력과 사정거리가 늘었다. 뉴멕시코급 이전의 전함들은 개장 때에 앙각증대 작업을 해야 했다.

미시시피와 아이다호는 종래형의 증기 터빈 기관을 탑재했지만 네임쉽 뉴멕시코만이 전기 추진하는 터빈 발전식기관을 탑재했다. 고압증기를 터빈에 불어넣어서 스크류를 회전시키는 증기 터빈 기관과 비교하면, 터빈 발전식 기관은 증기 터빈을 회전시켜 발전하고 그 전력으로 모터를 움직여 스크류를 회전시킨다. 항속력이 우수하고 회전수 조정도 쉬운 등의 이점이 많은 터빈 발전식 기관은 당시 미국의 뛰어난 전기기술로 실현 가능했다.

준공하고 약 10년이 지난 1931~34년에 걸쳐서 뉴멕시코급 각 함의 개장

근대화개장 전의 1919년 당시의 뉴멕시코. 2번 포탑 위에 복엽비행기를 탑재하고 있다. 뉴멕시코는 동급함 중에서 유일하게 터빈 발전식기관을 탑재했다.

공사가 있었다. 내용은 다른 미 전함의 개장과 마찬가지로 뒷부분 갑판에 항공기 탑재장비의 설치, 12.7cm 부포의 장비위치변경과 일부를 12.7cm 고각포로 교환, 어뢰방어용의 대형벌지를 현측에 장착하는 등이었고 앞부분의 격자형 마스트를 철거하고 대신 사각박스형 망루가 만들어졌다. 영국 전함 넬슨급의 자료를 입수하여 참고한 것으로, 종래 미 전함과는 전혀 다른 획기적인 근대적 전함형이었다.

제2차 세계대전 후 1941년 뉴멕시코급의 3척은 대서양으로 이동하여 아이슬란드 직진에 침가하였다. 그 때문에 진주만 공격을 피할 수 있었다. 이들은 진주만 공격 이후 곧바로 전함 전력이 괴멸한 태평양방면으로 돌아갔다. 이후 3척은 나란히 태평양 방면 각지를 전전했다.

뉴멕시코급은 전쟁 중에 레이더와 기총을 증설하는 등의 개장을 했지만, 전쟁 전의 대개장 때에 설치된 탑형 망루는 그대로여서 전함 모습이 크게 바뀌는 일은 없었다.

1943년에는 알류샨 열도 공략 작전을 지원, 키스카섬을 포격했다. 타라와섬, 마킨섬공략지원 때에는 미시시피가 포탑 폭발 사고를 일으켰다. 그 뒤에도 콰절런 섬, 사이판, 괌, 이오지마, 필리핀 레이테 섬과 각지의 공략 작전지원에 참가하여 함포사격을 실시했다.

이 사이 아이다호만 1944년 10월부터 이듬해 3월 까지 부포를 철거하고 12.7cm 단장양용포 10문으로 교환하는 개장공사를 받았다.

미시시피는 필리핀 작전 중에 수리가오 해협 야전에 참가, 일본 해군 니시무라부대와 교전. 전함 야마시로를 시작으로 각함을 침몰시키고, 니시무라 부대를 괴멸시켰다. 그 뒤 링가엔만 상륙작전 지원 때는 카미카제 공격을 받아 소파당했다.

1945년 오키나와 공략작전을 지원하고 상륙 함포사격을 실시했지만, 뉴멕시코, 미시시피가 특공기에 명중당하고, 아이다호는 뇌격기가 발사한 어뢰를 맞았다. 각각 피해는 크지 않아서, 3척은 그대로 무사히 종전을 맞이했다.

종전 후 뉴멕시코와 아이다호는 해체되었지만, 미시시피는 연습함겸 포술실험함으로 개장되어 주포 일부를 철거하고, 12.7cm양용포를 탑재했다. 1952년에

1941년 10월 아이슬란드의 흐발 피요르드(Hvalfjörður)에서의 아이다호.
뉴멕시코급 3척은 미·일 개전 때 대서양 방면에서 활동했기 때문에 진주만 공격을 피할 수가 있었다.

는 남은 주포도 전부 철거되어 선체 뒷부분에는 테리어terrier 함대공미사일 시스템이 장비되고 선체 앞부분에는 15.2cm 양용포탑 1기가 장비되었다. 1953년에는 테리어 함대공미사일 해상발사실험에 성공했다.

이전에 대구경 주포를 가지고 해상에 군림했던 초노급 전함이 주포를 전부 철거하고 대공 미사일을 장비한 모습은 전후의 해군 전력의 변천을 상징하는 모습이라고 말할 수 있다.

1956년 연습함겸 포술실험함 미시시피는 임무를 끝내고 해체되었다.

미시시피강을 항행하는 미시시피. 1945년 종전 후의 망중한

■ 뉴멕시코 전함 이력
1915년 : 기공
1918년 : 준공
1931년~1934년 : 근대화 개장
1942년 : 제2차 개장
1943년 : 키스카섬 상륙작전
         길버트 제도 상륙작전에 참가
1944년 : 마셜제도 상륙작전,
         마리아나 제도 상륙작전 참가,
         레이테 섬 작전을 지원
         민도로 섬 상륙부대 호위
1945년 : 링가옌만 상륙작전, 오키나와 상륙작전 참가
1947년 : 해체

■ 제원 전함 뉴멕시코(근대화 개장 후)
기준 배수량 : 33,400t
길   이 : 190.4m
너   비 : 32.4m
흘   수 : 9.4m
출   력 : 40,000마력
속   력 : 21.5kn
항속력 : 10kn/23,000해리
무   장 : 35.6cm 3연장주포탑 4기
          12.7cm 단장포탑 10기
          12.7cm 단장고각포탑 8기
          28mm기관포 16문
장   갑 : 수선 343mm, 갑판 127mm
          주포탑 456mm, 사령탑 406mm
승무원 : 1,440명

NEW MEXICO CLASS

동급함 - 뉴멕시코, 미시시피, 아이다호

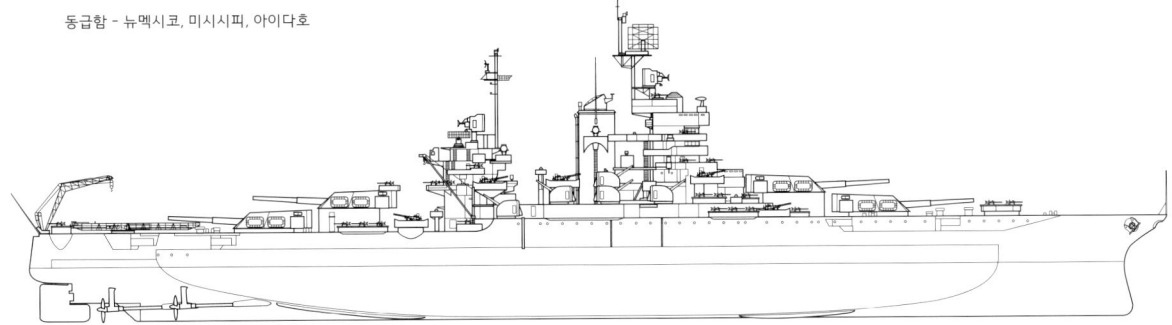

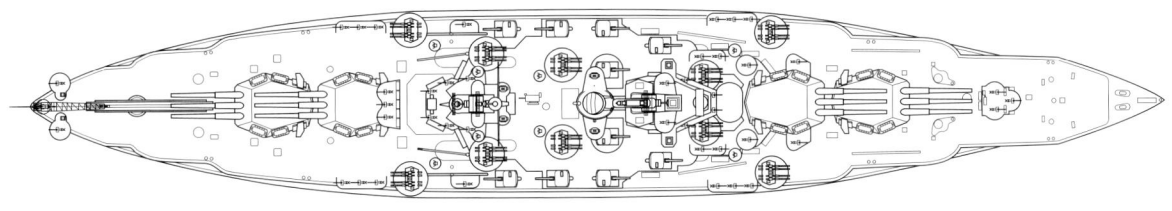

아이다호 (1945년)

테네시급 전함

터빈 발전식 기관을 사용한 색다른 전함

미국해군 USN

테네시급은 1920년 1월에 네임쉽 테네시가, 1921년 8월에 캘리포니아가 준공됐다. 앞서 만들어진 뉴멕시코급의 개량급이다.

기관은 뉴멕시코에 탑재되었던 터빈 발전식이 두 척의 전함에도 채용됐지만, 테네시에는 웨스팅하우스 전자회사의 기관이, 캘리포니아에는 제너럴 일렉트릭의 기관이 탑재되어 성능을 비교하였다. 보일러와 기관의 배치 역시 뉴멕시코보다 개량되어 기계실을 전함의 중심에 두고, 보일러는 그 양측에 두고, 또 기계실과 보일러실 사이에 격실을 하나씩 두어 피해를 견디는 능력을 높였다. 보일러를 분산 배치했기 때문에 연돌은 2개가 되었다.

종래의 전함은 부포가 윗갑판 밑부분에도 장비되어 있으므로 파도가 조금 높아지면 이들 부포를 사격할 수 없어 실용성이 낮았다. 따라서 개장 때에 윗갑판 위쪽에 배치된 것 외에는 부포를 철거하는 것이 보통이었다. 그래서 테네시 급은 처음부터 윗갑판에만 부포를 배치했다.

함교 면적도 확대되어 사격지휘 장치도 충실해지고 격자형 마스트는 종래의 전함과 같이 전후에 세워졌다.

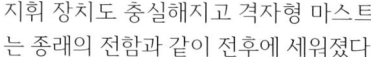
1921년 격자형 마스트를 장비했던 때의 캘리포니아. 테네시급은 진주만 공격 후까지 근대화개장이 이루어지지 않았다.

미 전함의 근대화 개장은 낡은 전함급부터 순서대로 착수되었지만 테네시급의 차례가 될 즈음에는 전쟁 위험이 가까워지고 있었기 때문에 항공기 탑재시설과 대공화기의 설치로 끝나고 대규모 개장은 이뤄지지 않은 채 제2차 세계대전의 개전을 맞이했다.

진주만 공격 때 테네시는 폭탄 2발을 맞아 손상을 입었고 캘리포니아는 어뢰 2발, 폭탄 2발을 맞아 침몰했다.

테네시는 자력 항행이 가능했었기 때문에 곧바로 미국으로 항행, 퓨젯 사운드 공창(Puget Sound)에서 수리와 레이더 장비, 대공화기 설치 공사를 하여 3개월 후에 대열에 복귀했다.

테네시는 1942년 9월부터 대개장 공사에 착수했다. 상부 구조물로는 각뿔모양의 탑형 망루 및 망루와 일체화한 연돌이 신형전함과 비슷한 형상으로 배치되었다. 종래의 부포와 고각포는 전부 철거되고 12.7cm 연장 양용포 8기, 40mm 4연장기총, 20mm 단장기총이 다수 장비되었다. 이로써 35.6cm 주포와 낮은 속도 이외에는 신형전함과 거의 동등한 장비를 갖춘 전함이 되었다.

캘리포니아는 1942년 3월에 진주만의 낮은 해저에서 인양되었다. 인양 때는 주포, 부포와 격자형 마스트등 중량물은 전부 철거되었다. 먼저 자력 항행이 가능한 상태에서 응급 수리되어 주포를 복원하고 대체 마스트를 설치한 상태로 미국에 돌아가 6월부터 퓨젯 사운드 공창에서 1년 반 이상에 걸친 대개장공사를 했다. 개장 요령은 테네시과 같고 공사 후에는 신형전함과 동등한 모습으로 대열에 복귀했다.

테네시는 알류샨 열도 공략 작전지원에 참가 후, 타라와섬 공략작전, 에니위톡 환초 공략작전, 카비앙 공략작전에 참가. 지원 함포사격에 임했다.

1944년 6월 사이판 공략작전에는 캘리포니아도 참가하여 두 척의 전함이 모였지만 테네시도 캘리포니아도 사이판 육상포대의 반격으로 손상을 입었다. 그 뒤 괌, 티니안 섬의 공략작전 지원을 한

1943년 테네시. 최신예전함에 손색이 없는 면모가 되었다.

후 필리핀 공략작전에 참가하고 레이테섬 상륙을 지원했다.

수리가오 해협 야전에서는 수리가오 해협에 돌입해 온 일본 해군 니시무라 부대와 교전을 해 전함 야마시로를 침몰시키고 니시무라 부대를 격멸했다. 그 뒤 캘리포니아는 특공기에 명중당해 손상을 입었고, 테네시는 이오지마 공략 작전 지원에 참가했다.

오키나와 공략작전 지원에는 두 전함이 함께 참가했지만 이번에는 테네시가 특공기에 명중당했다.

종전 후 테네시와 캘리포니아는 함께 예비역으로 편입되어 모스볼[1] 보존되었다. 모스볼 보존이란 수지로 함전체를 덮어 선체의 소모를 막고 재취역 시까지 보존하는 처치이다.

두 척의 전함은 12년간 대기상태로 있다가, 1959년 해체 처리되었다.

---

1 Mothball : 원래는 좀약이라는 뜻. 안 입는 옷을 좀약과 함께 옷장에 장기 보관하는 것과 마찬가지로 안 쓰는 군함을 보관 처리하는 방식을 말함

기하학적 모양의 위장을 한 캘리포니아. 1944년 촬영

■ 테네시 전함 이력
1917년 : 기공
1920년 : 준공
1941년 12월 : 진주만 공격에 조우, 소파
1942년 : 근대화 개장
1943년 : 키스카섬 상륙작전, 길버트 제도상륙작전에 참가, 타라와섬 상륙작전에 참가
1943년~1944년 : 마셜제도 상륙작전에 참가
1944년 : 카비앙 공략작전에 참가, 마리아나 제도 상륙작전, 펠릴류 제도 공략작전, 레이테섬 상륙작전에 참가
1944년 10월 24일~25일 : 수리가오 해협해전에 참가
1945년 : 이오지마 상륙작전, 오키나와 상륙작전에 참가
1959년 : 해체

■ 제원 전함 테네시(근대화 개장 후)
기준 배수량 : 34,859t
길 이 : 190.4m
너 비 : 34.8m
흘 수 : 9.1m
출 력 : 29,500마력
속 : 20.6kn
항속력 : 10kn/8,000해리
무 장 : 35.6cm 3연장주포탑 4기, 12.7cm 고각포탑 16문
40mm 4연장기관포 10기
장 갑 : 수선 343mm, 갑판 127mm
주포탑 456mm, 사령탑 406mm
승무원 : 1,407명

TENNESSEE CLASS

동급함 - 테네시, 캘리포니아

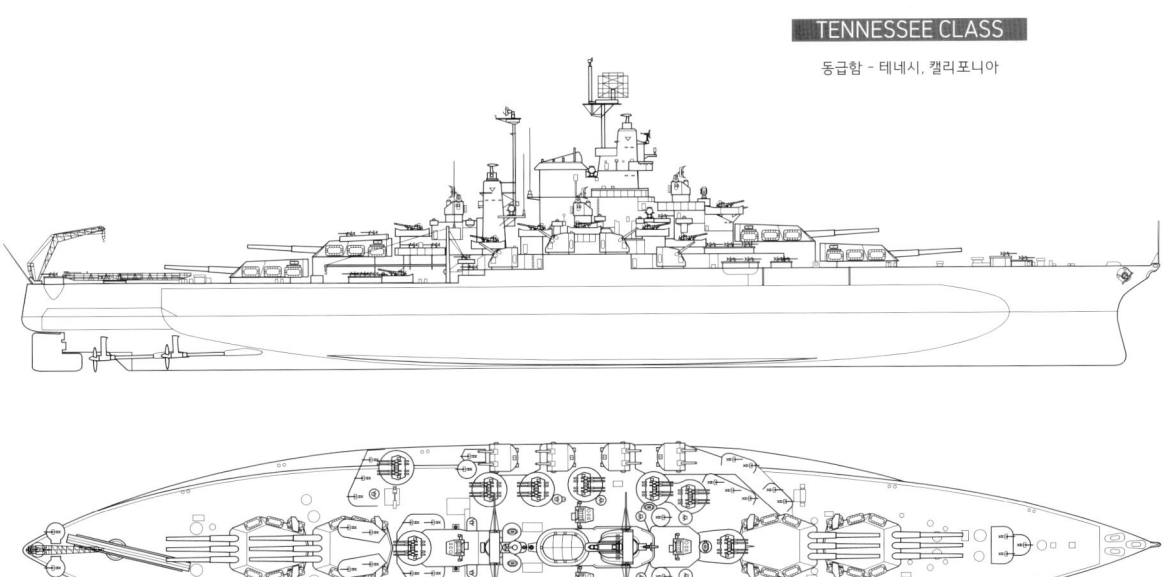

캘리포니아 (1945년)

미국해군  40.6cm포를 탑재한 빅 세븐의 일각
콜로라도급 전함

콜로라도급은 미국 해군이 태평양 상에서 일본 해군과 내항하는 것에 중점을 둔 '3년 계획'의 제1탄으로 4척의 건조가 계획되었다. 애초 앞서 만든 테네시급의 개량형으로 주포도 35.6cm 3연장포 4기인 채였다. 그러나 미 해군이 일본 해군 전함 나가토가 40cm급 주포(정확히는 41cm)를 탑재한다는 정보를 입수하므로 바로 주포를 40.6cm 연장포로 변경하였다. 주포구경 변경으로 네임쉽 콜로라도보다 메릴랜드가 1921년 7월에 먼저 준공되었다.

워싱턴 해군 군축조약 개최 시 콜로라도급은 메릴랜드만이 완성상태 보유가 인정되었지만, 일본해군이 나가토급 2번함 무츠의 보유를 강력하게 주장했으므로, 무츠의 보유를 인정하는 대신 40.6cm 포 탑재 전함 보유비율을 지키고자, 미해군은 콜로라도급의 2척 추가 보유가 인정되었다. 40cm급 주포 탑재 전함을 보유하지 않았던 영국 해군은 2척(뒤의 넬슨급)의 추가 건조가 인정되어 3개국 합계 7척의 40cm급 주포 전함은 '빅 세븐'이라고 불리며 군축 조약 이후의 해군 휴일Naval Holiday에 해상의 패자로 군림하게 된다.

1923년 8월에 네임쉽 콜로라도가 준공되었다. 그러나 조선소에서 80% 가량 건조 중이던 워싱턴은 워싱턴 해군 군축조약에 의거 건조 중지되어 포폭격표적으로 침몰처분되었다. 1923년 12월에는 4번째함 '웨스트버지니아'가 준공되어 콜로라도급 3척이 모였다.

완성 후 콜로라도급과 테네시급 사이의 외견상 차이는, 테네시급의 3연장포탑이 연장포탑으로 변한 것뿐으로 측면에서 본 실루엣은 거의 변하지 않았다. 항공기 탑재장치를 하고 대공무장을 강화한 정도로 대규모 개장은 하지 않은 채 제2차 세계대전을 맞이하게 되었다.

제2차 세계대전 개전 후 메릴랜드 현측에 어뢰방어용의 대형 벌지를 장착하는 공사가 이루어지고, 이어서 콜로라도에 공사가 착수되었을 때 일본 해군이 진주만 공격을 하였다.

진주만 공격 때는 메릴랜드와 웨스트버지니아가 항구 내에 정박해 있었다. 메릴랜드는 수평폭격으로 폭탄 2발이 명중하여 손상을 입었고 웨스트버지니아는 여러발의 어뢰를 맞아 큰 피해를 입고 침몰했다. 유일하게 콜로라도는 미국본토의 퓨젯 사운드 공창에서 벌지 장착 공시중이었기 때문에 피해를 피할 수 있었다.

메릴랜드는 미국의 퓨젯 사운드 공창에서 손상 수리와 대공화기의 증강 공사가 이루어져서 1942년 2월에 전열에 복귀했다.

큰 손상을 입고 침몰한 웨스트버지니아는 침몰로부터 반년 후 1942년 6월에 겨우 인양되어 퓨젯 사운드 공창에서 수리와 대개장공사가 이루어졌다. 웨스트버지니아의 공사는 결국 1944년 9월까지 걸리게 되었다.

콜로라도와 메릴랜드는 타라와섬 공략작전 지원에 참가하고 그 뒤 콰절런 환초 공략작전 지원, 사이판 공략작전 지원, 괌 공략작전 지원에서 육상 함포 사격을 감행했다. 사이판 앞바다에서는 메릴랜드가 일본 항공기가 발사한 어뢰에 명중하여 손상을 입고 콜로라도는 티니안섬의 육상포대의 포격으로 손상을 입었다. 두 척의 전함은 각 작전 사이와 손상수리 사이에 각종레이더 장비, 대공화기의 증강이 이루어져 앞부분 격자형 마스트 주위에 각종 장치가 추가되고, 뒷부분 격자형 마스트는 소형의 각뿔모양 구조물과 막대기형 마스트로 변경되었다.

1944년 10월 대개장을 끝낸 웨스트버

뉴욕공창에서의 메릴랜드. 1920년대 모습

1942년 퓨젯 사운드 공창의 콜로라도. 아직 격자형 마스트가 남아 있다.

지니아도 합세하여 필리핀 레이테섬 공략 작전 지원에 3척이 함께 참가했다. 웨스트버지니아는 테네시, 캘리포니아와 같은 대규모 개장 공사를 받아 신형전함에 비해도 손색이 없는 전함모습이 되었다.

메릴랜드와 웨스트버지니아는 수리가오 해협 야전에서 일본 해군 니시무라 부대와 교전했다. 그 뒤 필리핀 작전 중 콜로라도는 특공기 2대와 육상포대의 포격에 맞아 손상을 입고 메릴랜드도 특공기의 명중으로 대파했다. 웨스트버지니아는 필리핀 작전 후 이오지마 공략작전 지원에 투입되었다.

그 뒤 콜로라도급 3척은 오키나와 공략 작전 지원에 참가하여 작전 중에 메릴랜드와 웨스트버지니아는 특공기의 돌입으로 손상을 입었다.

종전 후 손상 정도가 컸던 콜로라도는 폐기하기로 결정되어 1947년에 해체되었다. 메릴랜드와 웨스트버지니아는 예비역이 되어 모스볼로 보존되었다. 12년 후인 1959년 메릴랜드와 웨스트버지니아는 해체 처리되었다.

1945년 일본 근해에서 후지산을 배경으로 항해하는 웨스트버지니아. 외견은 거의 신형전함과 차이가 없다.

■ 콜로라도 전함 이력
- 1921년 : 기공
- 1923년 : 준공
- 1942년 : 대공무장강화
- 1943년 : 타라와섬 상륙작전에 참가
- 1944년 : 마셜제도 상륙작전, 마리아나 제도 상륙작전, 레이테섬 상륙작전에 참가, 민도로섬 함포사격에 참가
- 1945년 : 링가옌만 상륙작전에 참가 게라마 열도 함포사격
- 1959년 : 해체

■ 제원 전함 콜로라도(개장 후)
- 기준 배수량 : 34,700t
- 길 이 : 190.4m
- 너 비 : 33.0m
- 흘 수 : 9.1m
- 출 력 : 29,500마력
- 속 력 : 21.8kn
- 항속거리 : 10kn/8,000해리
- 무 장 : 40.6cm 연장 주포탑 4기, 12.7cm 단장포탑 8문, 12.7cm 고각포탑 8문, 40mm 4연장기총 10기
- 장 갑 : 수선 343mm, 갑판 127mm 주포탑 456mm, 사령탑 406mm
- 승무원 : 1,407명

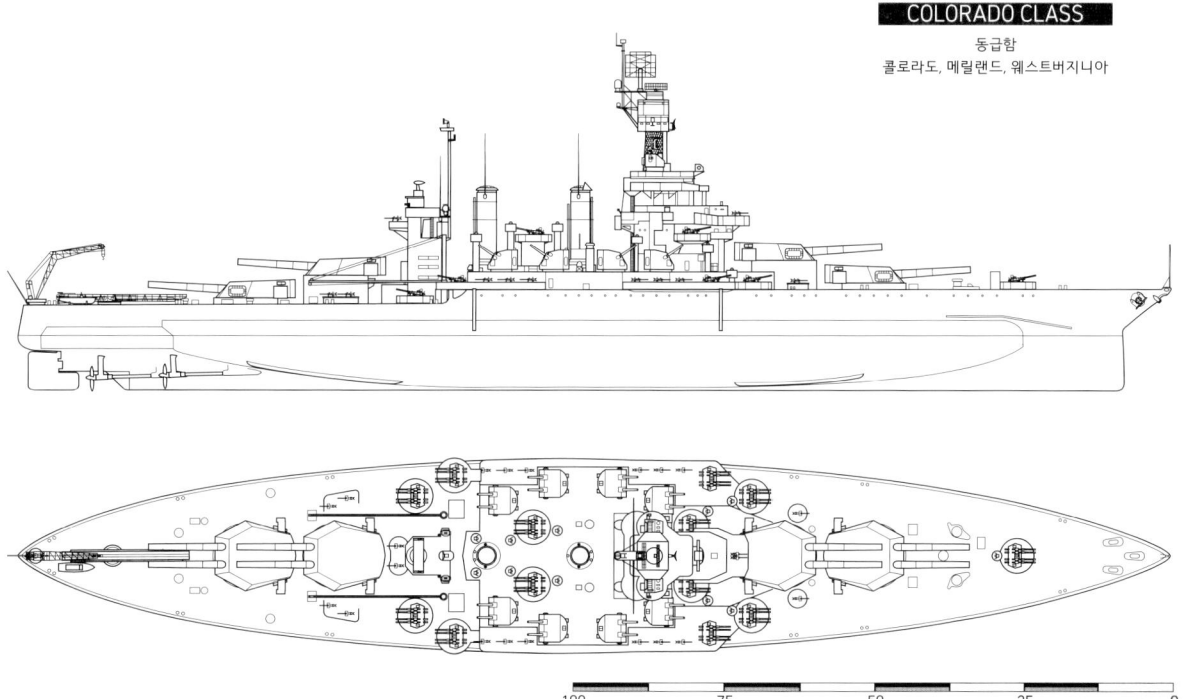

COLORADO CLASS
동급함
콜로라도, 메릴랜드, 웨스트버지니아

메릴랜드 (1945년)

미국해군 USN
해군 휴일이 끝나고 건조된 신예 전함
노스캐롤라이나급 전함

해군 군축조약으로 전함 신규건조가 금지되어 주요 해군국간 건함경쟁에 제동이 걸렸다. 이 조약으로 각국 해군 전력이 일정비율을 지키며 균등했던 시기를 해군 휴일이라고 부른다.

해군 휴일이 약 14년 이어지고 나서 전함 건조 금지가 해제되자 미 해군이 처음으로 건조한 것이 노스캐롤라이나급이다. 1936년 제2차 런던 회의가 개최되어 1937년 1월 1일에 해제된 신규건조전함의 성능 제한이 협의 되어, 배수량 3만 5,000톤, 주포 구경 35.6cm 선에서 제한이 굳어졌다. 그러나 일본이 조약 탈퇴를 통고했기 때문에 1937년 4월 30일까지 일본이 조약참가 의사를 표시하지 않는 경우는 성능제한을 배수량 4만 5,000톤, 주포 구경 40.6cm까지 상향조정하게 되었다.

영국은 해제일 다음 날인 1937년 1월 2일 3만 5,000톤, 35.6cm 포 탑재의 전함 2척을 기공했고, 이것이 뒤의 조지 5세급이 된다. 영국은 신 전함에 35.6cm 4연장 포탑 탑재안과 40.6cm 3연장 포탑 탑재안 등 두 개의 방안을 준비하여 일본의 태도를 엿보았다.

일본의 조약탈퇴가 확정적으로 되자,

14년간 유지된 군축조약이 해제되자 미 해군은 신예전함을 연이어 내보냈다. 그 선봉이 노스캐롤라이나급이었다.

미국은 새로운 전함을 40.6cm 포탑재로 결정하여 기공했다. 이것이 노스캐롤라이나급이었다.

미해군은 군축조약 직전의 콜로라도급 건조 때, 주포를 급히 35.6cm포에서 40.6cm 포로 변경해서 공사에 어려움을 겪었다. 그 경험을 토대로 주포 변경을 전제로 한 설계가 이루어졌다. 35.6cm 4연장 포탑은 40.6cm 3연장 포탑과 호환할 수 있는 수치로 설계되었다. 노스캐롤라이나급의 주포는 35.6cm 4연장 포탑 3기, 계12문에서 40.6cm 3연장 포탑 3기, 계9문으로 변경되었다.

종래의 미국 전함은 중(重)방어이면서 저속력이라는 결점이 있었지만, 노스캐롤라이나급의 속력은 28kn의 미국 전함으로서는 유례없는 고속이 계획되었기 때문에 마력은 콜로라도급과 비교해서 4배 이상 늘어났다. 기관도 콜로라도급의 터빈 발전식에서 증기 터빈으로 바뀌었다.

미 해군은 초노급전함 시대에 들어서 전함 부포가 7.6cm 포였던 최초의 함급인 사우스캐롤라이나급을 퇴역시키고, 이후 부포로 12.7cm 포를 표준 탑재했다. 해군 휴일 당시 기존 전함을 개장하면서 일부 12.7cm포를 고각포로 교환함으로써, 부포는 구경 12.7cm의 평사포(平射砲)와 고각포의 2가지로 설치되었다.

노스캐롤라이나급은 구축함의 주포로 개발된 신형 12.7cm 연장양용포탑을 탑재함으로서 평사포와 고각포를 일체화하게 되었다.

선체중앙에 각뿔모양의 탑형망루를

1943년 하와이 근해에서의 노스캐롤라이나

세운 근대적인 전함모습은 후속의 신형 전함 및 대규모 개장을 한 구형전함의 표준이 되었다. 선체는 함수로 향한 완만한 경사가 붙은 평갑판형으로 현창을 전부 폐지해서 방어력향상을 도모했다. 그러나 3만 5,000톤의 배수량 제한이 있었고, 애초 35.6㎝였던 주포구경이 40.6㎝로 바뀌면서 방어력은 기본적으로 35.6㎝ 포 방어 수준이 되었다.

항공기 탑재시설, 격납고와 캐터펄트, 양수용 크레인 등은 개장된 전함과 같이 함미에 모아서 배치하였다.

제2차 세계대전 개전 후인 1941년에 들어서 4월에 네임쉽 노스캐롤라이나가 준공되고, 해군에 인도되었다. 그러나 인도 당시에는 미완성이었고, 승무원이 훈련하는 동시에 나머지 의장공사가 이뤄졌다. 이 방식은 전함의 완성부터 실전 투입까지의 기간단축에 도움이 되어 이후 전쟁 중의 건조함에도 적용되었다.

1941년 12월 일본 해군의 진주만 공격으로 미국이 제2차 세계대전에 정식 참전하게 되었다. 미국이 동해안에서 훈련하던 노스캐롤라이나는 뉴욕 항의 '쇼보트(과시함)'으로 불렸다.

'워싱턴'은 노스캐롤라이나 준공 1개월 후인 1941년 5월에 준공되었지만, 이쪽도 미완성 상태에서 인도되어 승무원의 훈련과 남아있는 의장공사가 동시에 이루어졌다.

1942년 3월 훈련 종료 후의 노스캐롤라이나와 워싱턴은 북대서양에서 영국 해군과 협동하여 무르만스크로 향하는 수송선단의 호위를 맡고 나서 6월 태평양에 회항했다.

1942년 8월 미군은 솔로몬 방면에서 반격을 개시했고, 9월에는 신예 전함인 노스캐롤라이나급 2척이 태평양 최전선에 투입되었다.

노스캐롤라이나는 높은 속력을 살려 항모 기동부대의 호위 임무를 수행하고, 제2차 솔로몬 해전에 참가하였지만 9월

1940년 6월 노스캐롤라이나 진수식 사진

워싱턴 옆모습의 실루엣. 함미에 정찰기가 보인다

선체의 크기를 착각하게 하는 위장색을 칠한 노스캐롤라이나

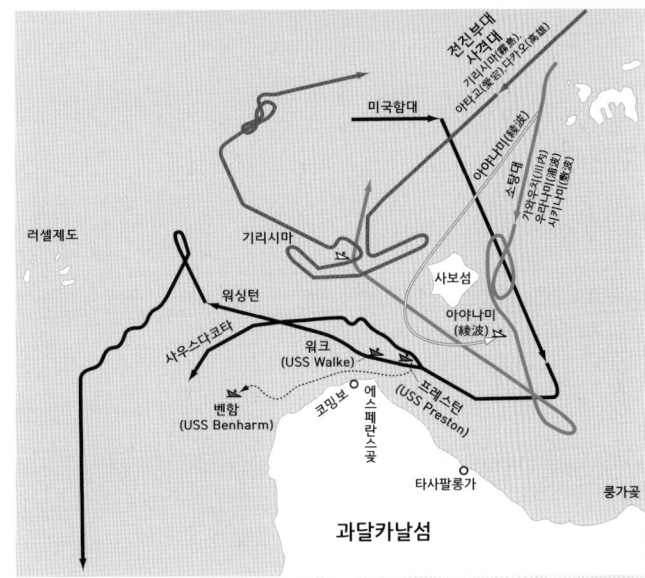

워싱턴이 기리시마를 격침한 제3차 솔로몬해전·제2야전의 해전도. 워싱턴은 대파된 동료 사우스다코타의 후방에서 레이더 사격으로 기리시마에게 필살의 40.6㎝ 포를 쐈다.

1944년 12월 악천후의 바다를 건너는 노스캐롤라이나

에는 일본 해군 잠수함 이(伊)-19(I-19)의 어뢰공격을 맞고 중파 당했다.

워싱턴은 항모기동부대의 호위를 맡고 나서 11월에 제3차 솔로몬 해전에 참가했다. 워싱턴은 사우스다코타와 함께 전함 기리시마와 교전하여 기리시마에 주포탄 6발을 명중시켜 대파하고, 다음 날 침몰에 이르게 했다. 물론 기리시마도 사우스다코타를 대파시키는 등 분전했지만, 준공 후 1년 반밖에 지나지 않고, 한 단계 위인 40.6㎝ 포를 탑재한 신형 전함 워싱턴과, 함령이 30년 가까이 되고 무장도 35.6㎝ 포를 단 노후전함 기리시마 간의 대결이었으므로 당연한 결과라고 말할 수 있다.

1943년 후반부터 미군의 중부 태평양 방면에서의 반격이 본격화되면서 노스캐롤라이나와 워싱턴은 항모기동부대 호위와 각지에 대한 함포사격에 분주했다. 타라와섬 및 마킨섬 공략작전 지원 후 노스캐롤라이나는 나우루섬을 포격, 워싱턴은 카비앙을 포격했다. 콰절린 환초 및 마주로 환초 공략지원 뒤. 워싱턴은 전함 인디아나와 충돌하여 함수 손상을 입었다.

미국 항모기동부대가 중부 태평양의 일본 해군 근거지 트루크 섬과 사이판, 티니아섬등 마리아나 제도에 공폭을 할 때 노스캐롤라이나는 기동부대의 일원으로 항모에 수행지원에 종사한 뒤 포나페섬¹을 포격, 사이판 공략 작전에는 지원 함포사격을 했다.

손상수리를 끝낸 워싱턴도 사이판, 괌, 티니아섬, 파라오섬, 얍섬, 우리티 환초의 공략작전을 지원했다.

1944년 6월의 마리아나 앞 해전에는 노스캐롤라이나, 워싱턴이 함께 참가, 1945년 2월의 이오지마 공략작전, 3월 오키나와 공략작전의 지원임무에 종사했다. 이 사이 4월에 노스캐롤라이나는 요함의 오발에 피탄당했다.

종전 직전의 7월에 노스캐롤라이나는 일본 본토에 함포 사격을 했다. 카마이시, 무로란, 히다치 등에 40.6㎝ 포탄을 퍼부었다.

제2차 세계대전 종결 후 노스캐롤라이나와 워싱턴은 예비역으로 편입되어 모스볼 보관되었다. 만일의 경우 재취역하여 실전 참가하기 위해 대기해 있었지만 1960년 그 기회가 없을 것이라

1 현 Pohnpei 폰페이섬

워싱턴의 함교부근을 앞쪽에서 본 것. 종전 직후인 1945년 9월, 파나마 운하에서의 촬영

1945년 9월 퓨젯 사운드 공창으로 가는 워싱턴. 함교옆, 좌우 계 20문의 양용포가 있다.

판명되어 두 전함 모두 제적처분되었다.
노스캐롤라이나는 노스캐롤라이나 주가 인수하여, 주 내의 윌밍턴에 기념함으로 전시보존되었다. 현재도 기념전함으로 그 모습이 남아있다.
워싱턴은 그대로 다음 해에 해체되어 모습을 감추었다.

■ 노스캐롤라이나 전함 이력
1937년 : 기공
1941년 : 준공
1942년 8월~1943년 2월 : 솔로몬 제도 공략작전 지원
1942년 8월 24일 : 제2차 솔로몬 해전에 참가
1942년 9월 : 이-19 잠수함의 뇌격으로 중파
1943년 10~11월 : 길버트 제도 공략작전 지원
1943년 12월 : 나우루섬 함포 사격
1943년 12월~1944년 1월 : 마셜 제도 공략작전 지원
1944년 6월 19~20일 : 마리아나 해전에 참가
1944년 10월 24일~25일 : 레이테 해전에 참가
1945년 : 대만·오키나와·일본본토 공습부대를 호위, 이오지마 함포사격, 오키나와 상륙작전 지원
1945년 7월 : 일본 함포사격
1947년 : 제적
1962년 노스캐롤라이나주 기념함이 됨

■ 제원 전함 노스캐롤라이나
기준 배수량 : 37,486t
길   이 : 222.1m
너   비 : 33.0m
흘   수 : 10.0m
출   력 : 121,000마력
항속거리 : 15kn/13,500해리
속   력 : 28kn
무   장 : 40.6cm 3연장주포탑 3기
          12.7cm 연장양용포탑 10기
          28mm 4연장기총탑 4기
          12.7mm 단장기총탑 12기
장   갑 : 수선 305mm, 갑판 180mm
          주포탑 406mm, 사령탑 406mm
승무원 : 2,339명

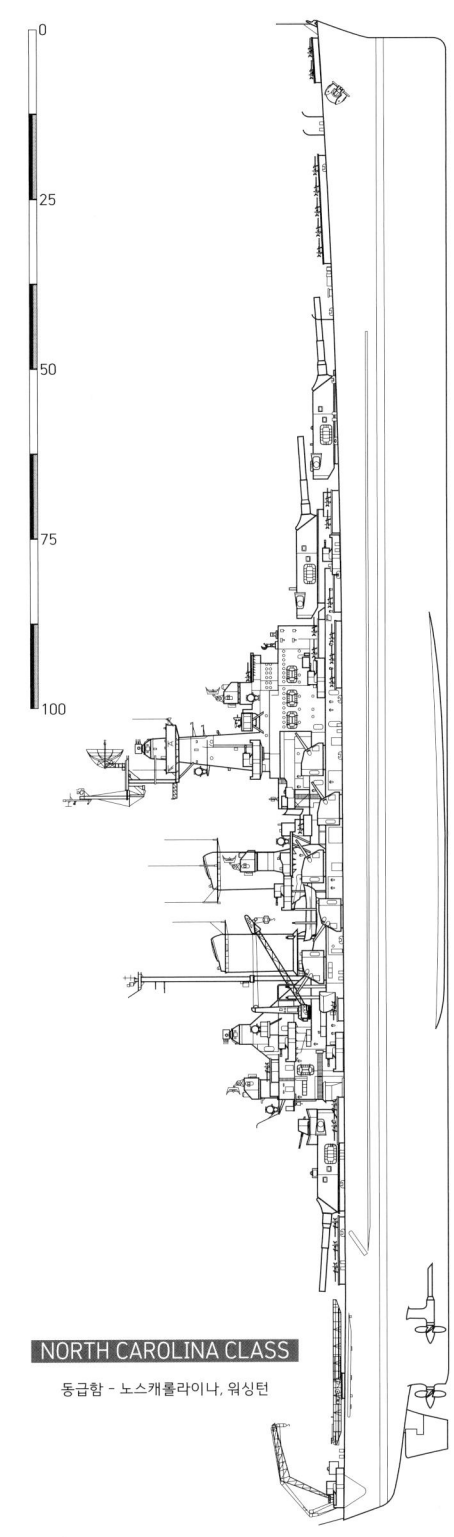

NORTH CAROLINA CLASS
동급함 - 노스캐롤라이나, 워싱턴

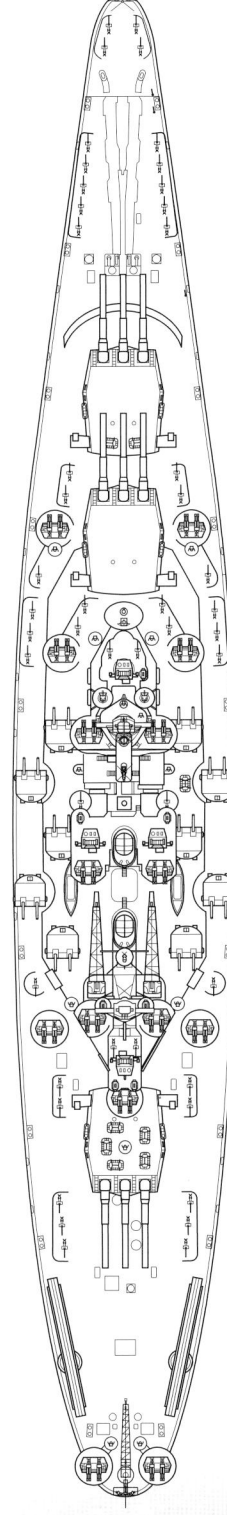

워싱턴 (1945년)

미국해군 USN

대 40cm포 방어를 실현한 미국 전함의 결정판
사우스다코타급 전함

군축 조약에 의한 해군 휴일이 끝나고 신전함 제2탄으로 건조된 것이 사우스다코타급이다. 기본적으로는 앞에 만들어진 노스캐롤라이나급의 개량형으로 계획되었다.

노스캐롤라이나급은 조약제한의 영향으로 주포를 35.6cm 포와 40.6cm 포 모두에 맞추었기 때문에 40.6cm 주포를 탑재했으면서도 방어력은 35.6cm 포탄을 막는 조금 부족한 수준에 만족해야 했다. 그러나 사우스다코타 급은 처음부터 40.6cm 주포탑재 전함으로 계획 설계되었다.

주포탑의 배치는 앞부분에 3연장포탑 2기, 뒷부분에 3연장포탑 1기로 했으며, 노스캐롤라이나급과 비슷하게 만든 중앙부의 탑형 망루와 연돌, 그 양쪽에 12.7cm 연장양용포를 나란히 놓은 전체배치도 노스캐롤라이나급과 같았다.

개량은 방어력의 강화에 중점을 두었다. 전함의 주요부분만 튼튼하게 방어하고 그 전후인 함수부분과 함미부분은 비장갑으로 놔둔 집중방어(All or Nothing) 방식이 철저하게 반영 되어서 노스캐롤라이나급보다 함체 길이는 짧아지고 거기에 준해 장갑방어가 설치되는 주요부분 길이도 단축했다.

장갑방어부분의 길이를 단축시킴으로서 중량증가 부담이 없이 장갑두께를 증가시키는 것이 가능하게 되어 방어력 강화에 성공하였다. 탑재 주포인 40.6cm 포에 충분히 견딜 수 있는 방어력을 달성했지만 미 해군 수뇌부에게는 불만스런 수준이었다고 전해지고 있다.

철저한 집중방어 방식은 외견에도 큰 영향을 주었다. 선체 중앙에 건조된 각뿔 모양의 탑형망루는 앞에 만들어진 노스캐롤라이나급과 같은 형태이면서 1개로 된 연돌은 망루에 맞닿도록 설치되었고 다른 구조물도 중앙에 집중된 구성이었다. 결과적으로 외견 전체구성이 일본의 야마토급 전함과 비슷한 형태가 된 것은 흥미롭다. 야마토급도 전함 주요부분에 튼튼한 장갑방어를 구비한 집중방어방식을 철저하게 반영한 전함이었다.

노스캐롤라이나급보다 방어력은 향상시킨데 반해 선체가 두껍고 짧게되어

노스캐롤라이나급의 개량급으로 태어난 사우스다코타급. 사진의 사우스다코타는 1942년 11월의 제3차 솔로몬 해전·제2야전에서 기리시마와 중순양함의 집중포화를 맞고 상부구조물이 대파되었지만 퇴각에 성공했다.

추진저항은 늘어났지만 기관마력을 증가 시켜 속력이 1kn밖에 줄지 않았다.

네임쉽 사우스다코타는 제2차 세계대전 발발 직전인 1939년 7월에 기공되었으며, 같은 달에 매사추세츠, 11월에는 인디아나, 그리고 1940년 2월에는 앨라배마가 계속해서 기공되었다.

제2차 세계대전 그리고 태평양 전쟁의 발발로 인해 건조는 급속도로 진행되어 진주만 공격으로부터 4개월 후인 1942년 3월에는 사우스다코타가, 4월에는 인디아나, 5월에는 매사추세츠가 3개월 연속으로 매월 준공되고 8월에는 앨라배마가 준공되었다.

여기서 노스캐롤라이나급과 사우스다코타급 각각의 건조기간을 대강 비교해보면 별표와 같다.

사우스다코타급 4번함 앨라배마는 노스캐롤라이나와 같은 규모의 전함인데도 건조기간은 1년 반 가까이 단축되었다. 미국의 거대한 공업력이 세계대

구름모양의 위장이 칠해진 4번함 앨라배마

함명	건조기간	준공시기
노스캐롤라이나	3년 5개월	1941년 4월
워싱턴	2년 10개월	1941년 5월
사우스다코타	2년 9개월	1941년 3월
인디아나	2년 5개월	1941년 4월
매사추세츠	2년 9개월	1941년 5월
앨라배마	2년	1941년 8월

유럽 전선에도 참가하여 프랑스군 신예전함 장 바르에 포격을 가한 매사추세츠

전의 군비에 투입되었던 사실을 잘 표현해주고 있다.

사우스다코타는 다른 기함 시설을 충실하게 하기 위해 12.7cm 연장양용포를 2기 덜 만들었다. 준공 후 곧바로 태평양 방면에 진출하여 1942년 10월 남태평양 해전에 참가했다. 일본군 함재기의 폭격을 맞고, 같은 편의 구축함과 충돌하여 손상을 입었다.

11월의 제3차 솔로몬 해전에서는 워싱턴과 함께 전함 기리시마, 중순양함 아타고, 다카오와 교전했다. 심야 과달카달섬 앞바다에서 미국 전함 레이더가 일본 함대를 포착하여 곧바로 일본 함대에게 포격을 개시했다. 일본 함대도 반격을 하여 적군과 아군이 섞여 어지러운 난전이 되었다. 일본 함대의 공격은 사우스다코타에게 집중되어 사우스다코타는 27발 이상의 명중탄을 맞고 상부 구조물이 거의 다 파괴되었다. 그러나 주포탑, 기관부, 탄약고 등의 주요 장갑부분은 명중탄에 견디어서 피해가 크지 않았다. 이후 수리를 위해 미국으로 회항했고, 1943년 3월에 전열에 복귀한다.

매사추세츠는 준공 후 대서양 방면에 투입되어 1942년 11월의 북아프리카 상륙 작전 지원에 참가했다. 카사블랑카항에는 프랑스군 전함 장 바르Jean Bart가 정박하고 있었다. 이 곳은 프랑스 항복 이후에 생긴 친독 괴뢰정부 비시Vichy 정권의 영역이었기 때문에 매사추세츠는 전함 텍사스와 함께 장 바르를 포격했다. 장 바르도 반격했지만 항구내에 정박해 있었기 때문에 얼마가지 않아 명중탄을 맞고 대파되었다.

인디아나는 태평양에 회항되어 1942

건식 독*에 입거한 인디아나의 함미
* The dry dock/선박의 제조 수리등에 사용하는 설비

1942년 10월 26일 남태평양 해전에서 일본 해군의 97식 함상공격기를 요격하는 사우스다코타

속력은 아이오와급에 뒤처지지만, 방어력과 안정성에서는 조금 나은 사우스다코타. 순양전함적인 성격의 아이오와와 비교하여 본격 전함다운 인상을 준다.

년 11월 과달카달섬 공략작전 지원과 솔로몬 수역의 경비임무에 종사했다.

1943년 11월 마킨섬, 타라와섬 공략작전의 지원에는 수리를 마친 사우스다코타, 대서양에서 회항한 매사추세츠, 인디아나, 마지막에 준공된 앨라배마가 함께 참가했다.

1944년 1월 마셜제도 공략작전에는 사우스다코타, 매사추세츠, 인디아나, 앨라배마가 항모기동부대의 일원으로 참가했고, 콰절런섬, 루오트[1]섬, 나우루섬, 마주로환초의 상륙에 앞서 지원함포 사격을 했다.

1944년 2월 인디아나는 전함 워싱턴과 충돌하여 손상을 입었다.

중부 태평양의 일본군 거점 공략 작전에는 사우스다코타급의 각 전함이 지원에 참가하여 항모기동부대 호위를 수행하거나, 일본군 거점이 있는 각섬에 대한 아군 상륙작전에 앞서 함포사격을 하는 등의 활동을 했다.

6월 태평양 전쟁 최후의 미·일 항모기동부대간 대결이 된 마리아나 앞바다 해전에는 사우스다코타, 인디아나, 앨라배마가 항모기동부대의 일원으로 참가하였고, 사우스다코타는 일본군기의 공격으로 손상을 입었다.

필리핀 공략작전으로 발생한 10월의 레이테 앞바다 해전에는 사우스다코타, 매사추세츠, 앨라배마가 참가했다.

11월 인디아나는 이오지마 공략 작전 지원에 참가하여 이오지마에 함포사격을 했다.

1945년 3월 오키나와 공략 작전 지원에는 사우스다코타급 4척이 함께 참가했다. 오키나와 작전중이던 5월 사우스다코타가 포탑폭발사고를 일으켜 손상을 입고, 6월에는 인디아나가 태풍을 만나 손상을 입었다.

1945년 6월 이와테 현(岩手県) 카마이시를 함포사격하는 인디아나

전후인 1946년 퓨젯 사운드 공창에서의 매사추세츠

[1] 현 로이 나무르(Roi-Namur)섬

7월 일본 본토 공격 지원에 참가하여 일본 본토 각지에 함포 사격도 실시하는 등 종전까지 일본 본토 근해에서 작전했다.

태평양 전쟁 종전 후, 4척은 함께 예비역으로 편입되어 모스볼 보관되었다. 그대로 대기상태에 있었지만 17년 후인 1962년 모두 제적되었다.

사우스다코타와 인디아나는 1963년 해체되었지만 1964년 앨라배마는 기념함으로서 앨라배마주 모빌 카운티 Mobile County에 보존되었다.

1965년 매사추세츠도 기념함으로서 매사추세츠 주 폴리버에 보존되도록 결정되었다. 매사추세츠와 앨라배마는 현재도 기념함으로서 전시 보존되고 있다.

■ 사우스다코타 전함 이력
1939년 : 기공
1942년 : 준공
1942년 10월~11월 : 솔로몬 제도공략작전지원
1942년 10월 26일 : 남태평양 해전에 참가
1942년 11월 : 제2차 솔로몬 해전에 참가, 대파
1943년 : 북대서양 방면 경계,
 길버트 제도 공략 작전지원, 나우루섬 함포사격
1943년 12월~1944년 1월 : 마셜제도 공략작전 지원
1944년 6월 19~20일 : 마리아나 해전에 참가
1944년 10월 24일~25일 : 레이테 해전에 참가
1945년 : 대만·오키나와·일본 본토 공습부대를 호위
 오키나와 상륙작전 지원
1945년 7월 : 카마이시·하마마츠(浜松) 함포사격
1962년 : 해체

■ 제원 전함 사우스다코타
기준 배수량 : 37,700t
길 이 : 207.4m
너 비 : 33.0m
흘 수 : 10.7m
출 력 : 130,000마력
속 력 : 27.2kn
항속거리 : 15kn/15,000해리
무 장 : 40.6cm 3연장주포탑 3기
 12.7cm 연장양용포탑 8기
 28mm 4연장기총탑 7기
 20mm 단장기총탑 16기
 12.7mm 단장기총탑 8기
장 갑 : 수선 310mm, 갑판 208mm
 주포탑 456mm, 사령탑 406mm
승무원 : 2,364명

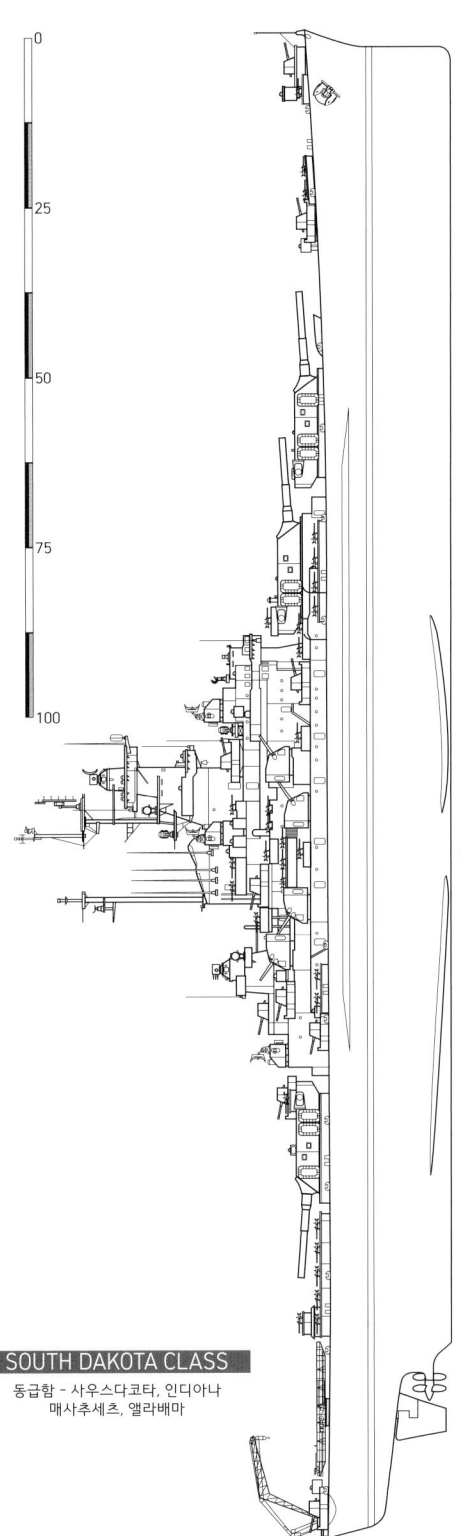
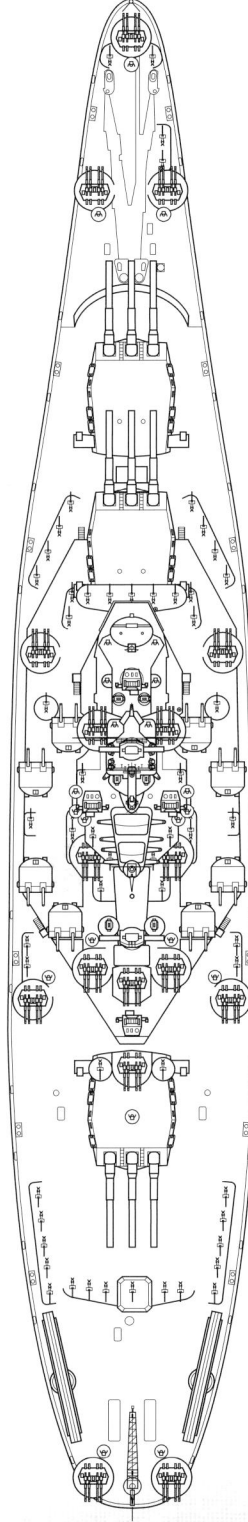

SOUTH DAKOTA CLASS
동급함 - 사우스다코타, 인디아나
매사추세츠, 앨라배마

사우스다코타 (1943년)

미국해군 / USN

미 해군 최후·최대·최강의 고속 전함
아이오와급 전함

군축조약으로 말미암은 해군 휴일이 끝나고 신전함 제3탄으로 건조된 것이 아이오와급이다. 노스캐롤라이나급과 사우스다코타급은 군축조약의 배수량 제한인 3만 5,000톤 이내로 설계되었지만, 아이오와급은 제한을 넘는 배수량 4만 5,000톤급 전함으로 계획되었다.

또 이전의 군축조약으로 건조가 중지된 순양전함 렉싱턴 급에 필적하는 속력 33kn의 고속전함으로 기관마력은 사우스다코타급의 13만 마력의 1.6배인 21만 2,000마력이나 되었다.

40.6㎝ 3연장 주포탑 3기, 12.7㎝ 연장 양용포탑 10기의 무장은 사우스다코타급부터 변화가 없고 탑형 망루와 망루 바로 뒤에 설치된 연돌로 구성된 상부 구조물도 사우스다코타급과 같은 형식이었지만 기관마력이 크게 증강되었기 때문에 후방에 연돌이 1개 더 늘어났다.

선체는 유례없는 고속력을 발휘하기 위해 상당히 가늘고 길어졌다. 길이는 일본의 야마토급을 뛰어넘는 전함 사상 최고 길이였다. 고속항행때 매우 큰 함수파가 발생하므로, 능파성을 향상시키기 위해 함수는 전방을 향해 높이 올라

미국 최강의 전함 아이오와급. 공격력과 방어력은 사우스다코타급과 거의 동등하지만 속력은 32kn로 순양전함급이었다. 사진은 준공 직후의 미주리

가 있고, 함수의 폭도 아랫부분은 가늘지만 위로 갈수록 폭이 크게 넓어지는 구조를 하고 있다. 또 수중 저항을 줄이는 구상선수[1]의 구상은 노스캐롤라이나급이 사우스다코타급보다 더욱 크고 두

1 배의 선수 수면 아래에 혹 모양 구상돌기(bulb)를 만든 것

드러지게 만들어져 있었다.

그러나 미 해군 군함은 파나마 운하를 항행 가능한 함폭으로 만들어져야 했다. 그 때문에 아이오와급은 노스캐롤라이나급, 사우스다코타급보다 50m 이상 더 긴데도 폭은 이전의 두 전함과 같이 파나마 운하를 항행 가능한 33m로 정해져서 눈에 띨 만큼 현저하게 가늘고 긴 선체를 갖게 되었다. 그 때문에 구조적으로 무리가 가서 선회 성능 및 주포 포격 시의 안정성에 문제가 생겼다고 전해진다. 또 군축 조약 전에 건조된 전함도 그 폭은 파나마 운하 항행을 위한 제한 함폭보다 아슬아슬하게 작았기 때문에 개장 시 현측 대형벌지 장착 때는 설계가 어려웠다.

아이오와급의 외견은 상부구조물을 피라미드 모양으로 집적한 앞의 사우스다코타급을 함수미방향으로 늘린 후 연돌을 1개 추가한 모습이 되었다.

1940년 6월 네임쉽인 아이오와가 기공되고 9월에는 '뉴저지', 1941년 1월에는 '미주리'와 '위스콘신'이 기공되었다.

1943년 2월, 아이오와가 기공되고 8월에 북대서양 뉴펀들랜드 수역에 진출하여 초계임무를 맡았다. 이유는 노르웨이에 숨은 독일 전함 '티르피츠'의 위협에 대비하기 위해서였다. 11월에는 테헤란 회담에 출석하는 루스벨트 대통령을 태워 카사블랑카까지 대서양을 왕복했다.

1943년 11월에 뉴저지가 준공되어 아이오와와 뉴저지는 1944년 1월에 태평양에 진출했다. 뉴저지는 제5함대 기함, 아이오와는 전함군 기함이 되었다.

아이오와급은 33kn의 고속력을 갖고 있어 고속의 정규항모 수행도 어렵지 않게 해낼 수 있으므로, 결국 항모기동부대의 기함으로 정해졌다. 또 40.6㎝ 포 9문의 강력한 화력으로 각지의 상륙 작전시 지원함포사격을 행했다.

일본에 대한 반격 당시 미 함대는 제5함대와 제3함대의 사령부가 일정기간

1944년 하와이에서 인양된 전함 오클라호마의 선체 옆에 붙어있는 아이오와급 4번함 위스콘신. 아이오와급은 길이에 비해 폭이 너무 좁아 선회성과 사격시의 안정성에 문제가 있었다고 전해진다.

마다 교대했지만, 그때마다 소속함정은 변하지 않고 함대와 기동부대의 명칭만 조금씩 변경되었다. 그 때문에 애초 제5함대 기함이었던 뉴저지는 뒤에 제3함대 기함이 되었다.

아이오와와 뉴저지는 1944년 1월의 태평양 진출 직후부터 일본군 거점이 있는 중부 태평양의 각 섬 공략에 참가하여 항모부대의 공격에는 항상 동행했고 상륙지원 함포 사격을 맡았다. 1944년 6월 마리아나 앞바다 해전에는 항모기동부대의 일원으로 참가했다.

1944년 4월에는 위스콘신, 6월에는 미주리가 준공되어 대열에 참가했다. 12월에는 켄터키, 1945년 1월에는 일리노이가 기공되었다.

1944년 후반 이후 아이오와의 각함은 필리핀, 대만, 오키나와, 일본 본토등의 공격 시에 항모기동부대 지원을 맡았다. 오키나와 공략작전 때는 미주리에 특공기가 돌입하여 손상을 입었다. 또한, 아이오와급 4척을 사용해 전함 야마토의 수상특공을 요격하는 안이 검토되었지만, 항모함재기군의 파상공격으로 야마토가 격침되어, 아이오와급대 야마토의 포격전은 실현할 수 없었다.

태평양 전쟁 종결 후, 항복한 일본의 항복 문서조인식이 동경만에 집결한 미 함대의 군함 함상에서 이루어지게 되었다. 원래라면 당시 제5함대 기함인 뉴저지가 식장으로 사용될 예정이었지만 미 대통령 트루만이 미주리 주 출신이었기 때문에 미주리가 식장이 되었다. 1945년 9월 2일, 미주리 함상에서 일본 대표가 항복문서를 조인하고 일본은 정식으로 항복했다.

전후 미 전함의 대부분이 예비역으로 편입되어 모스볼 보관, 또는 표적함이 되어 포폭격을 받고 바다 속에 버려지거나 해체처리되었다.

1944년~1945년, 태평양에서 촬영한 3번함 뉴저지

오키나와전 중의 1945년 4월 11일, 일본 해군 0식 함상전투기(통칭 제로 전투기)의 특공을 당하기 직전의 미주리. 이 순간 기관총수들의 심정은 어땠을까?

레이더 등 최신예 전자기기가 만재된 미주리. 미주리는 일본인의 기억에 가장 크게 남은 전함이었다.

한국전쟁 중의 1950년 북한의 청진항에 함포사격을 하는 미주리

1952년 위스콘신

1984년 사격훈련을 하는 아이오와를 상공에서 본 모습. 40.6cm포의 폭풍의 강도를 알 수 있다.

아이오와급도 예외가 아니었다. 아이오와, 뉴저지, 위스콘신은 모스볼 보관되었고, 아이오와급 중에서는 유일하게 미주리만이 현역 임무를 계속했다. 그 외에 현역임무를 계속한 미 전함은 연습전함 겸 포술실험함이 된 미시시피뿐이었다.

일리노이는 종전 직전에 건조 중지되었고, 공사가 그보다 더 많이 진행되어 있던 켄터키는 전쟁 종료 후 공사가 일시 중단되었으나 그 뒤 재개되어 진수까지 도달했다. 아이오와급에 이은 후속 전함으로 계획된 몬태나급은 전부 전시에 건조 중지되었기 때문에 결국 아이오와급이 미 해군 최후의 전함이 되었다.

베트남 전쟁에 미군이 본격적으로 개입하여 1968년에 뉴저지가 또다시 모스볼 보관상태에서 현역에 복귀했다. 복귀할 때에는 레이더 등의 전자병기 갱신, 헬리콥터 갑판의 설치 등의 개장이 이루어졌다. 뉴저지는 베트남 각지에 함포사격을 한 후 1969년에 2번째로 모스볼 보관상태가 되었다.

1980년대, 냉전 시대의 미 해군은 소련 해군에 대항하기 위해 전력의 확충을 도모했다. '600척 체제'를 부르짖은 전력 실현을 위해 아이오와급 4척도 현역 복귀하였다.

1982년에는 베트남 전쟁 때에도 현역이었던 뉴저지가 3번째로 현역에 복귀하여 83년 7월의 니카라과 봉쇄와 11월의 레바논 내전에 참가했다. 1984년에는 아이오와, 1986년에는 미주리, 1988년에는 위스콘신이 현역에 복귀했다. 또 이때의 복귀에서는 1980년대에 어울리는 근대화 개장이 이루어졌다. 개중에는 뒷부분 주포탑 1기를 철거하고 VTOL기와 헬리콥터를 다수 탑재하는 항공전함화 계획도 있었지만, 각종 전자 병기 갱신과 토머호크 순항미사일, 하푼 대함미사일을 탑재한 미사일 전함화 정도로 멈추었다. 1989년 아이오와의 제2포탑에서 폭발사고가 일어났고 승무원 47명이 사망했다.

1991년 미주리와 위스콘신은 걸프전쟁에 참가하여 이라크군에 순항미사일 공격과 함포 사격을 했다.

1995년 1월 아이오와급 4척은 나란

히 제적되어 전함의 생애의 막을 내리게 되었다. 4척의 재적 기간은 총 50년 이상이었다. 이들은 미 해군 최후의 전함인 동시에 미 해군에서 가장 오래 재적한 전함이 되었다.

뉴저지는 뉴저지 주에 기념함으로 보존되어 있다. 미주리는 하와이 진주만에 기념함으로 보존되어 있다. 보존 장소는 전함 애리조나가 침몰한 애리조나 기념관 옆이다. 진주만 공격에 침몰한 전함과 항복문서 조인식의 식장을 맡은 전함, 즉 태평양 전쟁의 최초와 최후를 상징하는 기념물이 한 자리에 나열된 것이다.

■ **아이오와 전함 이력**
1940년 : 기공
1943년 : 준공
1943년 11월 : 테헤란회의를 위해 대통령 호송
1944년 1~4월 : 마셜제도 공략작전지원
             미리 환초함포사격
             홀란디아 공습부대 호위
1944년 6월 19~20일 : 마리아나 앞바다 해전에 참가
1944년 10월 12일 : 대만 앞바다 항공전에 참가
1944년 10월 24~25일 : 레이테 앞바다 해전에 참가
1945년 : 오키나와 상륙작전 지원,
        무로란(室蘭), 히다치(日立) 함포사격
1945년 9월 : 항복조인식 참가
1949년 : 예비역 편입
1951년 : 현역 복귀
1951~1953년 : 한국전쟁에 참가
1958년 : 예비역 편입
1982년 : 토마호크 탑재함으로 개장
1984년 : 현역 복귀
1995년 : 제적(카테고리 - B 보관)

■ **제원 전함 아이오와**
기준 배수량 : 49,000t
길 이 : 270.6m
너 비 : 33.0m
흘 수 : 10.6m
출 력 : 212,000마력
속 력 : 32kn
항속거리 : 15kn/15,000해리
무 장 : 40.6cm 3연장주포탑 3기, 12.7cm 연장양용포탑 10기,
      40mm 80문, 20mm 단장기총탑 49기
장 갑 : 수선 310mm, 갑판 187mm
      주포탑 496mm, 사령탑 444mm
승무원 : 2,700명

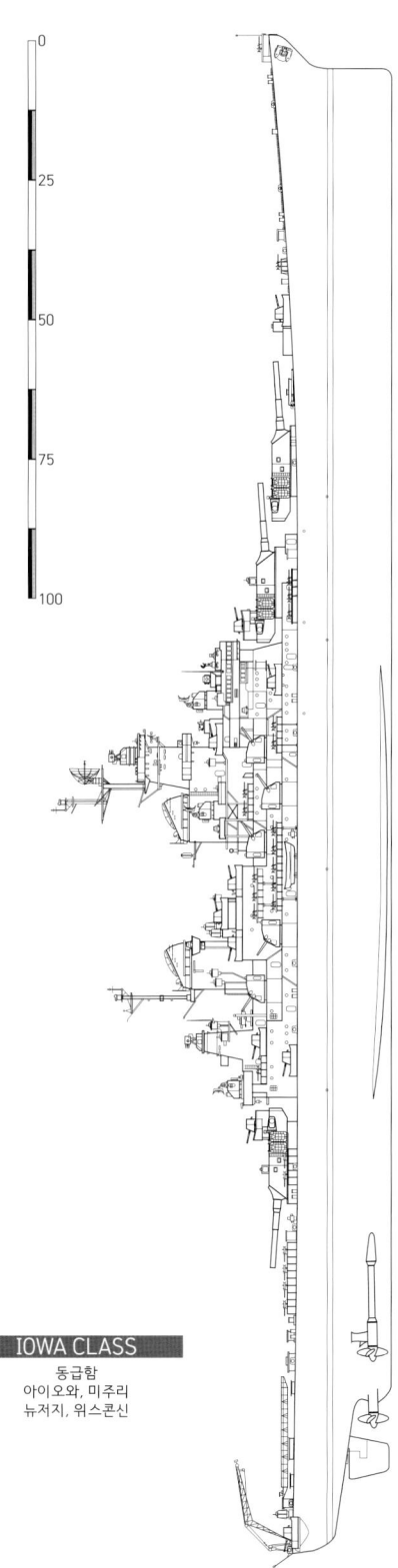

IOWA CLASS
동급함
아이오와, 미주리
뉴저지, 위스콘신

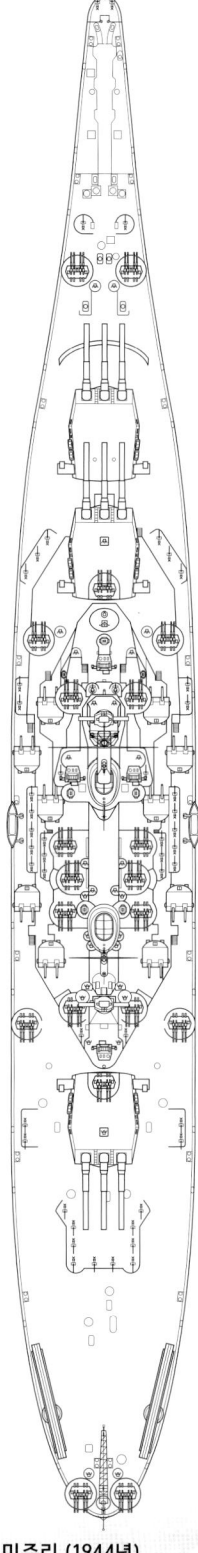

미주리 (1944년)

COLUMN

ALASKA CLASS LARGE CRUISERS

전함과 중순양함의 중간?
알래스카급 대형 순양함

독일의 샤른호르스트급 순양전함과 일본의 통상파괴용 초대형 순양함(사실 존재하지 않았음)에 대항하여 같은 함종이 필요하다고 생각한 미 해군은 1940년 초대형 순양함 알래스카급 건조에 착수했다. 주포로 중순양함의 20cm 포와 신예전함의 40cm 포의 중간인 30.5cm 포를 9문 탑재하고 속력은 최대 33kn. 기준배수량은 3만 톤 가까이로 순양함보다는 순양전함에 가깝다고 할 수 있다. 그러나 타국의 고속전함·순양전함인 샤른호르스트급과 됭케르크, 공고와 리펄스(Repulse)등에 비해 배수량은 같고 속력도 2~3kn 빠르지만 방어력과 공격력은 뒤쳐졌다. 분명 타국 고속전함과 정식으로 싸우면 불리했을 것이다.

알래스카급은 알래스카, 괌 2척이 완성되었지만 준공년도가 1944년으로, 종전이 가까웠기 때문에 거의 활약할 곳이 없었다. 또 중지된 3번함 이후는 하와이, 필리핀, 푸에르토리코, 사모아 등 준도시나 식민지 이름이 붙여질 예정이었다. 공격·방어력은 전함에 미치지 못하고 그렇다고 순양함을 상대하기에는 성능이 너무 우수하므로 어디에도 속하지 않는 군함이었으며, 대전 초기부터 투입되었어도 사용이 어려웠을 거라고 생각된다. 또 일본 해군도 알래스카급에 자극받아 같은 초갑급 순양함(B65급 대형순양함, 130쪽 참조)를 계획했지만 그것도 계획 단계에서 중지되었다

(글:편집부)

■ 제원 대형순양함 알래스카
기준 배수량 : 28,880t
길 이 : 246.4m
너 비 : 27.7m
흘 수 : 9.7m
출 력 : 150,000마력
속 력 : 33kn
항속거리 : 15kn/12,000해리
무 장 : 30.5cm 3연장 주포탑 3기
　　　 12.7cm 연장양용포탑 6기
　　　 40mm 4연장 기총탑 18기
　　　 20mm 기총탑 34기
장 갑 : 수선 229mm
　　　 갑판 102mm
　　　 주포탑 325mm
승무원 : 1,800명

1944년 여름~가을, 준공직후의 1번함 알래스카

알래스카급의 실루엣은 미국 신예전함을 스마트하게 한 것 같은 모양이었다.

정면에서 본 2번함 괌

위는 아이오와급의 미주리, 밑은 알래스카. 미 해군 최대의 전함과 비교해도 스케일 차이가 크지 않다.

영국의 전함

글 세토 도시하루 **그림** 고가 슈토

제 2 장

해군 왕국 영국이 1906년에 건조한 드레드노트급 전함은 종래의 상식을 뒤엎는 강력한 함이었다. 이 함을 시작으로 전함 종류는 크게 준노급함, 노급함, 초노급함으로 분류되었다.

그같은 혁명적인 전함을 세상에 내놓은 영국이었지만 제1차 세계대전에는 독일 해군과의 일대격전이었던 유틀란트해전에서 장갑이 얇은 순양전함 3척이 단숨에 침몰해버리는 비극을 맞이한 탓에 이후 방어력 정비가 이루어졌다.

그후 제2차 세계대전에 참가한 전함·순양전함은 제1차 세계대전 때 완성 또는 건조를 개시한 전함 퀸 엘리자베스급, 로열 소버린^{Royal Sovereign}급, 리나운급 순양전함^{Renown class battlecruiser}, 후드^{HMS Hood}와 해군 군축조약의 영향을 크게 받은 특이한 전함 넬슨급, 그리고 해군 군축조약의 효력이 없어진 뒤에 건조된 전함 킹 조지 5세급이다. 뱅가드^{Vanguard}는 건조가 늦어 제2차 세계대전에서 활약할 수 없었다. 이 같은 전함은 특히 눈에 띄는 성능은 가지고 있지 않은 보수적인 설계에 그쳤다.

제2차 세계대전 당시 영국 해군의 주적이었던 독일 해군은 전력이 열악해 영국군에 대한 정면 함대 결전따위는 생각지도 못하고 통상파괴 목적으로 활동하고 있었다. 그러므로 영국 해군 전함의 주임무도 필연적으로 독일 통상파괴함의 구축과 연합국 선단 호위였다.

그러나 빠르게 항공전 위주로 변해 버린 태평양 전쟁과는 다르게 유럽 전선에서는 항모가 전함의 보조 역할에서 벗어나지 않았다. 따라서 전함이 그 포격력을 선보일 기회도 많아 독일 전함 비스마르크, 샤른호르스트등은 영국 전함과 포격전을 하여 침몰했다. 아마 제2차 세계대전에서 가장 전함다운 싸움을 보여준 것은 영국 전함군이었을지도 모른다.

(글/편집부)

퀸 엘리자베스급
로열 소버린급
넬슨급
킹 조지 5세급
후드
리나운급
뱅가드

영국해군  RN

제2차 세계대전에 출현한 '고속전함'의 선두주자
퀸 엘리자베스급 전함

이 전함급은 종래의 초노급전함보다 더욱 강한 포격력과 빠른 속력을 갖춘 '고속전함'의 원조이다. 영국 해군이 1909년 오리온급에서 34㎝ 포를 탑재한 이래 최대 34㎝ 전후였던 전함의 주포구경은 증대의 길로 들어서게 되었다.

미·일은 영국 전함을 뛰어넘는 36㎝ 포를 채용했고, 영국 해군은 독일의 추격도 걱정했기에 1912년 계획에서 전함 주포로 타국을 뛰어넘는 38㎝ 포를 채용하기로 했다. 이렇게 해서 건조된 전함이 퀸 엘리자베스급이다.

처음의 계획은 38㎝ 연장 포탑 5기 탑재였다. 그러나 포탑을 4기로 줄여도 34㎝ 포 연장포탑을 5기 탑재한 아이언 듀크급 보다 더 강한 포격력을 갖출 수 있다는 생각에서, 중앙포탑을 포기하고 남는 중량과 공간에 보일러를 탑재했다. 이를 통해 최고속력 25kn의 고속 전함의 설계가 이루어졌다.

당시 전함 속력은 일반적으로 20~21kn로, 속력을 중시한 순양전함조차 25~28kn였기 때문에 25kn의 속도는 제1차 세계대전 직후에 나온 전함으로서는 파격적이었다. 덧붙여서 10년 정도 전의 전함 미카사의 속력은 18kn로 이것조차도 러·일전쟁 때는 고속 부류였던 것을 생각하면 퀸 엘리자베스급이 고속전함 취급받은 것도 조금 이해

제1차 세계대전 때의 퀸 엘리자베스

가 갈 것이다.

퀸 엘리자베스는 당시 세계 최고속 전함이었고 38㎝ 포를 탑재하여 포격력도 세계최강이 되었다.

최강의 공격력에 걸맞게 방어력도 늘어났다. 이전의 전함급인 아이언 듀크급은 수선 장갑 두께가 305㎜였다. 퀸 엘리자베스에서는 이 부분 장갑의 두께가 330㎜로 늘어났다. 그러나 수평방어 갑판의 장갑 두께는 45㎜에 지나지 않았다.

또한, 영국 전함으로서는 처음으로 수중방어를 위해 수뢰방어종벽(水雷防御縱壁 - 최초 채용은 러시아 전함 체사레비치 Tsesarevich)을 채용했다. 보일러도 세계최초로 종래의 석탄 보일러가 아닌 중유 보일러를 채용했다.

퀸 엘리자베스 급은 1915년부터 1916년에 걸쳐 5척(이 중 1척은 식민지 말레이 연방의 헌금으로 건조되어 말라야로 명명되었다)이 건조되었고, 1916년 후반에 38㎝ 포를 탑재한 독일의 바이에른 SMS Bayern급이 취역하기까지, 두말할 필요 없이 세계최강의 전함이었다.

제1차 세계대전 중에 완성된 퀸 엘리자베스는 갈리폴리 상륙작전 지원에 긴급 투입되었다. 남은 4척은 유틀란트 해전에 참가했다. 특히 본급으로 구성된 제10전함전대는 영국 순양전함대의 위기를 구하는 활약을 보여주었다. 동시에 이 해전에서는 예상 외의 원거리에서 포전이 벌어졌고, 이 때문에 포탄이 산모양의 탄도를 그리면서 높은 각도로 낙하하며 군함에 명중했다. 여기서 오직 측면 탄착에만 대비한 종래의 방어방식의 결함과 데미지 컨트롤면에서 한발 늦었던 영국 해군의 문제점이 드러났다. 이 때문에 해전 후에 장갑증가와 탄약고 방염대책, 주수 장치의 개선이 이뤄졌다.

영국 해군은 제1차 세계대전 후의 군축조약 시대에 유틀란트 해전 결과를 토대로 퀸 엘리자베스급의 근대화 개장을 계획했다. 퀸 엘리자베스와 워스파이트, 밸리언트는 2번에 걸쳐 개장되었다. 개장 정도는 동급함 중에서 가장 컸으며 외형도 완전히 달라졌다. 그 요점은 수

1941년 U보트에 격침된 바함(HMS Barham). 함명은 18세기의 바함 남작 찰스 미들턴 제독에서 유래되었다. 또 밸리언트의 의미는 '용감함'이며 말라야는 당시 영국 식민지이던 말레이를 의미한다.

중방어강화를 위한 벌지 장착, 포탑 상면의 장갑증가, 주포 앙각 증대에 따른 사정거리 연장, 신형 고각포탑재로 대공전투력 강화, 박스형 신형 함교의 장착 등이다. 말라야, 바함은 그만큼의 대규모 개장공사는 하지 않고 제2차 세계대전에 출전했다. 따라서 동급함이라고해도 외견, 성능에 꽤 큰 차이가 나타났다.

퀸 엘리자베스급은 제2차 세계대전 당시 영국에서 최고참 전함이었지만 차기 R급 전함보다 고속이었기 때문에 맘껏 활약을 할 수 있었다. 바함은 1941년 U보트에 의해 격침되었지만, 워스파이트는 독일의 노르웨이 진공 당시 벌어졌던 나르빅 해전에서 독일 구축함 10척을 자군 구축함과 협동하여 격침하고 지중해의 마타판 곶 해전에서는 이탈리아 중순양함을 격침하는 활약을 보여 가장 크게 활약한 영국 전함이라 불린다.

퀸 엘리자베스와 말라야는 제2차 세계대전 전반에는 선단 호위 등에 이용되었다. 대전 후반 퀸 엘리자베스, 밸리언트는 동양함대에 배치되어 인도양 방면으로 이동했다.

구식인 퀸 엘리자베스는 킹 조지 5세급이 취역하고 나서 예비역으로 배정되어 1945년에는 사실상 퇴역 상태가 되었다. 1945년에 제2차 세계대전이 종전될 때에는 퀸 엘리자베스급은 가치가 없어져서 다음연도에 먼저 워스파이트가 해체되고, 1948년까지 엘리자베스급의 모든 전함이 해체되었다.

■ 퀸 엘리자베스 전함 이력
1912년 : 기공
1915년 : 준공, 갈리폴리 상륙작전 참가
1915년 : 그랜드 플리트 기함이 됨
1926~27년 : 제1차 개장
1937~41년 : 제2차 개장
1941~43년 : 지중해에서 활동
　　　　　이탈리아군의 인간어뢰공격으로 대파
1944년 : 동양함대 배속
1945년 : 예비함
1948년 : 해체

■ 제원 전함 퀸 엘리자베스(개장 후)
기준 배수량 : 32,700t
길　이 : 196.8m
너　비 : 31.7m
흘　수 : 10.0m
출　력 : 80,000마력
속　력 : 23.5kn
항속거리 : 12kn/7,400해리
무　장 : 38.1cm 연장 주포탑 4기, 11.4cm 연장고각포탑 5기, 40mm8연장 폼폼포(Pom-Pom Gun)탑 4기, 12.7mm 4연장기 총탑 4기
장　갑 : 수선 330mm, 갑판 127mm
　　　　주포탑 330mm, 사령탑 102mm
승무원 : 1,260명(바함)

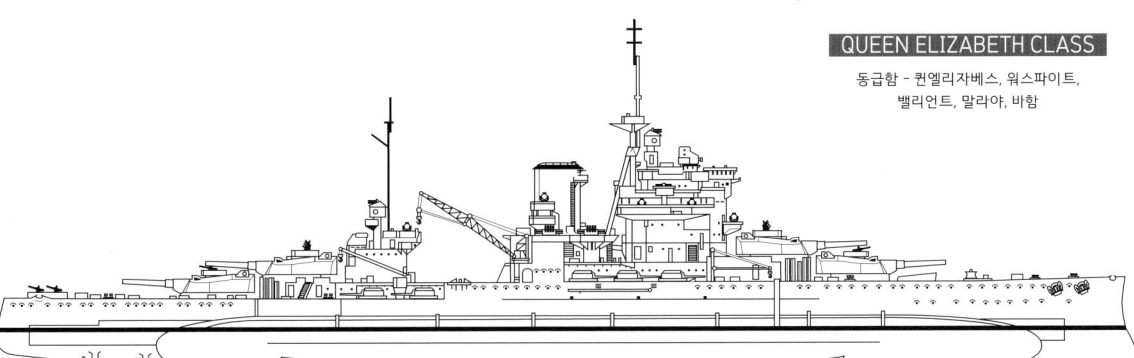

제2차세계대전에 가장 활약한 전함이라 불려지는 워스파이트. 워스파이트는 '전쟁을 경멸하는 자'라는 의미이다

QUEEN ELIZABETH CLASS
동급함 - 퀸엘리자베스, 워스파이트, 밸리언트, 말라야, 바함

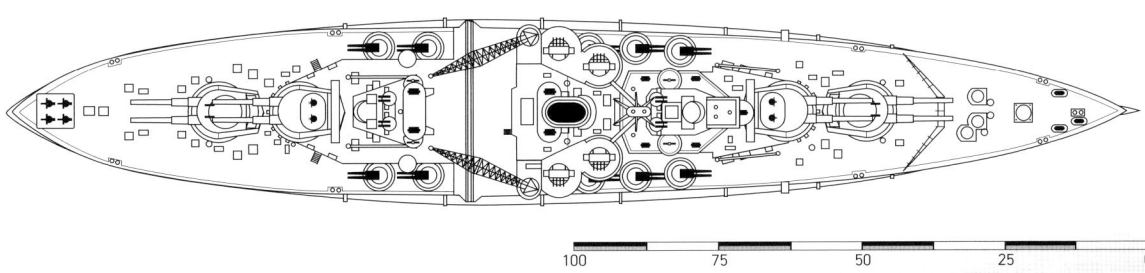

밸리언트 (1941년)

영국해군 RN

수수한 역할에 종사한 양산형 저속전함
로열 소버린급 전함

리벤지(HMS Revenge)(앞 쪽)와 로열 오크. 로열 오크는 1939년 10월 14일, 스캐퍼 플로우(Scapa Flow)에 잠입한 잠수함 U-47(권터 프린Günther Prien 함장)의 뇌격으로 침몰했다. 리벤지는 '복수'라는 뜻이다. 또 로열 오크는 17세기 찰스 왕이 패전했을 때 큰 떡갈나무에 숨어 살았던 고사에서 유래되었다.

로열 소버린급 5척은 모두 함명의 머릿글사가 R로 시작하브로(예: 로열 오크) R급이라고도 불리웠다.

로열 소버린급은 퀸 엘리자베스 급과 같은 38cm 주포를 아이언 듀크급에도 장비하기 위해 계획되었다. 방어력과 항속력도 퀸 엘리자베스급과 동등했지만 고속전함이라고는 할 수 없는 통상 전함으로 설계되었다.

퀸 엘리자베스급부터 도입한 중유 전용 보일러를 쓰지 않고, 종래대로 중유석탄 혼용 보일러를 채용했다. 이것은 전쟁 때의 연료보급을 고려한 것이다. 이 때문에 속력은 종래의 전함과 동등한 21.5kn에 지나지 않았지만, 계획 단계에서는 그랜드 플리트(영국 대함대)의 1번함으로 아이언 듀크급과 대열을 맞추는 데는 충분한 속도라고 생각 되었다.

1914년에 이 급이 기공되어 곧바로 해군 참모총장으로 복귀한 피셔 제독은 이 급의 보일러를 중유 전연으로 바꿔 출력과 속도를 높일 것을 지시했다. 피셔 제독은 순양전함의 고안자이며 속도성능을 중시했었다.

피셔 제독의 지시로 이 급의 최고속력은 23kn로 향상되었지만 공시에서는 22kn 정도에 그쳤다고 한다.

이 급이 퀸엘리자베스급에 비해 낮은 속도로도 만족한 것은 열국의 전함이 20kn정도의 속력 밖에 발휘할 수 없었던 까닭도 있다. 이는 제1차 세계대전에서는 문제가 되지 않았지만 고속 전함시대가 된 제2차 세계대전에서는 이 급의 가치가 낮아지는 원인이 되었다.

고속전함인 퀸 엘리자베스의 기관출력이 7만 5,000마력인데 반해 저속으로 만족한 이 급의 기관출력은 4만 마력밖에 되지 않았으며, 보일러 숫자도 퀸 엘리자베스는 24기인데 비해서 이 급은 18기밖에 없다. 연돌도 1개가 되었다. 영국 전함 중 단일 연돌함은 이 급이 최초였다.

방어면에서 새로운 점은 없고 수선 장갑띠는 두께 330mm, 갑판에는 51mm의 장갑이 깔렸다. 계획시에는 원거리 포격시 산 모양의 탄도를 그리며 날아오는 낙각이 큰 포탄을 예상하지 않았기 때문에 갑판 장갑은 비교적 얇았다.

이 급의 방어에 관해서 특별히 다룰 점은 세계 최초로 어뢰 방어용 수중 벌지를 장착한 것이다. 이것은 기존 함체 외부에 설치된 돌출부 위로, 이것으로 어뢰를 함체 본체가 아닌, 훨씬 외부에서 기폭시켜 함체 본체의 피해를 줄이는 것이다. 외견적으로는 선체 하부가 크게 부풀어진 것같이 보인다. 벌지는 복원성 향상에도 도움이 되어, 처음에는 라밀리즈에 장착되었고 다른 함에도 차례로 장착되었다. 이 밖에도 두께 38mm의 방어격벽도 양현에 설치되어 수중 방어력은 종래 전함보다 꽤 향상되었다.

이 급은 제1차 세계대전 중에 완성되어 그랜드 플리트에 배치되었다. 일부 전함은 1916년의 유틀란트 해전에 참가하여 독일 순양전함과 교전했다. 그 뒤로는 함대결전이 없었기 때문에 제1차 세계대전 종료까지 큰 활약이 없었다. 워싱턴 군축조약으로 주력전함 건조가 제한된 해군 휴일 시대에는 각국 기존 전함의 근대화 개장이 활발했고 이 급도 예외는 아니었다 그러나 이 급의 개장정도는 퀸 엘리자베스급 정도의 대규모는 아니었다. 원래 이 급도 퀸 엘리자베스처럼 함교구조물까지 완전히 바꾸는 개장이 계획되었지만, 퀸 엘리자베스급의 개장이 먼저 시작되어 뒤로 밀려난 이 급은 큰 개장을 하기 전에 제2차 세계대전을 맞이하여 개장시간이 없어지게 되었다.

이 급의 개장 내용은 유틀란트 해전에서 분명히 나타난 취약한 방어력 개선과 대공전투능력 강화를 위한 폼폼포[1], 항공기 탑재등이었다. 방어력면에서는 탄약고 상의 중갑판에 두께 102mm 증가장갑을, 기관부에는 똑같이 두꺼운 64mm의 증가장갑을 설비하는 개장이 이루어졌다.

제2차 세계대전 당시 이 급은 저속구

1942년 5월 마다카스카르 섬의 디에고 수아레즈 항에서 일본 해군 특수잠항정 갑표적의 뇌격으로 대파한 라밀리즈. 라밀리즈는 18세기 스페인 왕위계승전쟁 중 영국 주도의 연합군이 프랑스군을 격파한 라밀리즈 싸움에서 유래되었다.

[1] 영국군이 사용한 기관포의 한 종류

식이었기 때문에 로열 오크가 U보트의 공격으로 격침된 이후로는 선단호위에만 이용되었다. 이 급은 구식이지만 38㎝포를 탑재했으므로 28㎝ 주포를 갖춘 샤른호르스트급이 라밀리즈가 호위하는 선단에 대한 공격을 유보한 적도 있었다. 일본의 참전 후 영국 동양함대가 일본 해군의 항공공격으로 괴멸적 타격을 받자, 동양함대 재건을 위해 태평양 방면에 돌아오기도 했지만 구식이었기 때문에 영국 해군참모본부는 "빚이 늘어난 것 같다"라고 표현했다.

태평양에서도 중요한 임무는 선단 호위였다. 일본의 특수잠항정 공격으로 라밀리즈가 손상을 입은적도 있었다. 전력으로서 2선급으로 취급된 이 급은 킹 조지 5세급으로 이루어진 1944년에는 예비역이 되어 상륙작전 지원포격에 이용되었고 제2차 세계대전이 종결된 이후인 1948년에는 거의 해체되었다.

그러나 1944년에 소련에 대여되어 소련 전함 아르항겔리스크가 된 로열 소버린만은 1949년 반환되어 동년도에 해체되었다.

1940년 9월의 다카르해 해전에서 프랑스 잠수함의 뇌격으로 대파한 레졸루션. 레졸루션은 '단호한 결의'를 뜻한다. 1942~43년에는 인도양 방면에서 활동했다.

■ 로열 소버린 전함 이력
1913년 : 계획
1916년 : 준공, 그랜드 플리트 배속
1918년 : 제1차 대전 종결
1920~30년대 : 근대화 개장
1939년 : 제2차 개장
1944년 : 소련에 대여되어 아르항겔리스크가 됨
1949년 : 반환뒤 해체

■ 제원 전함 로열 소버린(개장 후)
기준 배수량 : 29,150t
길 이 : 190.3m
너 비 : 30.9m
흘 수 : 10.1m
출 력 : 40,000마력
속 력 : 19.5kn
항속거리 : 10kn/4,200해리
무 장 : 38.1cm연장 주포탑 4기, 15.2cm 단장포탑 12기 10.2cm연장고각포탑 4기, 40mm 8연장 폼폼포탑 2기, 12.7mm 4연장 기총탑 2기
장 갑 : 수선 330mm, 갑판 102mm, 주포탑 330mm, 사령탑 279mm
승무원 : 1,040~1,240명

ROYAL SOVEREIGN CLASS
동급함 - 로열 소버린, 로열 오크
리벤지, 레졸루션, 라밀리즈

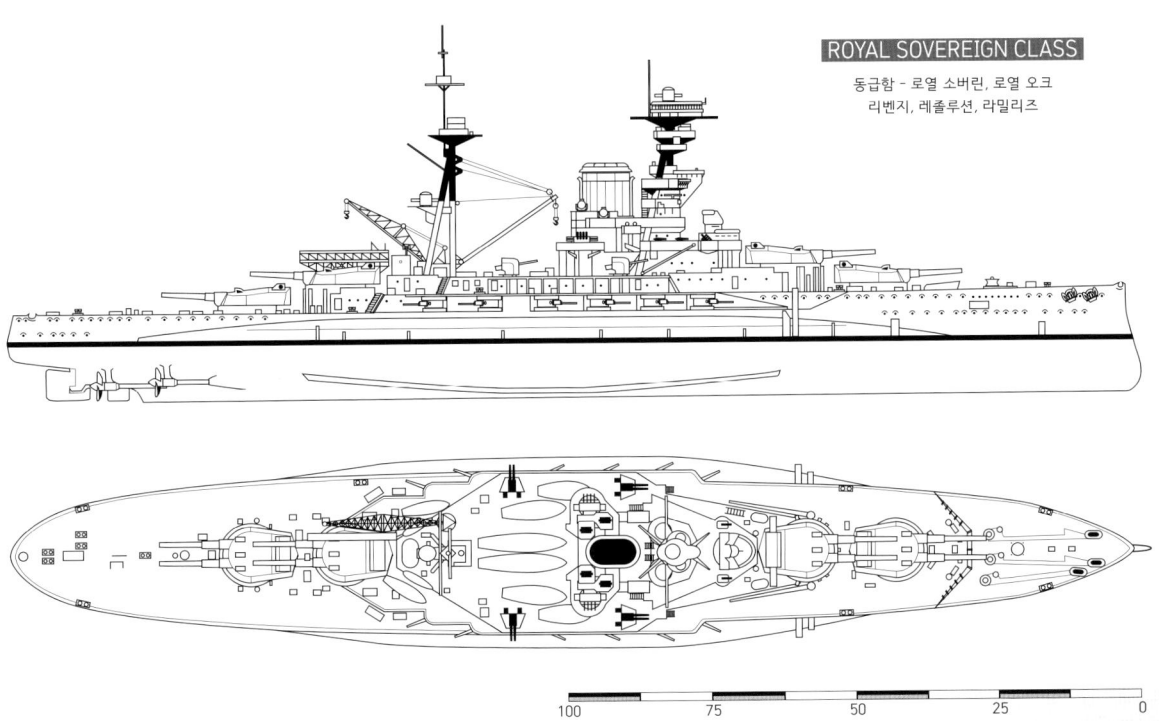

로열 오크 (1939년)

넬슨급 전함

영국해군 RN

유럽 최강의 공격력을 갖춘 괴상한 모양의 전함

영국 최강의 포격력과 특이한 모양을 겸비한 넬슨급의 탄생에는 워싱턴 군축조약이 크게 연관되어 있다. 그 때문에 넬슨 급은 조약급 전함이라고 부르는 것이 마땅하다.

1922년의 워싱턴 군축 조약은 각국의 주력함(전함과 순양전함)의 보유수를 결정함과 함께 주력함의 크기와 성능도 규정했다. 영국, 미국, 일본 각국의 주력 함보유수는 5:5:3의 비율로 결정되었고 보유합계 배수량도 결정되었다.

주력함 기공은 중지되어 미완성 전함은 폐기되었다. 그러나 일본이 건조 중이던 40㎝ 포(정확하게는 41㎝ 포) 탑재함 '무츠'의 존속에 매달린 결과 무츠를 남겨두는 대신 아직까지 40㎝포 탑재함을 가지고 있지 않았던 영국도 특례로 40㎝포 탑재함 건조가 인정되었다. 넬슨급은 이렇게 해서 건조되었다.

조약의 규정에서 건조 가능한 전함은 배수량은 3만 5,000톤 이내, 주포구경은 16인치(40.6㎝)로 넬슨급은 그 틀 안에서 최대한의 공격력과 방어력을 갖추도록 설계되었다. 그 때문에 고속 성능은 단념되어 속력은 23kn로 정해졌다.

넬슨급은 유명한 영국 해군 조함관 다인코트의 마지막 설계작이었다. 다인코트는 설계의 중점을 40㎝포 9문을 탑재하는 데에 두었다. 일본과 미국의 40㎝포 탑재함의 주포문수는 8문이었기 때문에 넬슨 급은 당시 세계최강의 공격력을 가진 전함으로 설계되었다.

40㎝포는 최대사정거리도 앙각 44도

1936년 대번포트 해군 공창에서의 로드니(HMS Rodney). 함명은 18세기의 조지 로드니 제독에서 유래되었다.

로 4만 1,600m로 길었다. 일본, 미국의 40㎝포의 최대사정거리는 3만 7,000m 정도였기 때문에 넬슨 급은 사정거리에서도 우월했다. 그러나 이것이 밝혀진 것은 제2차 세계대전 후의 일이었다.

주포는 3연장포탑 3기를 피라미드형으로 함체 앞부분에 집중 배치했다. 이것은 장갑 방어 구획인 선체 주요부분을 가능한 한 짧게하여 장갑 중량을 절약하는 것을 목적으로 하고 있었다. 배수량의 한계가 설정되어있었기 때문에 주포를 늘리는 동시에 방어력도 강력하게 하는 것은 상대적으로 무리가 있었다.

따라서 이 급은 철저한 집중방어로 장갑부분을 국한하는 방어 요령을 채택했다. 이것으로 인해 수선장갑이 356mm로 종래의 전함보다 더욱 두터운 장갑을 설비하는 것이 가능하게 되었다. 게다가 장갑은 세계 최초로 안쪽으로 경사시킨 인터널 아머 방어구조(선체내부에 경사 장갑을 붙이는 방법)를 도입했다. 경사장갑은 같은 각도로 피탄당할 때 수직장갑에 비해 장갑판의 두께가 한층 두꺼워지기 때문에 같은 장갑 두께로도 보다 높은 효과를 볼수 있어서 전차에도 채용된 방식이었다. 종래 영국 전함의 약점인 갑판 장갑도 두께 152mm로 강화되어 이 급도 외관상으로는 매우 큰 중방어전함으로 보였다.

같은 부분의 장갑 두께 만으로 비교하면 뒤의 독일 비스마르크와 미국의 아이오와를 넘어서는 이 급은 장갑만으로 보면 당시 각국의 전함 중에서 가장 강화된 전함이었다.

앞에서 말한 것처럼 이 급은 철저한 집중 방어 방식을 채용했기 때문에 포탑, 탄약고, 기관실 이외는 비장갑 부분으로 구분되었다. 따라서 유틀란트 해전에서 밝혀진 포탑직격으로 인한 포격침몰대처는 가능했지만, 비장갑부분 피해에 따른 침수는 어쩔 수 없었다. 그래도 이 급이 행한 집중 방어 방식은 배수량을 줄일 수 있는 장점이 있어 일본, 프랑스 등의 전함설계에 영향을 주었다.

이 급의 다른 방어상의 약점은 수중방어였다. 수선장갑 띠는 두텁기는 했지만 상하의 폭이 좁아 수중방어에 중요한 종벽(세로벽)은 38mm 1장 뿐으로, 뒤는 선체내에 감추어져 외견상으로는 볼 수 없는 벌지(인터벌 벌지)와 수밀구획(水密區劃 - 배가 충돌이나 좌초 따위로 침수하는 것을 국부적으로 막아 안전을 유지하기 위하여 만든 구획)에 의지하고 있었다. 수밀구획의 내부에는 중공(中空) 파이프를 충전한 장소가 있고 이것으로 폭발 충격을 흡수할 수 있다고 판단되었다.

덧붙여서 이 아이디어는 같은 시기 일

1939년 때의 넬슨. 앞부분에 3연장 주포탑 3기 탑재한 특이한 실루엣을 알 수 있다. 함명은 18세기의 나폴레옹 전쟁중에 프랑스 스페인 연합함대를 격파한 불세출의 영웅 호레이쇼 넬슨(Horatio Nelson) 제독에서 유래되었다.

본 전함에도 도입되었다. 넬슨급의 수중 방어는 후속전함의 다층식방어 만큼 선진적인 것은 아니어서 어뢰와 수중탄에 대한 충분한 방어라고는 할 수 없었다.

포탑의 앞부분 집중은 뛰어난 아이디어였지만 문제도 생겼다. 주포의 전방 사격과 3번포탑의 경사 후방 사격 시 발생하는 폭풍이 갑판과 함교에 큰 충격을 주었다. 이 때문에 영국 해군은 이후 전함설계에서 주포의 앞부분 집중을 하지 않았다.

기관출력은 4만 5000마력으로 퀸 엘리자베스급의 8만 마력에 비해 매우 낮다. 따라서 최고속력은 23kn으로 제2차 세계대전의 전함으로는 조금 부족한 속도였다.

군축조약 후의 해군 휴일 시대에 각국 전함이 대규모 근대화 개장을 실시했지만, 이 급은 대규모 개장까지는 하지 않고 대공무장을 늘린 정도로 끝났다.

제2차 세계대전 당시 이 급은 영국에서 최강 공격력을 가진 전함으로 비스마르크 추격전, 선단호위, 상륙작전 지원 등에 폭넓게 활용되었다. 심하게 사용되었기 때문에 이 급의 기관부는 종전시점에는 파열 직전까지 갔다고 전해졌다. 제2차 세계대전 후 전함시대가 끝나고 구식화되기 시작한 이 급도 1948년에 해체되었다.

■ **제원 전함 넬슨(1944년)**

기준 배수량 : 33,800t
길 이 : 216.4m
너 비 : 32.3m
흘 수 : 8.6m
출 력 : 45,000마력
속 력 : 23kn
항속거리 : 16kn/7000해리
무 장 : 40.6cm 3연장 주포탑 3기, 15.2cm 단장포탑 6기
　　　　12cm단장고각포탑 4기, 40mm 8연장 폼폼포탑 6기
　　　　40mm기관포6정, 20mm단장기관포탑 61기
장 갑 : 수선 356mm, 갑판 160mm
　　　　주포탑 406mm, 사령탑 356mm
승무원 : 1,361명

■ **넬슨 전함 이력**

1922년 : 계획
1927년 : 준공
1939년 : 제2차 세계대전 개전.
　　　　 샤른호르스트, 그나이제나우 추격전에 참가
1940년 : 비스마르크 추격전에 참가
1944년 : 노르망디 상륙작전에 참가
1945년 : 연습함 임무
1948년 : 해체를 위해 매각

넬슨을 상공에서 본 사진. 함교가 꽤 뒤쪽에 있는 모습이 인상적이다.

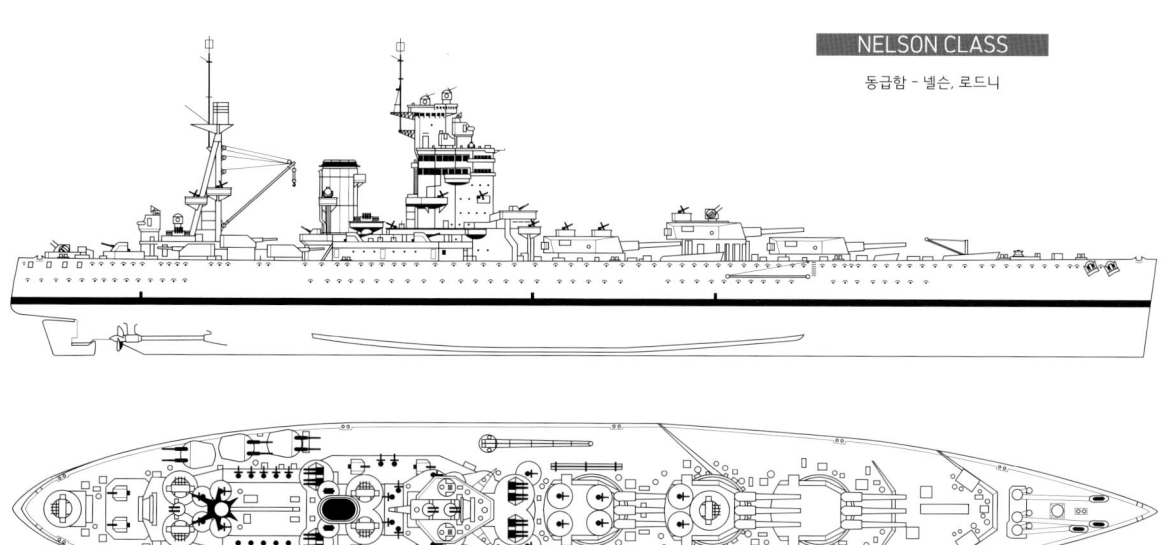

NELSON CLASS

동급함 - 넬슨, 로드니

넬슨 (1945년)

킹 조지 5세급 전함

영국해군 / RN

열강 최약의 신예전함 그러나 전쟁에서는 대활약

1936년 각국 해군의 주력함 건조를 제약했던 워싱턴 군축 조약과 런던 군축조약의 효력은 사라졌다. 그러므로 각국 해군은 경쟁적으로 신형전함 건조에 뛰어들었다. 독일을 시작으로 유럽 각국이 해군력 증강에 힘을 쏟아붓는 중 영국 해군도 여기에 대항하여 신형전함에 뛰어들어 킹 조지 5세급의 건조가 계획되었다.

런던 조약의 실효 직전의 제2차 런던 조약에서는 영국은 배수량 3만 5,000톤. 주포 구경 35.6cm로의 제한을 주장했다. 제2차 런던 조약은 일본이 참가하지 않았지만 어쨌든 일본에게도 참가를 요구하는 형태로 발효했다. 제2차 런던 조약에서는 타국이 건조한 신예전함이 제한 이상의 주포를 채용한 경우에 이것에 비례하여 구경 40.6cm의 주포를 탑재가능하게 하는 에스칼레이터 조항이 설치되었다.

결국 일본의 야마토급이 구경 40cm 이상의 주포를 탑재하는 것이 확실시 된 이후 제2차 런던 조약의 주포구경 제한은 도마에 올라오게 되었지만 독일 해군도 비스마르크급을 건조하고 있었으므로 영국 해군은 벌써 건조를 개시하고 있었던 킹 조지 5세급의 건조를 그대로 진행하게 되었다.

주포구경을 40cm로 설계변경할 경우, 독일의 비스마르크급 건조에 제 때 대응하지 못할 것이 명백했기 때문이다. 당시 영국 해군은 더 이상 고속전함이라고 부를 수 없는 구식함 퀸 엘리자베스급 이외에는 고속전함이 없어, 신형 고속전함을 급하게 필요로 하고 있었다.

이 급은 주포구경을 35.6cm로 제한한 대신에 열국의 신형 전함보다 많은 10문을 탑재했다. 35.6cm 포는 최대사정거리 3만 7,100m로 일단 타국의 38cm포 수준으로 취급되었지만 신형전함, 특히 대항할 존재인 비스마르크의 주포보다 낮아 보이는 것은 부정할 수 없었다.

이 급은 이 35.6cm포를 4연장 포탑 3기에 탑재 할 예정이었지만 탄약고 방어의 약점이 발견되었다. 따라서 2번포탑을 연장포탑으로 바꾸어 포탑중량을 낮추고, 그 중량을 방어강화로 돌려 주 포수는 10문이 되었다. 전쟁 초기에는 4연장 포탑이 검증되지 않아서 초기고장을 염려했었다.

부포는 대공, 대수상 기능이 모두 있는 13.3cm 양용포를 타국보다 앞서 채용했다. 이 포는 방공순양함 디도급 Dido class Light Cruisers에도 채용 되었다. 미국 해군의 12.7cm양용포에 비해 대수상 사격 위력은 우위에 있었지만 대공 능력은 약간 뒤떨어졌다.

대공장비로는 건조 당초는 20연장 대공로켓포가 장비되었지만, 그 효과가 생각처럼 좋지 않아 1941년에는 보다 효과적인 40mm 기관포로 교환되었다. 이 급도 다른 전함과 같이 제2차 세계대전중에 근접 대공화기가 크게 증강되었다.

방어도 종래 전함보다 크게 강화되어 수선장갑의 장갑두께는 381mm에 달했다. 이 부분의 장갑 두께는 라이벌인 비스마르크급보다도 두꺼웠다. 넬슨급보다 장갑 띠의 상하 높이도 높게 잡혔지만 설치방법은 전통적인 방식을 따랐기 때문에 넬슨급에서 채용된 인터널 아머는 이 급에서는 채용되지 않았다. 방어갑판은 두께 152mm로 타국의 신형전함

상공에서 본 킹 조지 5세. 4연장 주포탑과 그 뒤의 연장 주포탑이 특징이다. 함명은 1936년까지 재위한 영국 왕인 조지 5세의 이름에서 유래한다.

3번함의 듀크 오브 요크(HMS Duke of York). 함명은 황태자의 동생에게 붙여지는 칭호인 '요크 공'에 유래한다.

구름 모양의 위장이 칠해진 하우를 뒤에서 본 사진

4번함 앤슨(HMS Anson)의 함미. 함명은 18세기 조지 앤슨 제독의 이름에서 유래한다. 신예전함 이었지만 준공시기가 1942년이었고, 유럽 전쟁도 중반이었기 때문에 선단호위라 같은 수수한 임무에 종사했다. 1945년 촬영

과 같은 레벨이었다.

수중방어는 방어갑판에서 함저까지 두께 51㎜의 방어 종벽이 설치되어, 모두 합해서 3층의 얇은종벽이 간격을 두고 평행으로 설치된 다층 방어 방식이 채택되었다.

방어면에서 이 급의 두드러진 점은 외부에 드러난 사령탑의 폐지와, 선체 내부에 설치된 사령탑이라 할 수 있는 중앙 지휘소의 채용이었다. 이것은 지금에 와서는 당연시된 CIC의 원조라 할 수 있는 존재였다. 기관부에는 손상시라도 일격으로 기관부가 기능망실하는 것을 방지하도록 기관실을 분리하는 시프트배치를 채용하였다. 데미지 컨트롤에 필요한 응급배수장치도 강력한 것을 채택했다.

이 급의 프린스 오브 웨일즈가 침몰했기 때문에, 방어력이 약하다는 이미지가 있다. 그러나 실제로는 비스마르크에 필적하는 꽤 높은 방어력을 갖춘 함이었다. 그 때문에 방어중량은 배수량의 30%에 달한다. 그것은 야마토와 같은 비율이었다. 실제로 프린스 오브 웨일즈는 비스마르크 주포의 직격에도 견디었다.

이 급의 방어면에서의 결점은 데미지 컨트롤 능력이 미 해군에 비해 조금 낮은 것과 배수량이 3만 5,000톤밖에 되지 않는 점일 것이다.

5번함 하우(HMS Howe). 함명은 18세기 리차드 하우 제독에서 유래한다.

야마토의 배수량은 6만 톤에 달하고 비스마르크와 아이오와는 4만 톤을 넘는데 반해 그에 비해 배수량이 모자란 이 급은 예비부력이 비교적 모자라다는 핸디캡을 가지고 있게 되었다. 또 프린스 오브 웨일즈는 항공뇌격 결과 스크류 샤프트에서 일어난 침수가 전기계통의 고장

1939년 5월, 프린스 오브 웨일즈 진수식 모습. 일본에서 가장 유명한 영국 전함이다. 함명은 영국 황태자의 칭호에서 유래한다.

파도를 가르며 나아가는 다이나믹한 하우의 위용.

싱가폴에서의 프린스 오브 웨일즈. 얼마 후 운명의 말레이 해전에 도전하게 된다.

1941년 12월 10일, 말레이 해전에서 일본 해군의 육상공격기의 공격을 받고 열심히 방어전을 하는 프린스 오브 웨일즈(아래쪽은 리펄스 Repulse). 그 뒤 이 두척은 무운(武運)이 없어서 격침, 외양에서 전투 중에 항공기에 격침된 첫 전함이 되어버렸다.

1943년 12월 독일 군함 샤른호르스트를 추격하기 위해 악천후 속을 항행하는 듀크 오브 요크. 이 뒤 샤른호르스트를 격침하는 대공훈을 올리게 되었다.

으로 이어졌고, 그것이 대공사격, 응급 주배수에 지장을 초래해서 침몰로 이어졌다. 불행한 일이었지만 여기에서 데미지 컨트롤의 미비를 볼 수 있다.

속력은 고속전함에 맞는 27.5kn로 계획 되었지만 29kn 가까이 내는 것도 가능했다. 이 고속성능으로 인해 이 급은 항모와 함께 행동이 가능한 큰 장점을 얻었다. 독일의 포켓 전함 도이칠란트 SMS Deutschland 급과 비스마르크급은 이 급에 비해 속도의 우위는 없었다.

선체 설계에서는 앞부분 주포의 사격을 중요시하여 함수에 시어[1]를 설치하지 않고 전체가 평평한 갑판으로 한 결과 능파성이 부족해졌다. 뒤의 뱅가드는 이 점이 개량되었다.

항공무장과 레이더는 준공 초부터 설치되었다. 항공무장은 2개의 연돌 사이에 사출기와 격납고가 설치되었다. 이것은 영국 전함의 표준적인 의장방법이었다. 영국은 레이더 기술에 관해서는 선도적인 위치를 점하고 있었고, 이것은 타국 전함에 비해 이 급의 큰 장점이 되었다. 항모 지원과 레이더 발전으로 인해, 함재기에 의한 정찰과 탄착 관측은 불필요하게 되어서 항공무기는 제2차 세계대전 도중 폐지되었다.

이 급은 3만 5,000톤의 기준 배수량을 잘 지키면서(700톤 정도 더 무겁기는 했지만)도 견실한 성능을 갖춘 전함이었다.

이 급은 무조약 시대에 독일 해군의 급발전에 대비한 1936년도 계획에서 2척, 1937년도 계획에서 3척이 건조되었다. 이후에는 40㎝ 포를 탑재한 라이온급으로 이행할 예정이었지만 실현되지 않았다.

1936년도 계획함들은 군축조약 실효 당일에 기공식을 해서 세계의 주목을 받았다. 영국 해군은 독일 해군의 발전위협을 느껴서 이 급의 건조를 급하게 했던 것이다. 그래도 이 급의 완성은 5척 모두 제2차 세계대전 개전 이후가 되어버렸다.

킹 조지 5세급은 제2차 세계대전 개전 1년 후인 1940년 12월에 준공되어 대서양에서 각종 임무에 종사했다. 그 중에서도 하이라이트는 1941년 5월의 비스마르크 추격전일 것이다. 이 싸움에서 킹 조지 5세는 로드니와 함께 비스마르크와 교전하여 전투불능으로 만들었다. 그 뒤 북방 선단의 호위에 종사한 후 1943년에는 지중해로 전환하여 시칠리아섬 상륙작전 지원에 참가하고, 1944년에는 극동에 파견되어 대일 반격 작전에 참가하여 오키나와 전투에도 모습을 보였다.

프린스 오브 웨일즈는 완성 직후(실제로는 의장공사가 약간 남아있었다)에 비스마르크 추격전에 투입되어 손상을 입었다. 이 때는 주포탑 상태가 나빴고, 동료함 후드가 포격으로 단숨에 침몰하자 후퇴했다.

그 뒤 일본군을 막고자 동양함대에 배치되었으나 말레이 해전에서 일본 해군의 항공 공격을 받아 격침되었다. 불침전함이라 불려진 프린스 오브 웨일즈의 침몰은 영국 해군에 큰 충격을 주었으며, 동시에 세계 해군에 전함 시대의 종말을 고하기도 했다.

듀크 오브 요크는 1941년말 완성한 후 곧바로 영국함대에 배치되어 북대서양과 바렌츠 Barents 해에서 선단 호위에 종사했다. 1943년에는 선단공격을 위해 출격한 독일 전함 샤른호르스트를 따라잡아 공격하여 격침하였다. 기상기후가 나쁜 북해의 해전에서는 우월한 레이더 성능이 승리의 원인이 되었다.

앤슨도 준공 후 선단 호위에 종사했다. 하우는 준공 후 영국 함대에 배치되었고 1943년에는 지중해로 이동하여 시칠리아 상륙작전을 지원하였다.

1944년에 티르피츠(Tirpitz)가 침몰하고 독일 수상함대의 위협이 사라지기 때

---

[1] sheer: 함수로 갈수록 경사져 높아지는 부분

문에 프린스 오브 웨일즈를 제외한 이 급의 모든 함은 1945년에 급히 동양함대에 배치되어 대일전에 참가하여 수마트라 방면의 제유소 포격과 오키나와전, 일본 본토 연안 포격 등의 작전에 종사했다.

1945년에 제2차 세계대전이 끝났을 때, 이 급은 구식함은 아니었지만 이미 전함시대가 종료되었기 때문에 1946년에는 일찌감치 예비함으로 취급되었다. 그리고 1957년 해체로 인해 제적되었다.

KING GEORGE V CLASS
동급함
킹 조지 5세, 프린스 오브 웨일즈
듀크 오브 요크, 앤슨, 하우

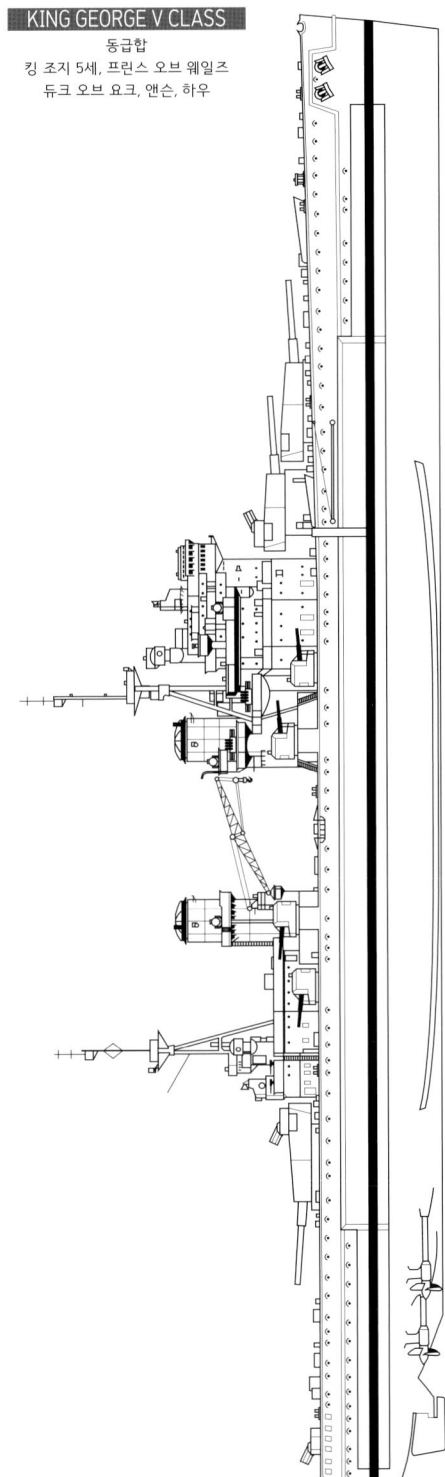
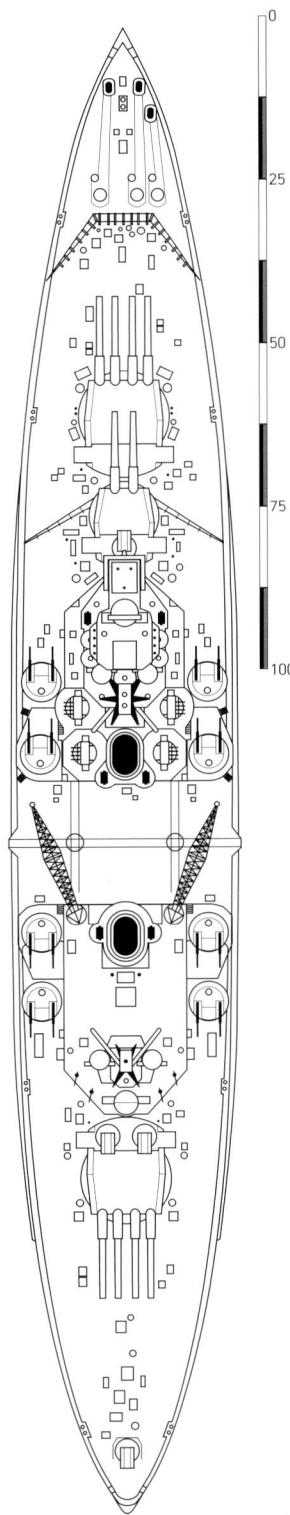

■ 제원   전함 킹 조지 5세(준공 시)
기준 배수량 : 38,030t
길 이 : 227.1m
너 비 : 34.2m
흘 수 : 8.8m
출 력 : 110,000마력
속 력 : 28kn
항속거리 : 10kn/15,000해리
무 장 : 35.6cm 4연장 주포탑 2기
         35.6cm 연장포탑 1기
         13.3cm연장양용포탑 8기
         40mm 8연장 폼폼포탑 4기
         12.7mm 4연장기총탑4기, 수상정찰기2대
장 갑 : 수선 381mm, 갑판 152mm
         주포탑 330mm, 사령탑 100mm
승무원 : 1,422명

■ 킹 조지 5세 전함 이력
1936년 : 계획
1940년 : 준공
1941년 : 미국방문, 비스마르크 추격전
1943년 : 시칠리아 상륙작전 지원
1945년 : 오키나와 상륙작전 지원, 일본 본토 포격
1946년 : 예비역 편입
1957년 : 매각
1958년 : 해체

킹 조지 5세 (1940년)

영국해군 RN

비스마르크의 일격에 폭침한 최강의 순양전함
순양전함 후드

후드는 영국이 건조한 최후의 순양전함인 동시에 세계최대 최강의 순양전함이었다. 군축조약에 의한 해군 휴일 시대에는 세계 최대의 군함이기도 했다. 실제 후드의 길이는 262m로 세계 최대의 전함 야마토보다 1m만 짧고 폭도 31m로 야마토 보다 7m정도 좁을 뿐인 거함이었다.

후드는 상당히 스타일이 좋은 외견을 가지고 있는 군함으로, 균형미로 본다면 제인해군연감[1]의 편집자인 영국의 함정 연구가 오스카 파크스 Oscar Parkes가 가장 아름다운 군함이라고 말했을 정도였다.

제2차 세계대전 전 노급전함을 생산한 영국 해군은 순양전함이라고 하는 새로운 함종을 생산했다. 해군의 주력은 전함이지만 그것을 보완하여 적 전함부대의 행동을 감시하는 장갑순양함 또한 건조되어 왔다. 일본 해군도 장갑순양함을 기동성이 우수한 함대주력으로서 적극적으로 활용하여 러·일전쟁의 승리에 크게 공헌했다.

거기에 더해서 영국 해군의 피셔 참모총장은 노급전함의 포격력과 높은 기동성을 겸비하는 새로운 장갑순양함 건조에 발을 내디뎠던 것이다. 이 신형 장갑순양함은 종래의 장갑순양함보다 비약적으로 강력했기 때문에 순양전함이라는 새로운 카테고리로 분류되었다. 새로이 탄생한 순양전함 장르에서도 건함경쟁이 일어나 독일과 영국은 서로 경쟁적으로 새로운 순양전

---
[1] 영국의 Jane's 출판사가 간행하는 항공기·군함·무기·군용통신 등에 관한 각종 연감. 분야별로 Jane's All the World's Aircraft, Jane's Fighting Ships 등이 나와 있다.

1924년 오스트레일리아의 프리맨틀(Fremantle)에 기항한 후드. 함명은 18세기의 사뮤엘 후드 제독의 이름에 유래한다.

함을 건조하고 그 전투력도 향상시켰다.

제1차 세계대전 중 독일이 36㎝ 포 탑재 순양전함 막켄젠급Mackensen-class battlecruiser을 계획하고 있다는 정보가 영국에도 흘러들어와 영국 해군은 이에 대항하기 위해 신순양전함의 건조에 박차를 가했다. 이것이 후드급이었다.

후드는 38㎝ 8문을 탑재하고, 후드급은 4척(후드, 앤슨, 하우, 로드니)의 건조가 계획되었지만 1917이 되어서 독일이 막켄젠급을 건조할 가능성은 없어졌기 때문에 2번함 이후의 건조는 중지되었다.

아무튼 순양전함을 포격력이 강화된 장갑순양함이라고 정의한 영국 해군은 순양전함 설계 때 방어력을 희생하여 전함 수준의 포격력과 우수한 스피드를 달성했다. 그러나 1916년의 유틀란트 해전의 결과는 영국 순양전함의 설계에 의문을 던지는 일이 되었다. 이 해전에서 영국 순양전함 3척이 어이없이 침몰하여 순양전함의 방어력이 문제시되었던 것이다.

때 마침 건조중이었던 후드는 이 교훈으로 설계를 수정하여 설계되었다. 이 작업으로 완성이 늦어진 후드는 제1차 세계대전에는 참가할 수 없었다.

유틀란트 해전의 교훈으로 방어를 강화한 결과 후드는 배수량 4만 2,000톤이나 되는 전례없는 거함이 되었다. 이

후드의 옆모습. 1924년 당시 후드가 세계 최대의 전함으로 군림했을 때의 사진

후드를 상공에서 본 모습. 길이에 비해 폭이 좁음을 알 수 있다.

에 비해 36cm포를 탑재하는 일본의 공고급은 2만 7,500톤이었다. 또 후드와 같은 38cm 포 8문을 탑재한 전함 퀸 엘리자베스의 배수량은 3만2,700톤이었다. 후드는 포격력을 살리되 방어력을 희생하지 않는 순양전함을 건조하면 필연적으로 대형화가 된다는 점을 보여주는 좋은 표본일 것이다.

후드는 주포로 38cm 포 8문을 탑재하였다. 이것은 퀸 엘리자베스와 로열 소버린과 같은 것이었다. 영국 해군은 30cm 포 탑재전함과 34cm 포 탑재전함에 대응하여 같은 주포를 탑재한 순양전함을 건조해 왔지만 후드 건조는 독일의 막켄젠급에 대한 대항마뿐 아니라 전함 퀸 엘리자베스를 위한 순양전함이라는 의미도 있었던 것이다. 부포로서는 14cm 포가 종래의 포대방식이 아닌 포탑방식으로 탑재되었다.

방어력은 유틀란트 해전 결과 종래의 순양전함의 방어가 문제가 되어 강화되었다. 수선장갑 띠의 두께는 305mm가 되었다. 유틀란트 해전 당시 영국 최강의 순양전함이었던 타이거조차 이부분의 장갑은 229mm이고, 세계 최강이라고 불러진 일본의 공고급조차도 203mm 두께에 지나지 않았기 때문에 크게 강화되었다고 볼 수 있다. 포탑의 방어와 기부의 장갑도 종래에 비해 강화되었다.

그러나 방어 갑판의 장갑은 76mm로 그다지 늘어나지 않았다. 이것은 무조약시대의 신형전함이 모두 150mm 정도의 두께인 것에 비하면 꽤 얇았다. 포탄이 위에서 낙하하는 것은 유틀란트 해전에서도 문제되었지만, 원래 영국 해군은 이것을 중요시하지 않고 후드에 이르러서도 탁월한 대책은 없었던 것이다. 이것이 후드의 방어상의 큰 문제점이었다.

수중방어는 종래보다 강화되어 있어서 처음부터 벌지를 장착하고, 38mm 두께의 종벽이 함저까지 설치되었다. 벌지의 내부는 2층으로 구분되어 내측층 내부에는 수밀 파이프가 설치되어 피해를 감소시키도록 되었다.

후드의 최대속도는 31kn로 공시 때에는 32.07kn을 내었다. 1920년 당시에 있어서는 순양전함 중에서도 고속인

1937년 지중해에서 촬영한 후드

포츠머스항에 정박한 후드

후드는 길이로만 보면 야마토급에 필적하는 거함이었으며 해군 휴일 동안 세계최대 전함이었다.

후드의 함미부근. 수상정찰기가 탑재되어있다.

후드의 연돌·함교부근. 거대한 몸을 고속으로 움직이는 후드의 기관출력은 144,000마력에 달해, 해군 휴일이 끝난 당시 타국 전함과 동등했다.

영국의 타이거가 최고속도는 27kn, 일본의 공고급이 27.5kn였던것을 생각하면 이것은 굉장한 속력이었다.

이 스피드를 내기 위해서 후드는 24기의 보일러를 탑재하고 14만 4,000마력이라는 높은 출력, 길이 262m의 장대한 선체도 필요했다. 보일러 탑재 공간 확보와 저항이 보다 적은 얇고 긴 선형, 이것이 후드가 거함이 된 큰 이유였다.

또 수면 밑 저항을 감소시키기 위해 함수에는 구상선수 bulbous bow를 채용하였다.

최고속도 25kn의 고속전함 퀸 엘리자베스가 배수량 2만 7,500톤에 출력은 7만 5,000마력이었지만 후드는 30kn의 스피드를 달성하기 위해 꽤 무리를 했었던 것이다.

후드는 1920년에 준공되었다. 준공 후 막바로 워싱턴 군축조약이 체결되어 배수량 4만2,000톤의 후드는 조약의 제한인 배수량 3만 5,000톤을 넘었지만 특례로 보유를 인정받았다.

군축조약이 없으면 영국 해군은 후드에 이어 보다 강력한 인빈시블급을 건조할 예정이었지만, 군축조약에 의해 폐기되었다. 그 때문에 후드는 조약 시대 세계최대의 주력함으로서 군림하게 되었다. 그리고 후드 이후 후속 장갑순양함으로 전통적인 순양전함이 건조되는 일도 없었기 때문에 후드는 사상 최대최강의 마지막 순양전함이 되었다.

해군 휴일 시대의 각국에서의 전함과 순양전함에 근대화 개장이 실시되었지만 후드의 개장은 뒤로 미루어졌다. 원래는 혁신적 개장으로 모습이 완전히 변한 근대화 개장 후의 순양전함 리나운과 비슷한 외관으로 다시 태어날 예정이었다. 그런데 본격적인 개장을 실시하지도 못하고 제2차 세계대전을 맞이해 버렸다. 후드의 개장은 14㎝ 부포를 빼고 대신에 10㎝ 고각포를 시작으로 한 대공무장을 증강하는 정도로 끝맺었던 것이다. 그때문에 영국 순양전함이 가지고 있었던 방어상의 문제점은 해결되지 않고 그대로 제2차 세계대전을 맞이해 버렸다.

제2차 세계대전이 시작되어서 후드는 영국함대에 소속되어 독일의 통상파괴함(상대방의 상선을 공격하여 통상 파괴를 실시하는 군함)의 추격작전 등에 종사하였다. 포켓전함과 비교하면 속력이 우수한 후드는 강적이었다. 그러나 후드가 포켓전함과 만나는 찬스는 얻을 수 없었다.

1940년에 이탈리아가 참전함에 따라 후드는 지중해에 배치되어 몰타섬과 북아프리카 쪽으로 선단 호위에 종사했다. 같은 해 6월에 프랑스가 항복하자 영국은 프랑스 군함이 독일 손에 넘어가는 것을 두려워하여 프랑스 함대를 무력화하는 캐터펄트 작전 Operation Catapult을 발동했다. 후드는 항모 아크 로열, 전함 밸리언트와 함께 메르 엘 케비르에 정박했던 프랑스 함대를 공격하고 협동으로 전함 브류타뉴를 격침하고 됭케르크와 프로방스를 파손하였다.

후드는 비스마르크 추격 때 비스마르크의 주포탄을 탄약고에 맞아 순식간에 폭침당했다.

J.C. 슈미츠 웨스트 홀트가 후드 폭침을 묘사한 그림

그 뒤 독일의 신전함 비스마르크의 준공을 계기로 후드는 영국으로 복귀했다. 1941년 5월에 비스마르크가 중순양함 프린츠 오이겐과 출격하자 후드는 프린스 오브 웨일즈와 함께 이들을 요격했다. 두 함은 덴마크해협에서 비스마르크와 프린츠 오이겐을 따라붙어 공격했다. 처음에 후드는 프린츠 오이겐을 비스마르크로 착각해서 포격했지만 얼마 지나지 않아 이것을 알아채고 목표를 변경했다. 그 직후 비스마르크의 38㎝ 포탄이 후드를 직격, 탄약고를 관통해 대폭발을 일으켜 후드는 겨우 생존자 3명을 남기고 침몰했다.

이 싸움으로 혁신적으로 개선되지 않은 순양전함의 방어력 약점이 다시 한 번 대두되었다. 세계최대 순양전함의 폭침은 방어에 문제가 있던 순양전함 함종의 종말을 상징했다.

HOOD
동급함
후드

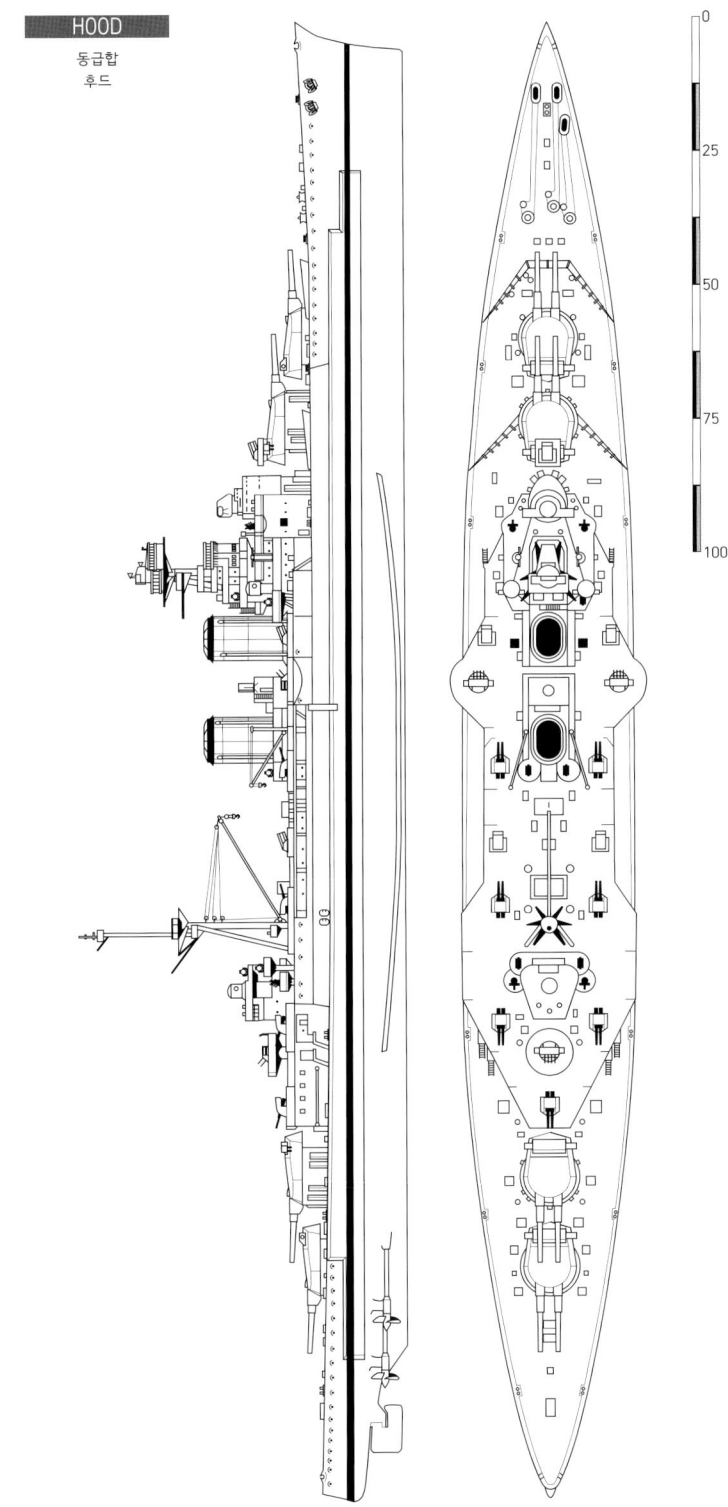

■ 제원   순양전함 후드(1939년)
- 기준 배수량 : 42,670t
- 길   이 : 262.1m
- 너   비 : 31.4m
- 흘   수 : 8.7m
- 출   력 : 144,000마력
- 속   력 : 31kn
- 항속거리 : 14kn/8,500해리
- 무   장 : 38.1㎝연장 주포탑 4기
            10.2㎝단장고각포 4기
            40mm 8연장 폼폼포탑 3기
            12.7mm 4연장기총탑4기
- 장   갑 : 수선 305mm, 갑판 102mm
            주포탑 381mm, 사령탑 279mm
- 승무원 : 1,477명

■ 후드의 전함 이력
- 1915년 : 계획
- 1920년 : 준공
- 1922~35년 : 세계최대의 주력함
- 1939년 : 제2차 세계대전
- 1940년 : 캐터펄트 작전에서 프랑스 함대 공격
- 1941년 : 비스마르크 요격전에서 침몰

후드 (1941년)

리나운급 순양전함

빠른 속도를 살려 통상파괴전 저지에 분주했던 전함

영국해군 RN

리나운급의 2척, 리나운과 리펄스는 원래 전함이 될 예정이었다. 전함전력증강을 꾀하는 영국군은 R급 전함을 추가 건조할 예정이었다. 이 급의 이름 앞자리가 R로 시작하는 것은 그 흔적이다.

그러나 1914년에 시작한 제1차 세계대전의 초기에 발생한 폴란드 앞바다 해전에서 인빈시블급 순양전함이 독일 장갑순양함을 상대로 압도적인 승리를 거둔 영향으로 신설계의 순양전함을 건조하게 되어서 설계변경이 이루어졌다.

당시 해군참모총장 피셔 제독은 발트해에 함대를 침입시켜 상륙작전을 펼쳐서 독일을 등뒤에서 공격하는 독창적인 계획을 갖고 있었는데 그 때문에 흘수가 얕은 특수 주력함이 필요했다. 그렇게 해서 리나운과 리펄스는 특수 목적의 고속순양전함으로서 1914년 건조가 계획되었다.

이 순양전함은 당시 최대 구경의 함포였던 38㎝ 포를 탑재하는 고속함으로 설계가 개시되었다. 피셔 제독은 이 급에 많은 기대를 담아 작업을 촉진시켰다. 주력함의 건조에는 보통 2년이 걸리지만 피셔는 15개월이라는 짧은 공기로 이 급을 완성시킬 예정이었고, 이급의 도면은 겨우 10일만에 만들어졌다.

말레이 해전에서 일본 해군의 육상공격기에 의해 격침당한 리펄스. 주포는 38㎝ 연장포탑 3기로 합계6문 밖에 없었다. 리펄스란 '격퇴하다'의 의미

결국, 피셔가 생각한 스피드로는 완성되지 못했지만, 그래도 이 급은 꽤 빠르게 완성되어 제1차 세계대전 중에 함대에 배치 될 수있었다. 그럼에도 이 급이 준공된 것은 준공을 기다리고 기다리던 피셔 제독이 퇴역한 이후였다.

이 급의 배수량은 공고급과 비슷한 2만 7,000톤이었지만, 공고급의 주포수가 36㎝포 8문인것에 반해 이 급의 38㎝포는 6문에 지나지 않았다. 군함의 주포구경을 키우는 것은 큰 부담이 되었기 때문이었다.

부포는 전과 같은 10㎝포였지만, 좁은 사계에만 탄을 쏠 수 있는 포대방식 대신 유례가 없는 새로운 방법의 3연장 포탑식을 채용했다. 포탑식은 각포의 탄을 쏠 수 있는 범위가 넓다는 장점이 있다. 사계를 넓게 잡을 수 있는 점은 좋았지만 처음 시도된 새로운 방법이었기 때문에 부포의 포탑제작에 시간을 잡아 먹어서 이 급의 완성을 예정보다 늦춘 원인이 되었다.

이 급은 언급했던 것과 같이 발트해 작전을 위해 일부러 흘수가 특별히 얕게 건조되었지만 그 때문에 방어력이 희생되었다. 수선 장갑 띠의 장갑 두께는 152mm였지만 이것은 최초의 순양전함인 인빈시블급 수준에 지나지 않았다. 또한 이미 라이온 급은 같은 부분의 장갑두께가 229mm였기 때문에 이는 퇴보라 할 수 있을 것이다. 그리고 영국해군이 경시해오던 갑판의 장갑 두께는 76mm밖에 되지 않는다.

반면 수중방어는 신경을 써서 막 개발한 벌지를 장착했다.

이 급은 1916년 중반 정도에 잇달아 준공되었지만 그 낮은 방어력을 무마하기 위해서 비티 제독 David Beatty은 "2척의 거물이 합세했다."라고 표현했다.

같은 년도의 유틀란트 해전에서는 영국 순양전함이 어이없게 격침되어 그 취약성이 문제가 되었다. 리나운, 리펄스는 이 해전의 참전이 늦어 버렸지만 만약 참전했다면 큰일이났을 수도 있었다. 비티 제독은 유틀란트 해전에서 순양전함대를 지휘한 인물로 그만큼 이 급의 방어력을 열심히 감싸줬던 것이다.

이 급이 건조 중에 유틀란트 해전이 발생했지만 공사가 진행 중이어서 전훈을 받아들이는 것이 불가능했다. 영국해군도 이것에 대해 신경을 쓰고 있어서 제1차 세계대전 종결 후에 방어력 개선이 시도되었다.

이 개장 결과로 리나운은 수선장갑 띠 장갑두께 228mm, 방어갑판 장갑두께 127mm로 방탄 성능이 크게 개선되었다.

타함을 따라 함대운동을 하는 리펄스. 그 뒤는 자매함인 리나운. 1920년대의 모습이급은 순양전함 중에서도 특히 고속으로 11만 2,000마력의 터빈으로 30kn를 냈다. 공시에는 32.68kn로 당시 보통 구축함 속도도 따라잡았다.

제1차 세계대전 후의 해군 휴일시대에 이 급은 언급한 바와 같이 방어력을 강화했다. 이 때 벌지 위에 또 벌지를 장착하여 수중방어도 한층 강화하였다. 리나운은 또 1936년부터 1939년에 걸쳐서 모습을 완전히 변하게 하는 대개장을 하였다. 이 개장으로 기관도 새롭게 하고 부포도 13㎝ 양용포로 바뀌었다. 리펄스는 그렇게 까지는 개장할 기회가 없는 채 제2차 세계대전을 맞이하게 되었다.

이 급 2척은 제2차 세계대전에서 고속주력함으로서 통상파괴함 소탕작전에 종사했다. 노르웨이 전에서 리나운은 그나이제나우에게 손상을 입혔다. 1941년의 비스마르크 추격전에도 참가하였지만 교전 찬스는 주어지지 않았다.

일본의 참전이 가까이 오자 리펄스는 동양함대에 배치되었다. 일본 참전 후 얼마 안되어서 말레이 해전에서 일본의 항공공격으로 격침된 것은 꽤 유명한 이야기다. 남은 리나운은 그 뒤에도 유럽 방면에 있었지만 1944년 극동으로 회항되었다. 그곳에서 수마트라섬 포격 등에 참전하여 종전을 맞아 전후 얼마 안되어서 해체되었다.

1942년 아이슬란드 앞바다에서 작전하는 리나운. 함교 등에 대규모의 근대화 개장이 실시되었다. 뒤는 미 전함 텍사스. 리나운은 '명성'이라는 의미.

■ 리나운의 전함 이력
1914년 : 계획
1916년 : 준공
1918년 : 제1차세계대전 종결
1920년대 : 근대화 개장
1936~39년 : 제2차 개장
1939~40년 : 통상파괴함 소탕작전
1941년 : 비스마르크 추격전
1944년 : 극동 회항
1945년 : 수마트라섬 포격
1948년 : 해체

■ 제원 순양전함 리나운(제2차 개장 후)
기준 배수량 : 30,750t
길 이 : 240.2m
너 비 : 31.3m
흘 수 : 9.3m
출 력 : 120,000마력
속 력 : 30kn
항속거리 : 10kn/3,650해리
무 장 : 38.1㎝연장 주포탑 3기, 11.4㎝연장고각포 10기, 40mm 8연장기총탑 2기, 12.7mm 4연장기총탑 4기
장 갑 : 수선 228mm, 갑판 127mm, 주포탑 279mm, 사령탑 254mm
승무원 : 1,300명

RENOWN CLASS

동급함 - 리나운, 리펄스

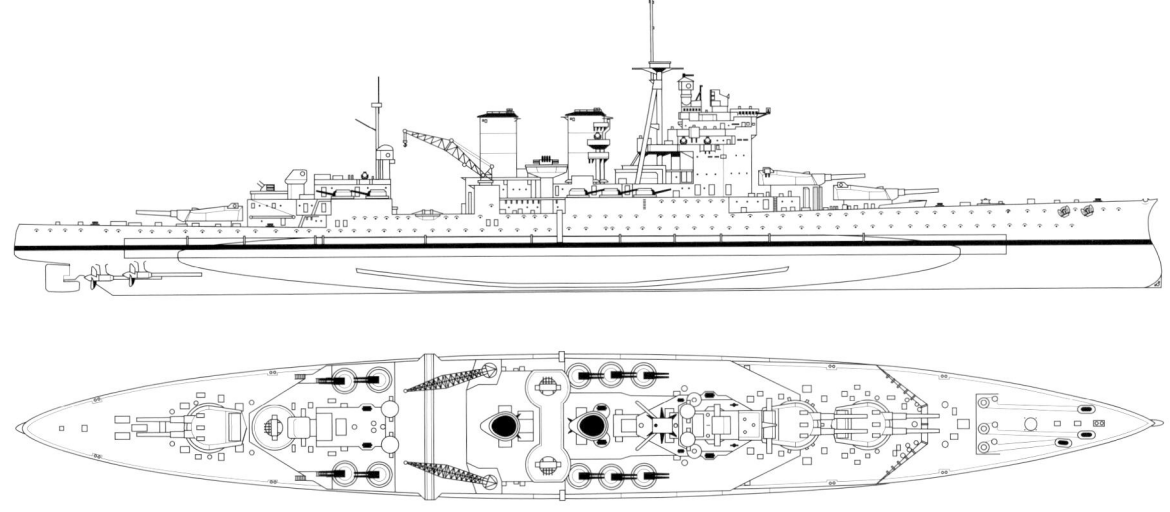

리나운 (1939년)

영국해군 RN

전함 역사를 매듭지은 리사이클 함
전함 뱅가드

뱅가드는 영국의 마지막 전함이다. 그러나 전쟁 때 급조된 성격을 띠었기 때문에 영국 마지막 전함치고는 존재감이 없었다.

1939년 영국 해국은 40㎝ 포를 탑재한 강력한 라이온급을 기공했다. 그러나 제2차 세계대전이 시작되고 많은 시간과 비용, 자재가 필요한 전함 건조를 멈출 수밖에 없어서 라이온급은 취소되었다.

그렇게 되니 영국 해군의 신형전함은 이미 건조 중인 36㎝포 탑재함 킹 조지 5세급 밖에 없어, 독일의 비스마르크급과 뒤이어 출현이 예상되는 H급에 대응할 전함군이 부족한 것이 분명해졌다.

마침 대형 경순양함 커레이저스와 글로리어스를 항모로 개조하면서 해체하여 보존해온 38㎝ 포탑이 있었는데, 이것을 이용하여 고속전함 1척을 단시간에 저비용으로 건조하자는 아이디어가 제출되었다. 게다가 그때 38㎝포를 탑재한 순양전함 후드가 침몰한 탓에 그 대용 전함도 필요했기 때문에 영국해군은 그 아이디어를 실현하기로 했다.

이 건조계획은 구식인 38㎝ 포를 주

제2차 세계대전에 등장할 수 없었던 '리사이클 전함' 뱅가드. 속도는 30kn의 고속이었다. 함명의 뱅가드는 첨병, 선구, 전위의 의미

포로 하므로 신형전함이라고 부르기는 좀 어색했지만, 영국 해군은 그만큼 추격전에 활용할 수 있는 고속전함이 필요했다. 고속 전함 뱅가드는 이런 과정을 거쳐 생겨났다. 또한, 뱅가드는 리사이클(재활용)하여 나온 전함이므로 동급함이 없다.

뱅가드의 주포는 제1차 세계대전 당시의 38㎝포였지만 탑재할 때에는 앙각증대를 통한 사정거리 연장, 증가 장갑을 통한 방어 강화등 꽤 많은 개조를 했다. 이 처치로 주포 사정거리는 2만 7,000m에서 3만 4,000m로 늘었지만, 당시 각국 신형 전함의 사정거리는 보통 3만 5,000~4만m에 이르렀기 때문에 리사이클의 한계를 볼 수 있다. 부포는 킹 조지 5세급과 같은 13㎝ 양용포를 탑재하고 꽤 높은 대공 성능을 가지고 있었다.

주포가 구식인 38㎝포인데 반해 방어력은 40㎝ 포탄을 견디도록 설계되었기 때문에 장갑은 꽤 두꺼웠다. 수선장갑띠는 두께 356mm, 갑판장갑은 두께 152mm였다. 포탑 전면 장갑 두께는 종래의 229mm에서 330mm로 두꺼워지고 포탑상면 장갑도 114mm에서 152mm로 강화되었다.

기관은 취소한 라이온급의 주기관을 활용하여 13만 마력으로 속력 30kn을 내는 예정대로의 고속전함이 되었다. 평평한 갑판을 갖춘 킹 조지 5세급은 능파성이 다소 부족했기 때문에 뱅가드는 함수에 시어와 플레어(flare: 뱃전이 배 위로 올라갈수록 넓어지는 것)를 주어 능파성을 높였다. 그 때문인지 이 급의 항행성은 매우 우수했다고 전해진다. 잊기 쉬운 것이지만 항행성도 전함의 전투력의 우열을 크게 좌우하는 요소이다.

함미는 공사의 간략화를 위해서 각진 트랜섬[1]형으로 만들어졌는데, 전함으로서는 매우 드문 형태였다.

뱅가드는 전훈을 받아들여 수상기도 사출기도 장비하지 않았다. 전함이 함재기를 날리고 정찰과 관측을 하는 일은 없어졌기 때문이다. 또 제1차 세계대전 당시에는 기본 장비였던 어뢰발사관도 장비하지 않았고, 손상을 입었을 때 피해를 높이는 현측 창문은 폐지되었다.

근대전함으로서 많은 요소를 포함시켜 방어와 속도를 겸비한 결과 뱅가드는 필연적으로 대형화하여 배수량 4만

최후의 전함이었지만 최강의 전함이지는 않았던 뱅가드

---

1 transom: 원래 함의 수평재를 의미하는 말로, 여기서는 함미를 뾰족하게 하지 않고 자른 것처럼 직선의 판 모양으로 처리한 뭉툭한 함미 모양을 말함

4,500톤으로 영국 최대 전함이 되었다.

이급은 당초 1943년 말 완성을 목표로 했고, 나아가서는 1944년 완성을 예정했지만, 제2차 세계대전의 전훈을 받아들여 수정이 들어가고 다른 급한 함종의 건조가 우선시되어 건조가 멈추거나 해서 공기가 늦어져 결국 완성된 것은 종전 다음 해인 1946년으로, 제2차 세계대전에는 참가할 수 없게 되어 버렸다. 그 때문에 뱅가드의 가치는 한층 낮아졌다. 제2차 세계대전 후반에는 해전 주역이 전함에서 항모로 이동한 것이 분명해진 터라, 오히려 건조가 진행된 것이 이상할 정도이다.

당연한 얘기지만 전쟁 후에 완성된 뱅가드가 전쟁에 기여한 일은 전혀 없었다. 1947년에 영국 왕실의 순시 전함으로서 남아프리카에 순항한 것이 최대의 활약으로 그 뒤는 1955년까지 제1선에 배치되어 있었다. NATO 연습에서 폭풍을 만나 각국의 전함이 분주하게 움직이는 중에 이 함은 유연하게 항행하여 그 높은 항행성을 보여준 적도 있었다. 1955년에 예비역에 된 후엔 1960년까지 NATO함대의 사령부로 포츠머스 군항에 계류되어 있었다.

뱅가드는 1946년 준공, 1960년에는 퇴역하게 되었다.

1960년 당시 함령 14년이던 뱅가드는 아직 내구연한이 충분한데도 제적되어 해체되었다. 최초의 전함이 탄생하고 나서 정확히 100년 후의 일이었다. 뱅가드의 해체는 전함 시대에 종지부를 찍었다.

■ 뱅가드의 전함 이력
1941년 : 계획
1946년 : 준공
1947년 : 남아프리카 순항
1955년 : 예비함, NATO사령부
1960년 : 해체

■ 제원 전함 뱅가드
기준 배수량 : 46,100t
길 이 : 248.2m
너 비 : 32.9m
흘 수 : 9.4m
출 력 : 130,000마력
속 력 : 30kn
항속거리 : 15kn/7,150해리
무 장 : 38.1cm 연장 주포탑 4기, 13.3cm 연장양용포탑 8기, 40mm 8연장기총탑 2기, 40mm단장기총탑 11기
장 갑 : 수선 356mm, 갑판 152mm, 주포탑 330mm, 사령탑 76mm
승무원 : 1,893명

VANGUARD

동급함 - 뱅가드

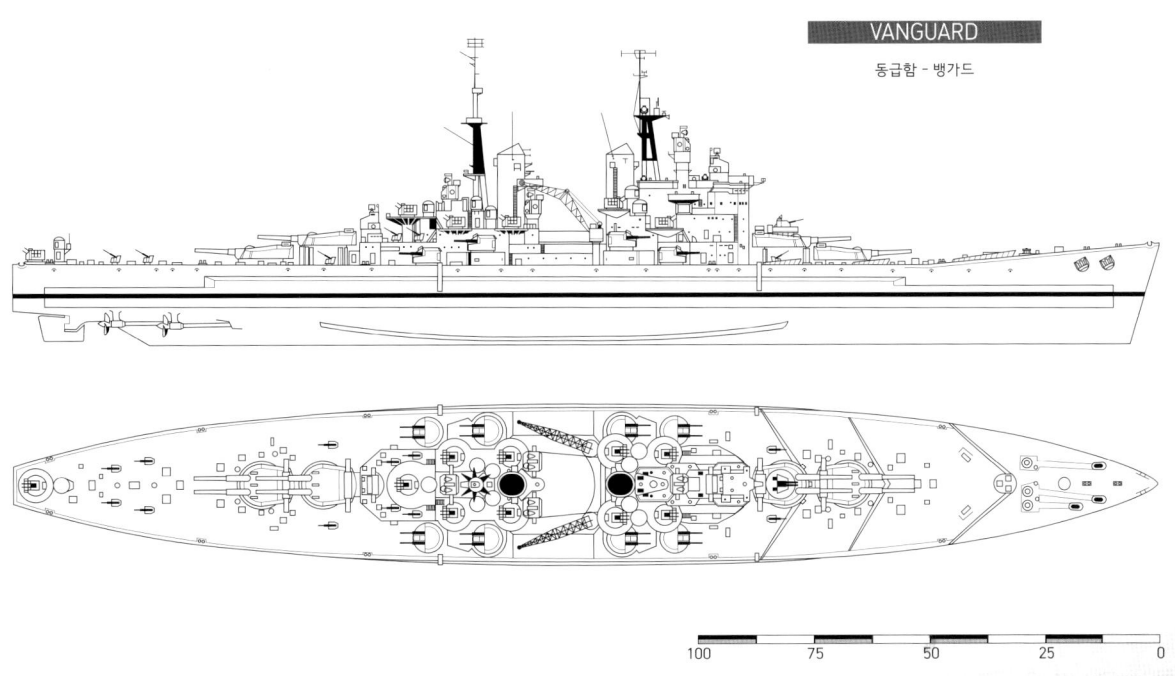

뱅가드 (1946년)

전함 등장 주요 해전
유럽전선

① 스캐퍼 플로우 습격
1939년 10월 14일
독일의 U-47 잠수함이 영국 해군의 근거지 스캐퍼 플로우에 잠입, 어뢰 공격으로 전함 로열 오크를 격침했다.

② 라플라타 해전
1939년 12월 13일
독일 장갑함 아드미랄 그라프 쉬페가 남미의 라플라타 하구 앞바다에서 영국 순양함대와 전투. 쉬페는 영국 중순양함 1척을 대파시켰지만 자신도 중파당해 우루과이의 몬테비데오항으로 피난한 후 자침했다.

③ 제2차 나르빅 해전 (베저위붕 작전 - Unternehmen Weserübung)
1940년 4월 13일
워스파이트를 포함한 영국 함대가 노르웨이 서방에서 독일 구축함 8척을 섬멸.

④ 노르웨이 앞바다 해전 (유노작전 Unternehmen Juno)
1940년 6월 8일
독일 전함 샤른호르스트 와 그나이제나우가 영국 항모 글로리어스를 포격해 격침.

⑤ 메르 엘 케비르 해전 (Mers-el-Kébir, 캐터펄트 작전)
1940년 7월 3일
영국 순양전함 후드, 전함 밸리언트, 리솔루션이, 알제리아 군항에 정박중의 프랑스 전함대를 공격. 브류타뉴를 격침하고, 됭케르크, 프로방스를 격파했다.

⑥ 푼타 스틸로 해전 (Battle of Punta Stilo, 칼라브리아 해전 Battle of Calabria)
1940년 7월 9일
이탈리아남단의 칼라브리아 앞바다에서 영국 전함 워 스파이트, 말라야, 로열 소버린과 이탈리아 전함 쥴리오 체자레(Giulio Cesare), 콘테 디 카보우르(Conte di Cavour)가 교전. 쥴리오 체자레가 대파당하고 영국 해군이 승리.

⑦ 다카르 앞바다 해전
1940년 9월 23~25일
전함 리슐리외(Richelieu)를 중심으로 한 비시 프랑스 해군의 함대가 자유 프랑스 해군의 아프리카 상륙을 지원하던 영국 함대 (전함 바함, 리솔루션, 항모 아크 로열)과 교전했다. 영국 해군은 잠수함에서 쏜 어뢰에 리솔루션을 대파당하는 등의 피해를 입고 후퇴했다.

⑧ 저지먼트 작전(타란토 군항 기습)
1940년 11월 11~12일
이탈리아 전함 콘테 디 카보우르(Conte di Cavour), 카이오 두일리오(Caio Duilio), 리토리오(Littorio)가 영국 항모함재뇌격기대의 공격을 받았다. 콘테 디 카보우르는 침몰, 카이오 두일리오, 리토리오는 대파당하고 이후 이탈리아 전함의 행동은 저조하게 된다.

⑨ 아드미랄 쉐어(der Admiral Scheer) 통상파괴전
1940년 11월~1941년 3월
독일 장갑함 아드미랄 쉐어가 통상파괴전에 종사. 대서양과 인도양에서 연합군측 상선17척을 격침했다.

⑩ 마타판 곶 앞바다 해전
1941년 3월 26일~28일
그리스 남방의 마타판 곶 앞바다에서 전함 워스파이트, 바함, 밸리언트를 중심으로 한 영국 함대와 비토리오 베네토를 포함한 이탈리아 함대가 교전. 이탈리아의 중순양함 3척과 구축함 2척이 침몰.

⑪ 비스마르크 추격전(라인연습작전)
1941년 5월 24~27일
독일 전함 비스마르크 혼자서 영국 전함의 추격을 당했다. 비스마르크는 영국 순양전함 후드를 격침하고, 전함 프린스 오브 웨일즈를 격파했지만 어뢰로 조타기 손상을 입은 후 전함 킹 조지 5세, 로드니 등의 포격을 받아 침몰.

⑫ 알렉산드리아 군항습격
1941년 12월 19~20일
이집트의 알렉산드리아에 정박한 퀸 엘리자베스와 밸리언트를 이탈리아 인간어뢰가 대파착저시켰다. 두 함은 인양, 수리되었지만 복귀에는 1년이나 필요했다.

⑬ 케르베로스 작전 (Unternehmen Cerberus, 영불해협 돌파작전 Channel Dash)
1942년 2월 12일~13일
독일 전함 샤른호르스트와 그나이제나우가 프랑스의 브레스트항에서 출격하여 영불해협을 강행 돌파, 독일 본국으로 귀환.

⑭ 토치(횃불) 작전
1942년 11월 8일
미군이 영국군 지원을 위해 북아프리카에 상륙, 당시 카사블랑카에 정박했던 비시 프랑스군의 전함 장 바르가 미국 전함 매사추세츠와 포격전을 벌였다. 장 바르는 미 함재기의 폭격과 매사추세츠의 포탄을 받고 대파.

⑮ 로마 격침
1943년 9월 9일
이탈리아의 단독 항복으로 이탈리아 함대는 몰타섬으로 후퇴를 시도했다. 그러나 코르시카섬 앞바다에서 전함 로마와 이탈리아가 독일 공격기에서 투하된 활공 유도폭탄 프리츠 X(Fritz X)에 피탄. 로마는 침몰, 이탈리아는 대파했다.

⑯ 노르 곶 앞바다 해전
1943년 12월 25일~26일
독일 전함 샤른호르스트가 노르 곶 앞 바다에서 영국 전함 듀크 오브 요크 등과 포격전을 벌인 끝에 침몰.

⑰ 티르피츠 침몰
1944년 11월 12일
노르웨이의 알타 피요르드에 정박한 독일 전함 티르피츠를 영국군이 집요하게 공격. 티르피츠는 항공기와 잠수함으로부터 계속 공격을 받은 끝에. 1944년 11월 영국 공군의 5톤 폭탄 직격을 받고 대파되어 전복되었다.

일본의 전함

글 이토 류타로　**그림** 다무라 노리오

　1905년 쓰시마 해전에서 러시아 해군에 맞서 완승을 거둔 일본 해군. 그러나 러·일전쟁후 일본 경제는 피폐해져 신예전함의 건조가 생각한 대로 이루어지지 않아, 노급·초노급 전함 건조를 진행하는 영·미·독 등 열강과 격차는 벌어지기만 했다. 일본 해군은 그 격차를 한 번에 좁히고자 초노급순양전함 공고급(공고, 기리시마, 히에이, 하루나)을 건조했다. 1913~1914년에 준공된 공고급은 공격력·속력 면에서 세계적으로도 독보적 존재로 당시 최강의 순양전함으로 불리웠다.

　그 후 제1차 세계대전 중인 1915~1918년에는 첫 초노급전함 후소급(후소, 야마시로)와 후소 개량형인 이세급(이세, 휴우가)이 건조되어 일본의 전함조선기술이 성숙됨과 함께 가상적국인 미국과의 건함경쟁이 과열되어 갔다. 그리고 1920년에는 41㎝ 포를 8문 장비하고 방어력과 속력이 모두 우수한 당시 최강의 전함 나가토(동급함: 무츠)가 건조되어, 영미 해군을 경악시켰다. 그러나 1922년에는 열강사이의 건함경쟁에 제동을 건 워싱턴 군축조약이 체결되어 건조중이었던 전함 카가(加賀)와 순양전함 아카기(赤城)는 항모로 완성하게 되었다.

　그리고 해군 휴일시대를 지나 1936년에 일본은 군축조약을 파기하여 태평양 전쟁 개전 직후에는 군축조약의 제약을 벗어난 전함 야마토(동급함: 무사시)가 준공된다. 야마토급은 만재배수량이 70,000톤이 넘는 거체로 압도적인 파괴력을 자랑하는 46㎝ 포 9문과 강인무비한 방어력을 함께 가진 세계 최대 최강의 전함이었다.

　이 12척의 전함을 가지고 태평양 전쟁에 돌입한 일본 해군이었지만 이미 전쟁 주체는 항공전으로 옮겨져서 전함이 해전의 승패를 결정하는 시대는 끝나 버렸다. 그러던 중에 일본 전함들은 화려한 활약을 하는 일도 거의 없이, 차례차례 안타까운 최후를 맞이하게 된다.

〈글/편집부〉

제3장

공고급 - 공고, 하루나, 히에이, 기리시마
후소급 - 후소, 야마시로
이세급 - 이세, 휴우가
나가토급 - 나가토, 무츠
야마토급 - 야마토, 무사시

일본해군  거친 기세로 활약한 최고령 고속 전함

순양전함/전함 공고

1906년 영국이 준공한 전함 '드레드노트'는 전 세계에 충격을 주었다. 다수의 30.5㎝ 주포를 탑재한 드레드노트는 최초의 전 거포탑재 전함으로, 군함의 혁명을 일으켜 이후 전함의 표준형이 되었다. 해군 군비의 주력은 드레드노트급 전함, 즉 노급함이 되었다.

심지어 노급함의 원조인 영국 전함을 포함, 당시 건조 중이던 각국 전함은 준공 전부터 노급함에는 미치지 않는 준노급함으로 분류되었다. 즉 완성 전부터 구식 함이 되어 버렸던 것이다. 일본 해군은 당시 처음으로 국산 전함 사츠마와 아키'를 건조 했지만 이들도 완성 전부터 노급함 범주에 들어가지 못하는 구식의 준노급함이 되어 버렸다.

주요 해군국은 모두 열성적으로 노급함 건조에 매달렸으며, 일본도 처음으로 노급함 셋츠와 가와치를 건조했다. 그러나 포탑 6기에 배치한 주포 30.5㎝ 연장포 10문 중, 전후방에 배치된 포탑 2기의 주포 4문만이 50구경장이고, 나머지 현측 포탑 4기의 주포 8문은 45구경장이었다. 이렇게 주포 구경장이 서로 다르기 때문에 순수한 노급함이라고 말할 수는 없는 존재였다.

1912년 영국은 더욱 강력한 34.2㎝ 포를 탑재한 오리온급 전함을 건조했다. 이것은 종래의 노급함을 초월하는 '슈퍼 드레드노트'급, 즉 초노급함이라 불렸다. 노급함 건함 경쟁은 그대로 초노급함 건함 경쟁으로 치닫게 되었다.

드레드노트와 함께 건조된 '인빈시블'도 각국 해군에게 충격을 주는 존재로 부각되었다.

인빈시블은 전함의 포격력과 순양함의 고속력을 자랑하는 신 함종인 '순양전함'의 시조가 되었다. 순양전함 이하의 함을 만나면 전함의 공격력으로 압도하고, 전함과 만났을 때는 고속력으로 대피 가능한 순양전함은 해군전력의 총아가 되었다.

겨우 국산 전함 건조의 목표를 세웠을 뿐인 일본의 공업능력상 초노급함의 건조는 어려워 미국을 비롯한 열강 해군과의 격차는 벌어지기만 했다. 이 기술 격차를 만회하기 위해 당시 동맹국이었던 영국에 발주한 것이 초노급 순양함 공고였다.

영국 측은 일본의 발주에 라이온급 순양전함을 더욱 개량한 설계로 답했다. 주포는 일단 강력한 35.6㎝ 포를 탑재했다. 당초에는 50구경장 30.5㎝ 포를 탑재할 예정이었지만 이 포는 영국 해군의 사용실적에서 많은 성능상의 문제를 나타냈다. 때문에 영국 해군에서는 새로운 34.2㎝ 포 탑재를 결정했다가, 이후 더 큰 대구경의 35.6㎝ 포를 탑재하기 이르렀다. 이것은 전함 주포로는 당시 최대의 구경으로 일본 해군이 최초로 탑재했다. 35.6㎝ 포를 장비한 미 해군 전함 뉴욕은 공고가 준공된 다음 해에야 준공되었다. 이후 일본 해군은 언제나 다른 나라보다 먼저 대구경 주포를 탑재하게 되었다. 나중에 나온 나가토의 41㎝ 포, 야마토의 46㎝ 포가 그 좋은 예이다. 35.6㎝ 주포와 27kn의 속력은 당시 최고급의 성능으로 순양 전함으로서는 최강의 성능이었다. 공고의 성공을 본 영국은 이를 더욱더 개량한 순양 전함 '타이거'를 건조했다.

공고 이하 동급함 4척을 나란히 한 일본 해군은 세계 최강의 순양 전함 전대를 보유하기에 이르렀다. 제1차 세계대전 발발 후 영국이 공고급 4척을 유럽에 파견해 달라고 요청한 적이 있을 정도다.

제1차 세계대전 중이던 1914년 공고는 태평양 방면에도 출몰한 독일 순양함으로부터 통상항로를 방위하기 위해 미드웨이 섬 방면에 출격, 초계활동을 했다.

순양전함은 제1차 세계대전 중에 발생한 사상 최대의 함대결전 유틀란트 해전을 통해 결정적 약점이 드러났다. 전함과 같은 포격력을 갖고 있어도 전함과의 포격전에서 전함의 포탄에 맞으면 순양함 수준의 방어력으로는 견딜 수 없다는 것이 그 자명한 약점이었다.

유틀란트 해전에서는 순양전함의 약한 방어력 때문에 영국 순양전함 3척이 격침되었다.

대전 후 1921년 개최, 1922년 조인된 워싱턴 해군 군축 조약에 따라 전함의 추가 건조가 금지되었으므로, 주요 해군국은

1937년 1월, 제2차 개장을 끝낸 후 요코스카에 정박한 공고

기존의 전함에 대규모 근대화 개장을 실시해서 전력향상을 노렸다. 일본 해군도 근대화 개장에 적극적인 자세였으며, 공고도 예외는 아니었다.

개장공사의 내용은 수평방어장갑, 현측장갑, 수중방어 벌지, 포탑장갑 증설을 통한 방어력 강화, 주포 및 부포의 앙각 증대로 인한 사정거리 연장, 석탄중유 혼연보일러를 중유 전연(專煙) 보일러로 교체, 연료효율화로 인한 보일러 수 감소와 항속 거리 연장, 포전지휘장치의 증대에 따른 앞부분삼각 마스터의 망루화, 항공기 탑재설비의 신설 등이었다. 공고에는 이 같은 개장이 1928~1931년에 걸쳐서 시행되었다. 또 공사에 따른 중량 증가에 따라 속력은 25kn로 저하되었다. 방어력도 강화되었기 때문에 공고급은 순양 전함에서 전함으로 함종이 변경되었다. 이후 일본 해군에서 순양 전함이라는 함종은 없어졌다..

워싱턴 해군 군축 조약은 기존 전함의 개장 공사에도 제한을 두었다. 1930년 런던 해군 군축회의 결과, 1936년까지였던 워싱턴 해군 군축 조약 유효기한이 연장될 가능성은 낮아 졌다. 그 때문에 조약 기간 후에 종료되는 개장공사는 조약에 제한받지 않고 행해지게 되고, 이미 개장이 종료된 전함은 제2차 개장 공사가 이루어졌다.

공고의 제2차 개장 공사는 1935년에서 1937년에 걸쳐서 실시 되었다. 공사는 보일러와 터빈의 신형화로 인한 고출력화, 선체 저항감소를 위한 함미 부분의 연장, 응급 주배수 설비의 신설, 포전지휘 장치의 충실화와 함께 앞 망루의 개장 등이다. 특히 공고급은 25kn로 저하되었던 속력을 기관의 고출력화를 통해 다시 높이고자 했다

이 때 일본과 미국의 긴장 관계가 높아져 미 해군과의 대결준비를 진행하고 있었던 일본 해군은 미 함대 요격을 위해 야간 전투를 중시하고 있었다. 공고급에는 이 같은 야간 전투용으로서 신 건조 때를 뛰어 넘는 30kn의 속력이 주어져 고속 전함으로서 새롭게 태어났던 것이다.

제2차 세계대전 때 공고급은 이 고속성능으로 인해 새로운 활약의 장을 맞었다. 물론 가장 오래된 전함이기에 아까운 것 없이 투입 가능했었던 것도 있었지만 공고급 전함은 일본 해군에서 가장 구식이면서도 가장 크게 활약한 전함이었다.

1941년 12월 태평양 전쟁 개전 당시 말레이 반도 상륙작전 지원을 시작으로

제1차 개장 후의 공고. 무장과 방어력 증대로 속도가 저하된 관계로 순양 전함에서 전함으로 함종이 변경되었다

■ **제원   순양전함 공고(준공 시)**
기준 배수량 : 26,330t
길 이 : 214.6m
너 비 : 31.0m
홀 수 : 8.4m
출 력 : 64,000마력
속 력 : 27.5kn
항속거리 : 14kn/8,000해리
무 장 : 35.6cm 연장 주포탑 4기, 15cm 단장포탑 16기, 7.6cm 단장포탑 8기, 6.5mm 기관총 4정 53.3cm, 수중 어뢰 발사관 8문
장 갑 : 수선 203mm, 갑판 57mm, 주포탑 254mm, 사령탑 254mm
승무원 : 1,221명

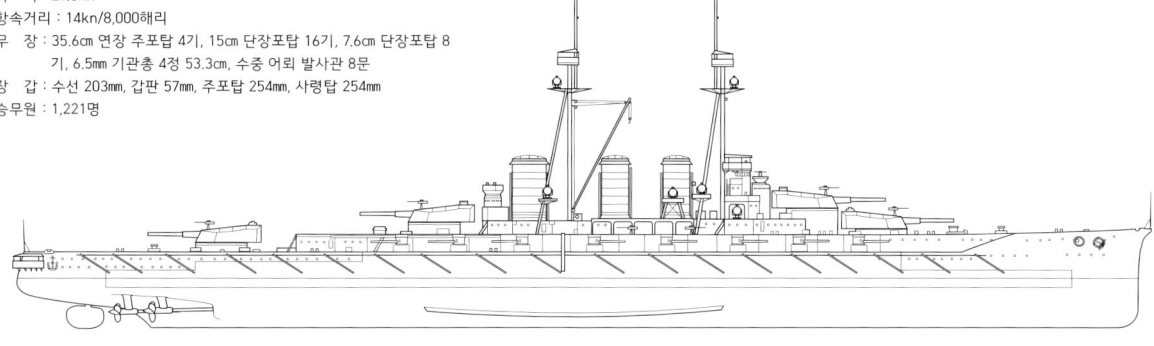

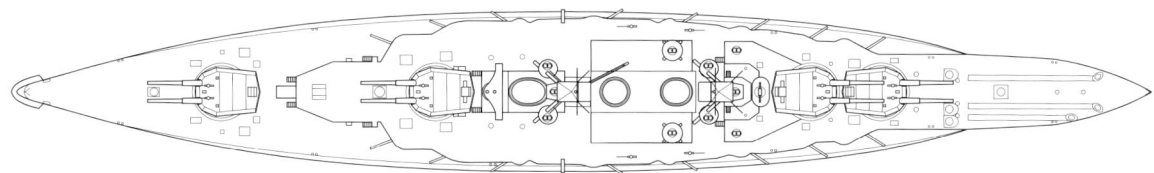

공고 (1913년)

1942년 7월, 미드웨이해전 후에 귀환하는 공고

1942년 4월의 인도양 작전에서는 항공모함 기동부대를 호위했다. 이는 공고 이하 동급함 4척이 모두 같은 부대로 참가한 유일한 작전이었다.

6월 미드웨이 작전에 공략 부대 일원으로 참가한 후 9월에는 트루크 제도 Truk Islands[1]에 진출, 솔로몬 방면 작전에 참가했다. 10월에는 남태평양 해전에 참가했고, 같은 달 과달카날 섬 철수 작전도 지원했다.

공고는 또 1944년 마리아나 해전의 주력인 제1기동함대의 전방 호위로 참가했

1 현 추크 제도(Chuuk islands)

다. 마리아나 해전에서 항공모함 기동부대가 괴멸하고 미 해군이 마리아나 제도를 공략한 뒤 필리핀 공략을 꾀할 때 일본 해군은 요격을 위해 첩1호 작전을 발동했다. 이 때 남아 있는 전함부대를 이용해 미군 수송함대를 공격하는 작전이 계획되었으며 공고도 전함부대의 일원으로 참가하게 되었다.

전함부대는 사마르 앞바다에서 만난 미국 호위 항공모함군을 주력 항공모함 기동부대로 오인하고 공격을 개시. 공고의 고속을 살려 미 항공모함군에 돌격, 포격으로 호위 항공모함 '갬비어 베이'

와 호위 구축함 '사무엘 L. 로버트'를 격침했다.[2] 해전 사상 항공모함을 포격으로 침몰시킨 전함은 노르웨이 앞바다에서 영국 항공모함 '글로리어스'를 격침한 독일 전함 '샤른호르스트', '그나이제나우'[3]와 공고 뿐이다.

이처럼 일본 전함 중에 가장 많이 활약한 공고였지만 레이테 섬 앞바다 해전 후 일본에 귀항 중 대만 해협에서 미 잠수함 '시 라이온'이 발사한 어뢰 2발

2 '갬비어 베이'를 최종적으로 격침한 일본 군함은 '도네'와 '지쿠마' 두 순양함이라는 설도 있다.
3 엄밀히 말하면 이들 두 함은 전함이 아니라 순양전함이다.

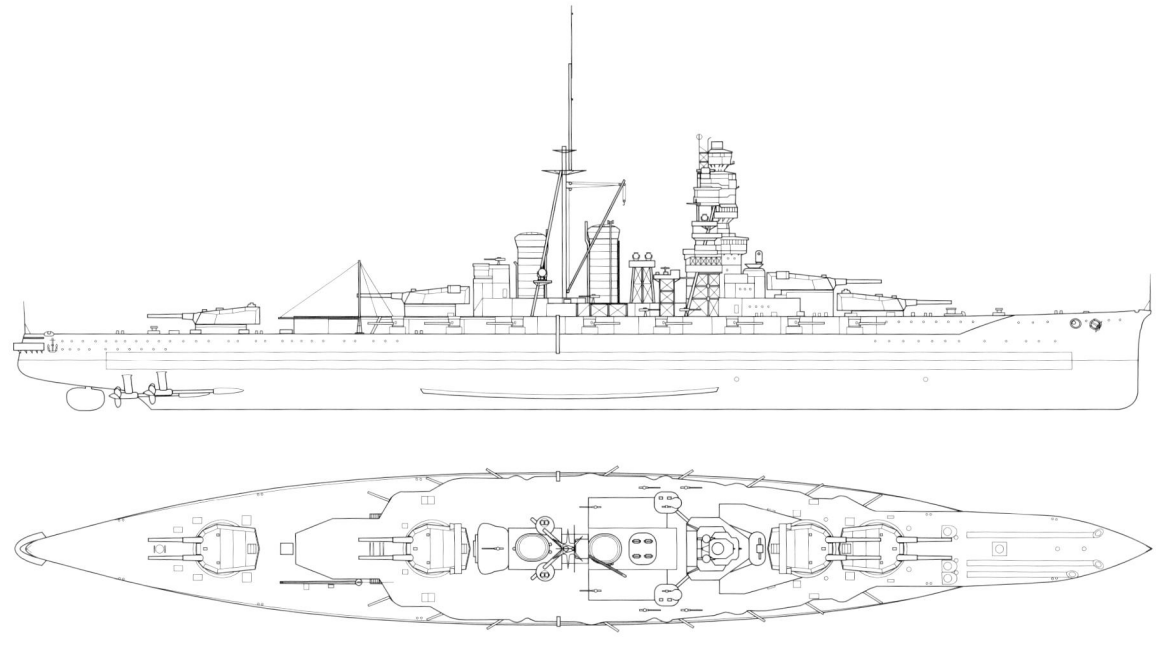

공고 (1931년)

에 피격되었다. 그대로 항행을 계속했지만 노후화와 수많은 전투의 손상이 축적된 탓인지 선체의 침수가 멈추지 않고 침몰했다.

일본 해군 최고의 영국 건조 전함이었던 공고는 잠수함의 공격으로 침몰한 유일한 일본 전함이 되어 버렸다.

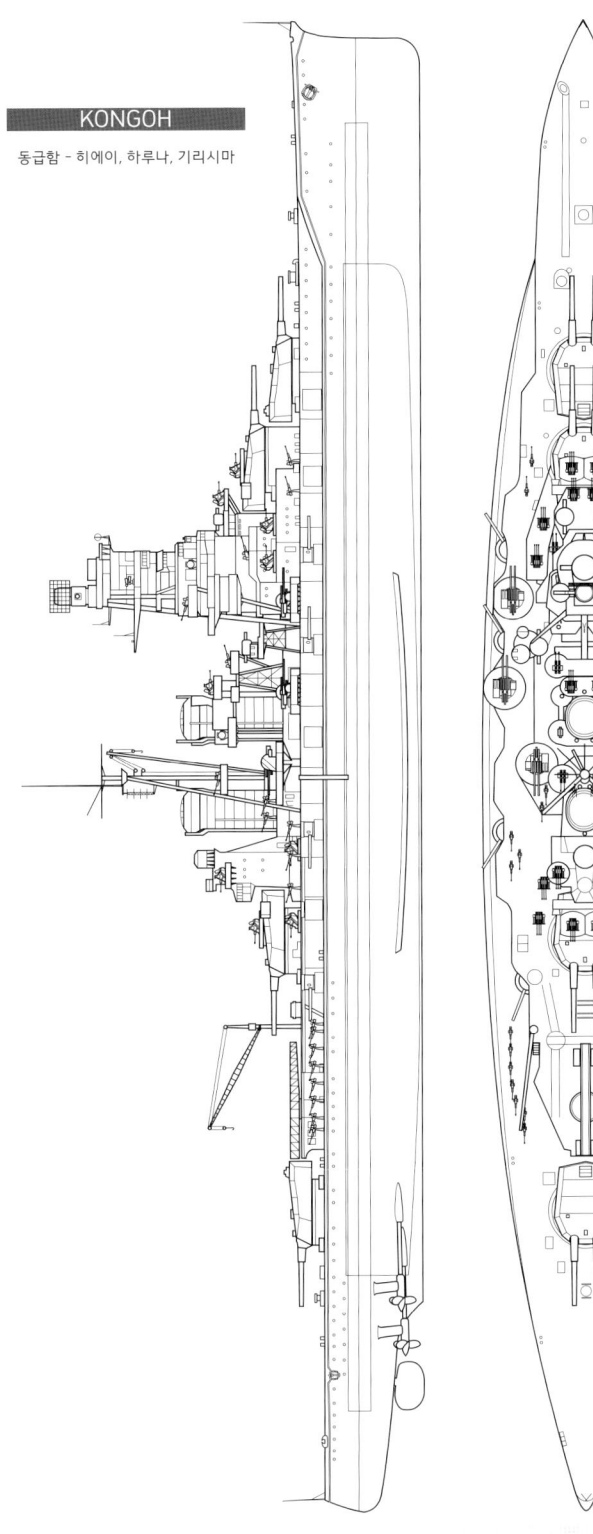

KONGOH
동급함 - 히에이, 하루나, 기리시마

■ 공고의 전함 이력
- 1911년 : 영국에서 시공
- 1913년 : 준공, 일본에 인도
- 1914년 : 미드웨이 섬 방면 초계
- 1928년~31년 : 제1차 개장, 전함으로 함종 변경
- 1935년~37년 : 제2차 개장
- 1941년 12월 : 태평양 전쟁 개전, 말레이 방면에 진출
- 1942년 6월 : 미드웨이 작전에 참가
- 1942년 10월 13일 : 과달카날 섬의 미 비행장에 포격
- 1944년 10월 : 레이테 앞바다 해전.
  사마르섬 앞바다에서 미 호위 항공모함 갬비어 베이 격침
- 1944년 11월 21일 : 대만 해협에서 미 잠수함의 뇌격을 받아 침몰

■ 제원 순양전함 공고(제2차 개장시)
- 기준 배수량 : 31,720t
- 길 이 : 222m
- 너 비 : 31.0m
- 흘 수 : 9.6m
- 출 력 : 136,000마력
- 속 력 : 30.3kn
- 항속거리 : 18kn/9,800해리
- 무 장 : 35.6㎝ 연장 주포탑 4기, 15㎝ 단장부포탑 14기, 12.7㎝ 연장고각포탑 4기, 7.6㎝ 단장포탑 8기, 25㎜ 연장기총탑 10기, 수상정찰기 3대
- 장 갑 : 수선 228㎜, 갑판 178㎜, 주포탑 254㎜, 사령탑 254㎜
- 승무원 : 1,437명

공고 (1944년)

일본해군  일본이 태평양 전쟁에서 처음 상실한 순시전함
순양전함/전함 히에이

일본은 영국에 공고를 주문하면서 초노급함 건조기술 도입의 일환으로 설계도면을 받았다.

이를 바탕으로 일본은 요코스카 해군공창에서 공고급 2번함 '히에이'를 건조했다. 말하자면 라이선스 전함이다.

준공 후 유틀란트 해전의 전훈으로 개장 공사에서 방어력이 강화되어 순양전함에서 전함으로 함종이 변경된 경위는 공고와 같은 맥락이었지만, 1930년의 런던 해군 군축조약의 전함 보유제한에 따라 히에이는 현역에서 빠지게 되어 연습전함으로 정해졌다. 1번째 전함인 공고가 아닌 히에이가 연습전함으로 선택된 이유는 영국제인 공고 쪽이 장갑이 우수해서라는 말도 있다. 이 조치로 히에이는 주포탑 1기와 현측 장갑이 철거되었다. 더욱이 속도를 18kn로 제한하기 위해 보일러도 없앰으로 전함으로서의 실 전력은 없어졌다.

그러나 연습전함이 된 히에이에게 생각지도 못한 명예가 찾아왔다. 연습함으로 개조됨으로 전함 내 공간에 여유가 생긴 덕택에 관함식과 대연습 때에 천황이 좌승하는 순시 전함이 되었다. 그 때문에 전국 방방곡곡에 걸쳐 쇼와 천황 행차에 이용되어 일본에서 가장 친근한 전함이 되었다.

1936년에 해군 군축 조약을 탈퇴, 해군 전력 증강에 착수한 일본 해군은 연습전함인 히에이도 전함으로 복귀시키는 공사를 했다. 영국의 '아이언 듀크' 및 미국의 '와이오밍'도 조약에 의해 연습함이 되었지만, 다시 전함으로 복귀한 함은 히에이 뿐이었다. 이것에 맞추어서 다른 공고급 전함과 같은 방식으로 고속전함화도 시도되었다. 히에이의 복귀는 미국에 대한 일본의 전함 보유비율을 조금이나마 개선했을 뿐만 아니라, 30kn의 고속을 발휘하는 전함이었으므로 전력면에서도 큰 도움이었다.

당연히 개장 공사도 다른 동급전함보다 대규모로 이루어졌다. 히에이는 이 시기에 착공된 신형 전함(뒤의 야마토급)에 장비할 예정이던 급속 주배수장치, 98식 사격방위반 등 각종 신형 장치의 시험대(test bed)가 되었다. 또 앞 망루가 새로 제정된 시설표준에 따라 구성되었기 때문에 형상이 개장 후 동급전함과 달리, 야마토급에 가까워졌다. 이는 다른 동급전함과 외견상 큰 차이점이 되었다.

1941년 12월 히에이는 태평양 전쟁 개전 벽두의 진주만 공격에서 자매함 기리시마와 함께 항공모함 기동부대를 호위했다. 일본 귀환 후 난인 작전 Netherlands East Indies Campaign을 지원할 때도 나구모 기동부대와 함께 행동했다. 이때 히에이는 3월 1일의 크리스마스 섬 앞바다 해전에서 첫 포격전을 치렀지만, 그 결과는 훌륭하지 못했다. 히에이는 기리시마 및 중 순양함 2척과 함께 미국 구축함 1척을 격침하려 했지만, 포착에 시간이 걸려 결국 항공모함 함재기의 지원을 받아 겨우 격침할 수 있었다. 일본 해군의 포전력이 기대 이하였음이 폭로된 사건이라 할 수 있다.

히에이는 1942년 4월 인도양 작전에도 기동부대 호위에 참가 후, 6월의 미드웨이 해전에서는 공략부대와 함께 상륙부대를 지원했다. 그러나 나구모 기동부대의 괴멸로 상륙은 실시되지 않고 허무하게 트루크 제도로 귀환했다.

8월 미군이 과달카날 섬에 상륙함에 따라 히에이는 다른 공고급 전함과 함께 반격부대의 첨병으로 솔로몬 해역에 출격했다. 제2차 솔로몬 해전과 남태평양 해전에서 다시 한번 나구모 기동대의 전위 부대로서 방공임무를 수행하고, 제3차 솔로몬 해전에서는 기리시마와 함께 미국 헨더슨 기지에 야간 포격 임무에 투입되었다. 트루크 제도에 집결한 일본 전함 중 과달카날 해역에 투입된 것은 공고급 뿐이었다.

11월 12일 심야 과달카날 섬 앞바다에서 히에이와 정신공격대는 헨더슨 기지 포격태세에 돌입했지만, 연안을 경계하던 미국 순양함 부대와 조우했다. 벌써 주포에 비행장 공격용의 3식탄(유산탄)을 장탄하고 있었던 히에이는 탐조등을 비추고 그대로 적함대를 향해 포격을 개시, 3식탄을 적 기함 '애틀랜타'의 함교에 직격했고, 정신공격대의 진로를 방해하려 한 미국 함대 사령관 스콧 소장은 전사했다. 같이 경계에 돌입한 미국 다니엘 J. 캘러건 부대도 동시에 사격을 개시, 탐조등을 켜고 있던 히에이를 집중공격했다. 상대는 순양함이었지만 극히 근거리의 포격전이었기 때문에 히에이는 많은 명중탄을 맞아 상부 구조물의 대부분이 파괴되어 조종도, 사격지

연습전함 때의 히에이. 현측 장갑이 벗겨지고, 제4포탑이 철거되어 있다.

1939년 12월 연습전함에서 고속전함으로 복귀하고 전력 시운전 중의 히에이. 히에이는 공고급 4척 중에서 최신 장비를 탑재하고 있었다.

휘도 할 수 없게 되었다. 포격전으로 중순양함 샌프란시스코를 대파하고 캘러건 소장을 전사시켰지만 히에이도 조타실에 명중탄을 맞고 침수로 조타불능이 된다. 이것은 치명상이었다.

대파당한 히에이는 결국 조타기 회복 불능으로 다음날 자침 처분되었다. 히에이는 태평양 전쟁에서 손실된 첫 일본 전함이 되어 버렸다. 함령 20년을 넘었지만 30kn의 고속을 발휘할 수 있던 귀중한 전함인 히에이의 격침은 일본 해군의 큰 손실이었다.

■ 제원   전함 히에이(1940년 제2차 개장 시)
기준 배수량 : 32,350t
길   이 : 221.8m
너   비 : 32.0m
흘   수 : 9.4m
출   력 : 136,000마력
속   력 : 29.7kn
항속거리 : 18kn/10,000해리
무   장 : 35.6cm 연장 주포탑 4기, 15cm 단장부포탑 14기,
          12.7cm 연장고각포탑 4기, 25mm 연장기총탑 10기,
          수상정찰기 3대
장   갑 : 수선 303mm, 갑판 172mm,
          주포탑 300mm, 사령탑 254mm
승무원 : 1,222명

■ 히에이의 전함 이력
1911년 : 요코스카 공창에서 시공
1914년 : 준공
1932년 : 연습전함으로 개조
1937년~40년 : 제2차 개장
1941년 : 진주만 공격에 참가
1942년 : 미드웨이 작전, 제2차 솔로몬해전, 남태평양 해전에 참가
1942년 11월 12일 : 과달카날 섬을 포격하던 중 요격에 나선 미국 순양 함대와 교전, 미국 함대를 거의 괴멸시켰으나 히에이도 조타불능이 됨
1942년 11월 13일 : 미국 항공모함 함재기의 어뢰 2발이 명중, 이후 자침

HIEI

동급함 - 공고, 하루나, 기리시마

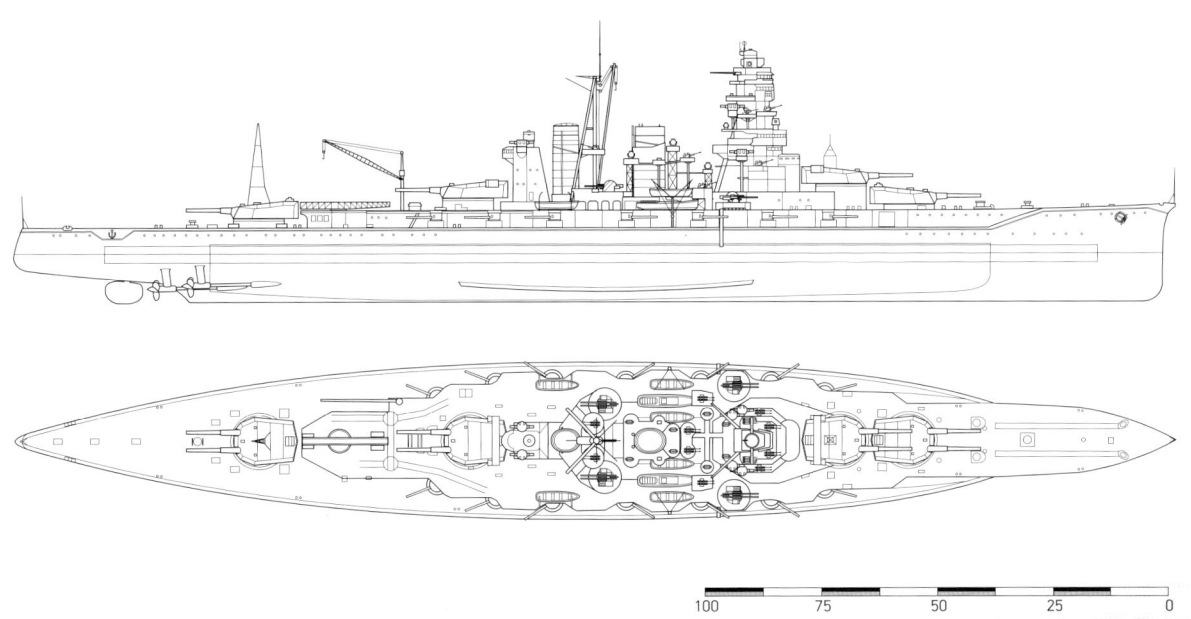

히에이 (1941년)

일본해군 IJN

종전까지 살아 남은 공고급 3번함
순양전함/전함 하루나

초노급함 건조기술 도입목적을 가지고 건조된 공고급 순양 전함은 오리지널 공고가 영국에서 건조된 데 이어 히에이는 일본내의 해군 공창에서 건조 후 인도되었다. 이렇게 되면 다음 단계는 일본 민간 조선소의 건조이다.

이리하여 3번째 전함 하루나와 4번째 전함 기리시마는 민간 조선소에서 건조된 첫 일본 전함이 되었다.

하루나는 고베의 가와사키 조선소에서, 기리시마는 1일 늦게 나가사키의 미쓰비시 조선소에서 건조되었다. 첫 민간 건조이기도 하기 때문에 양 조선소 사이에서는 극심한 경쟁 의식이 불타올라 치열한 건조 경쟁이 일어났다. 하루나는 기관 시운전 직전에 고장이 발견되어 진수가 연기되고 기관건조 책임자가 자살하는 가슴 아픈 사건이 일어났을 정도였다.

진수는 기리시마보다 2주간 늦어진 하루나이지만 해군측도 양측 관계를 배려한 까닭인지 준공인도는 기리시마와 같은 날 하였다. 하루나와 기리시마의 완성으로 일본 해군은 초노급 순양함 4척이 갖추어지고 열강해군다운 순양전함 전력을 보유하는 것이 가능해졌다.

그러나 제1차 세계대전 최대의 함대 결전인 유틀란트 앞바다 해전에서 순양전함의 방어력에 치명적인 약점이 있는 것으로 판명되었다. 이에 하루나는 다른 동급전함과 함께 개장 공사를 실시, 방어력은 강화되었으나 속도가 저하되어 전함으로 함종이 변경되었다.

일본 해군의 기본적인 대미 결전 독트린은 태평양을 건너 침공하는 미국 함대를 항공기, 잠수함의 공격, 순양함과 구축함의 야간전투로 조금씩 피해를 준 후(점감요격) 마지막에는 주력전함부대의 포격전으로 끌어들이는 것이었다. 이에 순양함, 구축함으로 구성된 야전부대의 돌입호위를 목적으로 공고급의 고속전함화가 기획되었다.

이 대 개장 공사를 처음 받은 함은 하루나 였다. 함미 부분 연장으로 인한 선체 저항의 감소, 보일러 교환으로 인한 마력 강화, 주포 앙각증대로 인한 사정연장, 각종 측적장치 탑재에 따른 망루의 증설과 여러 차례의 개장을 거쳐 하루나는 준공시보다 빠른 속도 30kn의 고속전함으로 다시 태어났다. 그 때 선체 중량 균형의 변화로 고속 항행 때에 함수가 조금 잠겨 파도에 빠지는 경향이 있었기 때문에 앞부분의 부포가 철거되었다. 하루나 개장 실적은 동급전함 공사 때에 참고되어 특히 공고와 기리시마 앞 망루의 높이가 한층 낮게 만들어졌다.

1941년 12월 8일 태평양 전쟁 개전 때 하루나는 공고와 함께 남견함대(南遣艦隊)에 소속되어 말레이 반도 상륙의 지원을 담당했다. 다음날 9일 경계행동을 한 남견함대는 영국 해군이 극동에 파견한 전함 프린스 오브 웨일즈에 50해리 거리까지 접근했지만 악천후로 서로 발견하지 못했다.

그 후 하루나는 인도양, 미드웨이, 솔로몬과 나구모 기동부대를 수행하며, 방공임무와 색적임무에 임했다. 또 1942년 10월 13일에는 공고와 함께 과달카날 섬 앞바다 부근에 돌입해서 미국 헨더슨 기지에 함포사격을 가하였다.

과달카날 전투 패배 후 하루나는 출격기회를 잃고 후방에서 수송 임무 등을 했었지만 1944년 6월의 마리아나 앞 해전에서 다시 한 번 항모 기동부대의 호위를 맡았다.

본래의 성능을 발휘하지 못하고 손을 놓은 채 전국의 악화를 기다릴 수 밖에 없었던 하루나는 1944년 10월 첩1호 작전 발동과 함께 레이테로 출격했다. 시부야해에서 미국 항공모함 함재기의 습격을 받았지만 이것을 돌파, 사마르 섬 앞바다에서 미국 호위 항공 모함군과 조우한다. 천재일우의 기회를 얻은 하루나는 도주하는 적 항공모함에 포격을 개시함과 함께 추격했지만, 적 구축함의 결사적 반격과 호위항공모함 탑재기의 집요한 습격으로 생각만큼 충분한 전과를 올리지는 못한 채 결국 놓쳐 버렸다.

결국 레이테 돌입은 중지되고 수송 임무 후에 일본으로 귀환한 하루나였지만, 이제 운항할 연료가 없어 구레에

제2차 개장후의 하루나. 외견상으로는 마스트가 낮아 졌고 후부함교 구조물이 추가되었다. 또 함교는 더 복잡해졌다. 그 외 보일러가 증설되어 속도가 향상, 어뢰발사관을 모두 폐지하고 수상정찰기를 탑재하는 등 최신 포격전에도 대응 가능한 전력을 준비하는 것이 가능했다.

정박되었다. 부포는 분고 요새[1]의 육상 포대로 사용하기 위해 전부 철거되었으며, 대공 기총도 대부분 지상시설 방공용으로 양륙되었다. 1945년이 되면 구레도 빈번하게 공중 폭격을 받게 되었으며 당연히 하루나도 그 표적이 되었다. 수 차례의 공폭 후 7월 28일의 미국 항공모함 함재기의 공격으로 몇십 발의 명중탄을 맞아 결국 대파, 전함으로서의 생명이 끝났다. 이리하여 하루나는 공고급 4척 중에서 가장 마지막에 침몰한 전함이 되었다.

공고급은 태평양 전쟁에서 싸운 일본 전함 중 가장 작고, 또한 가장 오래된 전함이었다. 그러나 함대결전의 의의를 잃어버려 기대에 부응하지 못한 당시의 전함들 중에서 유일하게 30kn에 달하는 고속 성능 덕택에 대전 전기간에 걸쳐 가장 많은 활약을 한 전함이었다.

---
1 현 오이타 현의 대부분

공고급 4척. 앞에서부터 공고, 하루나, 기리시마, 히에이. 공고급은 최고령이면서도 태평양전쟁에서 가장 크게 활약한 일본 전함이었다

■ 제원 전함 하루나(1934년 제2차 개장시)
기준 배수량 : 32,156t
길 이 : 222.0m
너 비 : 31.0m
흘 수 : 9.4m
출 력 : 136,000마력
속 력 : 30.5kn
항속거리 : 18kn/10,000해리
무 장 : 35.6cm 연장 주포탑 4기, 15cm 단장부포탑 14기, 12.7cm 연장고각포탑 4기, 25mm 연장기총탑 10기, 수상정찰기 3대
장 갑 : 수선 228mm, 갑판 178mm, 주포탑 254mm, 사령탑 254mm
승무원 : 1,437명

■ 하루나의 전함 이력
1912년 : 시공
1915년 : 준공
1923년~28년 : 제1차 개장
1933년~34년 : 제2차 개장
1941년 12월 : 태평양 전쟁 개전, 말레이 방면에 진출
1942년 : 미드웨이 해전에 참가
1942년 10월 13일 : 과달카날 섬의 미군 비행장을 포격
1944년 10월 22일 : 레이테 앞바다 해전 참가. 사마르 섬 앞바다에서 미국 호위 항공모함군과 교전
1945년 7월 28일 : 연합군 기동부대의 구레 폭격에 피격, 대파됨

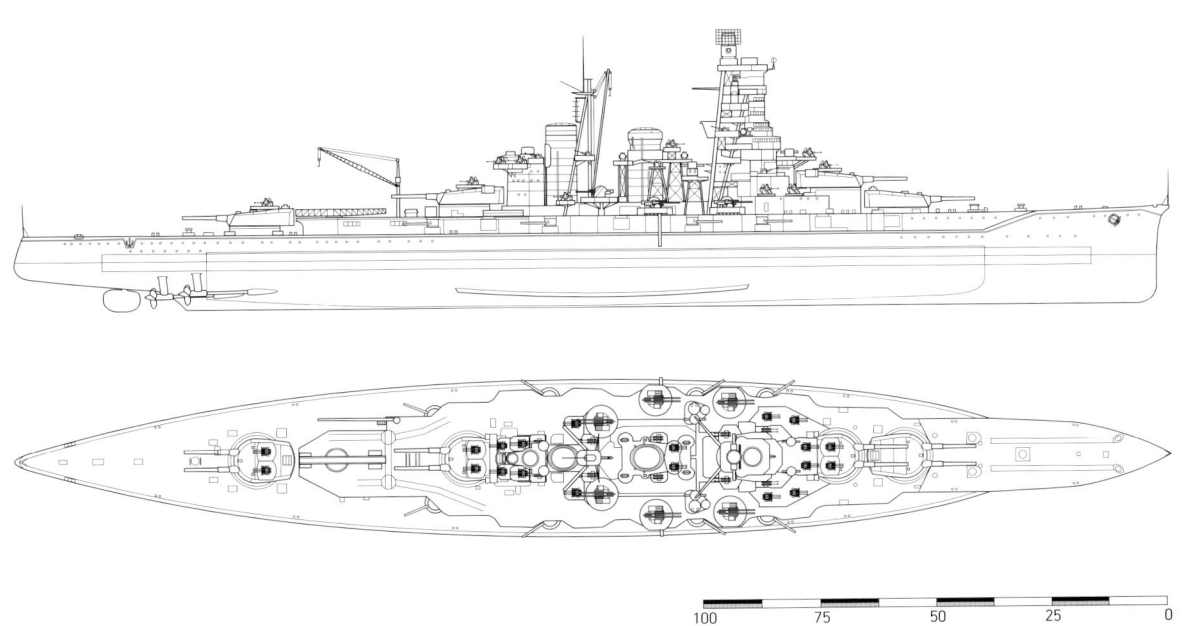

HARUNA

동급함 - 공고, 기리시마, 히에이

하루나 (1941년)

일본해군 IJN
미국 신예전함 2척과의 포격전으로 잠긴 늙은 영웅
순양전함/전함 기리시마

공고급 순양전함 4번째 기리시마는 3번째 전함 하루나와 함께 일본 민간 조선소에서 건조 꽃 최초의 전함이다. 건조를 담당하게 된 고베 카와사키 조선소와 미츠비시 나가사키 조선소는 기술자를 영국에 파견시켜 기술을 습득하게 하는 등 건조에 앞서 정성을 아끼지 않고 준비했다. 4번째 전함은 3번째 전함보다 1일 늦게 시공되었으며, 양 조선소간의 극심한 건조경쟁이 일어났다.

조선소의 체면을 건 이 경쟁은 고베 카와사키 조선소에서 건조하고 있었던 3번째 전함이 기관고장으로 인해 늦어져 진수는 미쓰비시 나가사키에서 건조한 4번함 쪽이 2주간 빨랐다. 그러나 그 결과 자살자까지 나와버린 일 때문에 해군측도 배려했는지, 준공 때는 양 전함이 같은 날 인도되었다. 4번째 전함은 나가사키에서 건조되었으므로 나가사키가 속한 큐슈의 높은 산의 이름인 기리시마로 명명되었다.

기리시마와 하루나의 완성을 통해 일본 해군은 세계최강급의 초노급 순양전함 4척을 구비하게 되었다. 그 때문에 제1차 세계대전 때에는 영국해군이 동맹국인 일본에게 공고급 4척을 유럽에 파견해 달라고 요청한 적도 있었다.

제1차 세계대전 유틀란트 해전에서 얻은 '방어력 부족이 순양전함의 치명적 약점'이라는 전훈에 의해 기리시마는 다른 동급함과 같이 대규모 개장공사로 방어력이 강화되었지만, 덕분에 속도가 줄었으므로 전함으로 함종이 변경되었다.

러·일 전쟁 후, 일본 해군의 전략 계획에서는 미국을 가상적국으로 정하고, 태평양을 낀 미·일 관계가 점점 긴박해 감에 따라 해군은 드디어 대미 결전계획을 현실화시키게 되었다. 따라서 공고급 전함은 야간전투 투입을 목적으로 고속화를 꾀하게 되었다. 기리시마는 최초로 개장을 실시한 하루나의 뒤를 이어 공고와 함께 공사가 실시되어 속력 30kn의 고속전함이 되었다. 기리시마의 공사내용은 하루나의 실적을 토대로 세부 변경되어, 연습전함에서 복귀한 히에이를 포함한 동급함 4척의 모습은 제각각 미묘하게 달랐다.

1941년 12월 진주만 공격에 항공모함 기동부대의 호위로 참가한 이래로 기리시마는 난인 작전, 인도양 작전, 미드웨이 작전에 참전하면서 항모 기동부대와 함께했다. 1942년 8월에 과달카날 섬을 둘러싼 공방이 시작되면서 공고급은 기동부대의 호위뿐만이 아닌 과달카날의 야간 전투에도 투입되었다.

1942년 11월 12일 심야, 기리시마는 미국 헨더슨 기지에 함포사격을 가하기 위해 히에이와 콤비를 이루어 과달카날 섬 앞바다에 돌입했다. 그러나 경계를 하고 있었던 미국 순양 함대와 조우하여 이들과 대 난전이 벌어졌다. 이 심야의 대 난전에서 집중 포화를 맞은 히에이는 대파되어 자침 처분되었다. 그리고 기리시마는 미국 캘러건 부대의 기함인 중순양함 샌프란시스코의 함교에 35.6cm 주포탄을 직격했다. 좌승하고 있었던 캘러건 소장은 전사하고 샌프란시스코의 상부구조물은 분쇄되었다. 2일 후 기리시마는 또 다시 기지공격을 목표로 과달카날 해역에 돌입했다. 그러나 미국 해군은 앞의 야간 전투에서 순양전함 부대가 대 손실을 받았기 때문에 마지막 비장의 카드로 신예전함 워싱턴과 사우스다코타를 과달카날 해역에 투입했다. 암흑 속에서 사우스다코타를 발견한 기리시마는 6,000m의 근거리에서 포격을 실시했다. 기리시마와 중순양함 부대의 집중 포화를 받은 사우스다코타의 상부구조물은 화염 속에 대파되었지만 기관은 건재했기 때문에 곧바로 전장에서 후퇴했다.

사우스 다코다의 후퇴로 미 함대에 남겨진 최후의 전함 워싱턴은 8,000m 거리에서 레이더 측적으로 40.6cm 주포 사격을 개시했다. 기리시마는 이 집중 포격을 당한 지 겨우 7분만에 전투 불능 상태가 되었다.

화염 속에 대파된 기리시마는 히에이와 같이 조타기 손상으로 조타불능에 빠졌다. 기관은 건재했지만 함은 화재 손상 때문에 항행불능이 되어 버렸다. 승무원은 필사적으로 소화

제1차 개장 후의 기리시마. 유틀란트 해전의 교훈을 살려 방어력 강화에 중점을 두었지만 그로 인해 속력은 저하. 순양 전함에서 전함으로 함종이 변경되었다.

복구에 들어갔지만, 상황은 호전되지 않았고, 결국 총원 퇴함 명령이 내려졌다. 11월 15일 미명 기리시마는 아이언 바텀 사운드[1]에 침몰했다.

제2차 솔로몬 해전에서 일본 해군은 히에이와 기리시마 등 전함 2척을 잃고 과달카날의 제해권도 잃어버렸다. 이 패배 이후 일본 해군은 패색을 만회할 수 없었다.

기리시마와 사우스 다코다 및 워싱턴의 싸움은 사실상의 미·일 함대결전이 되었다.

제2차 개장후의 기리시마. 보일러 증기 터빈을 교환, 선체를 약 7.3m 연장하고 속력 30kn의 고속 전함으로 다시 태어났다. 기리시마는 고속성능을 인정받아 과달카날 섬 포격에 투입되었으며, 매복해있던 신예전함 2척과 사투를 벌여 격침당했다.

---

[1] 제2차 세계대전에서 연합군과 일본군을 합쳐 40여 척 이상이 격침된 사보 해협에 연합군 해군이 붙인 별명. 일본어로는 이를 鉄底海峡(철저해협)이라고도 한다.

■ **제원 — 전함 기리시마(1936년 제2차 개장 시)**
- 기준 배수량 : 31,980t
- 길 이 : 222.7m
- 너 비 : 31.0m
- 흘 수 : 9.7m
- 출 력 : 136,000마력
- 속 력 : 29.8kn
- 항속거리 : 18kn/9,850해리
- 무 장 : 35.6cm 연장 주포탑 4기,
  15cm 단장부포탑 14기,
  12.7cm 연장고각포탑 4기,
  25mm 연장기총탑 10기, 수상정찰기 3대
- 장 갑 : 수선 228mm, 갑판 178mm,
  주포탑 254mm, 사령탑 254mm
- 승무원 : 1,440명

■ **기리시마의 전함 이력**
- 1911년 : 시공
- 1915년 : 준공
- 1927년~30년 : 제1차 개장
- 1934년~36년 : 제2차 개장
- 1942년 3월~10월 : 인도양 작전, 미드웨이 해전
  제2차 솔로몬 해전
  남태평양 해전에 참가
- 1942년 11월 12일 : 과달카날 섬 앞바다에서 미국 전함 2척과 교전. 워싱턴을 대파하지만 사우스다코타의 포격을 맞고 대파 후 자침

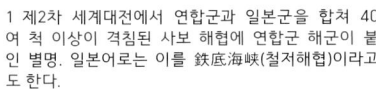

KIRISHIMA

동급함 - 공고, 기리시마, 히에이

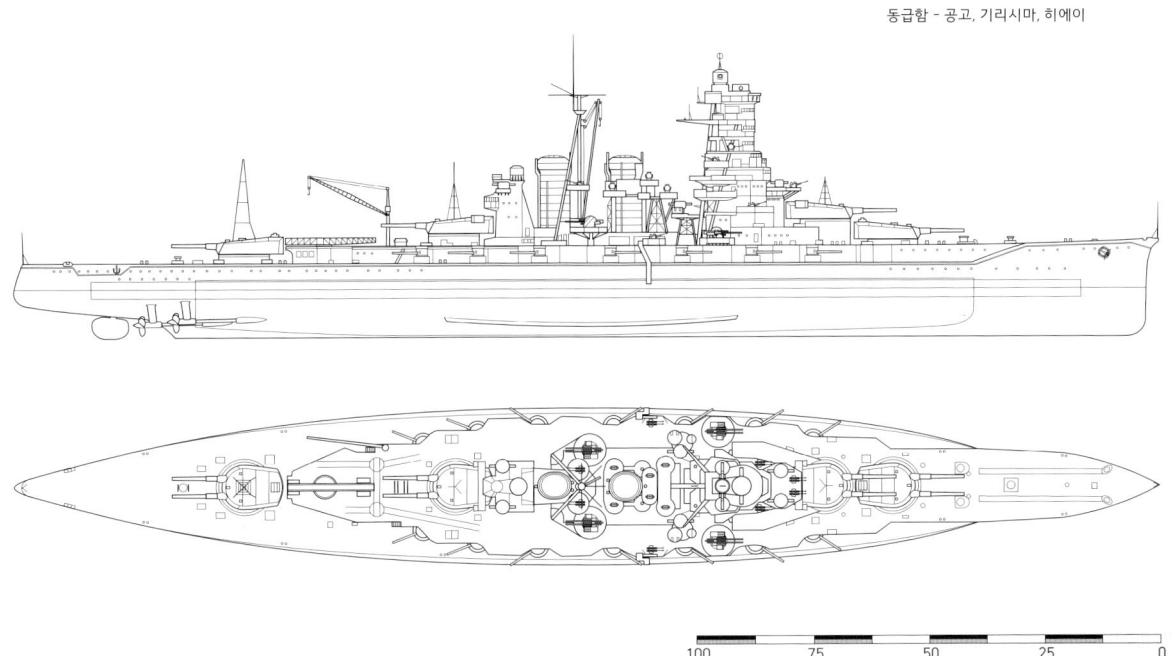

기리시마 (1941년)

일본해군 IJN

35.6cm 주포 12문을 탑재한 일본의 첫 초노급 전함
전함 후소

고속력을 자랑하는 초노급 순양 전함 공고급에 이어 포격력 및 방어력을 중시한 초노급 전함의 건조가 계획 되었다. 러·일 전쟁에서 전함 6척, 장갑순양함 6척의 기간전력으로 싸운 일본 해군은 전함, 순양전함을 같은 수씩 장비한다는 방침을 이어갔다. 이에 따라 초노급 순양전함 4척에 이어 초노급 전함 4척의 건조에 착수했다. 이 초노급 전함은 일본 해군의 첫 초노급 전함인 동시에 세계 최초로 상비수량 3만 톤을 넘는 전함이기도 했다. 이 함의 이름이 일본 고대 명칭인 후소로 정해진 것이야말로 해군의 기대가 컸다는 증거일 것이다.

후소는 공고급과 같은 35.6cm 주포를 장비하고 있으나, 공고급이 8문을 장비하는데 비해 후소는 그 1.5배인 12문을 탑재했다. 당시 세계 최대 최강 클래스의 전함이었다. 속도도 가상 적이었던 미국 해군의 전함을 넘어서는 성능을 확보하였다. 공고급 초노급 순양전함을 영국 설계를 토대로 겨우 건조했을 뿐인 일본으로서는 극히 야심적인 전함이라고 할 수 있다. 그러나 12문의 주포를 연장 주포탑 6기에 탑재해, 이것을 전함 전체에 걸쳐서 배치했기 때문에 일제 사격 때에는 후폭풍이 전 전함을 덮쳐 각 장소에 악영향을 미치게 되었다. 또 건조 당시에는 포전거리는 약 1만m로 상정하고 설계했기 때문에 수평방면의 방어는 신경쓰지 않았다.

후소는 제1차 세계대전이 벌써 시작된 1915년 준공되었다. 후소 완성으로 일본해군은 명실상부한 초노급 전함을 전력화했다. 대전함 거포주의 전성시대에서 후소는 일본 해군의 비장의 전략 병기였다.

제1차 세계대전 중 북해에서 영국·독일 함대가 격돌하는 사상최대의 함대결전, 즉 유틀란트 해전이 발생하고, 전함끼리의 싸움에서 많은 전훈을 얻었다. 그 중 하나는 수평면 방어의 중요성이 분명해졌다는 것이다.

주포 사정거리의 연장을 통해 포전 거리가 길어진 결과 전함의 주포탄은 수직에 가까운 대각도로 낙하하게 되므로 수평면의 장갑강화가 필요하게 되었다. 제1차 세계대전 후에는 사정거리 연장을 위해 주포 앙각증대, 포탑 상면 장갑강화, 원거리 포전을 위한 각종 사격 장치의 증설에 따른 삼각장의 망루화 같은 작은 개장이 1924년까지 이루어져 왔다.

1922년 워싱턴 해군 군축 조약 성립 후에는 전함 준공이 금지되었기 때문에 기존 전함의 가치가 높아지고 전력 증강을 위해 정성스러운 개장이 이루어졌다. 거기에서는 후소도 예외는 아니었다. 후소의 근대화 개장은 1930년부터 38년에 걸쳐서 단속적으로 실시되었다.

외견상의 큰 변화는 원거리 포전을 위해 측적 장치가 장비된 앞 망루의 복잡화, 보일러 교환으로 연돌이 2개에서 1개로 줄어든 것을 들 수 있다.

특히 착탄관측용의 수상기탑재는 중요한 외견상의 특징으로 볼 수 있다. 항공관련 의장을 할 공간이 부족한 관계로 발함용 사출기 aircraft catapult를 제3포탑 상부에 설치하고, 포신 계지(繫止) 위치는 앞 방향, 즉 기존 방향의 역방향으로 변경, 앞 망루 후방 기부를 파내고 포신을 넣을 공간을 확보했다.

그 결과 높이 치솟은 앞 망루가 상당히 불안정한 외견이 되었다. 이 언밸런스한 실루엣은 기괴한 인상을 주는 동시에 현재에 이르기까지 함선 매니아 간에 강한 인상을 주고 있다.

뒤에 추가공사로 항공기 운용설비는 연장된 함미 부분에 이전되었지만 제3주포탑의 주포 포신 계지 위치와 앞 망루의 구조는 그대로 변경되지 않았다.

1941년 태평양 전쟁을 맞은 후소 였지만 일본 전함 중에서 제일 낮은 속력이 화근이 되어 실전 참가 기회는 주어지지 않고 전쟁 말기까지 거의 일본 본토 근해에서 훈련임무로 세월을 보냈다.

1944년 5월 뉴기니 방면의 비

1933년 분고 수도(현 오오이타)에서 훈련중인 후소. 항공 의장에 맞는 스페이스가 없었기 때문에 고육지책으로 제3포탑위에 사출기를 설치했다.

악섬 탈환작전Battle of Biak에 출격했지만 그 직후 마리아나 섬에 미국 기동부대가 내습해서 도중에 돌아 왔다.

1944년 10월 첩1호 작전에 출격. 저속 때문에 전함 위주로 편성된 구리다 부대에 들어가지 못하고 별도 기동부대인 니시무라 부대의 주력이 되었다. 니시무라 부대는 목표인 레이테 만까지 최단 루트로 진격하는 것이었지만, 도중에 폭이 좁아 매복이 가능한 수리가오Surigao 해협이 있었다. 생각대로 수리가오 해협에는 전함 6척, 중순양함 4척, 구축함 26척, 어뢰정 37척이 기다리고 있었다. 미국 구축함이 쏜 어뢰 4발이 명중해서 후소는 대파 및 화재를 일으켰고, 선체가 둘로 갈라져 침몰, 함장 이하 전 승무원이 전사했다고 전해지고 있다.

제3포탑을 역방향으로 한 결과 이상한 형태가 되어 버렸다. 앞 망루가 후소의 트레이드 마크였다.

■ 후소의 전함 이력
1912년 : 시공
1915년 : 준공
1915~18년 : 제1차 세계대전에 참가
1930~33년 : 제1차 개장
1934~35년 : 제2차 개장
1944년 10월25일 : 레이테 해전에 참가. 수리가오
해협 전투에서 미국 수상함대와 교전.
집중공격을 받아 침몰

■ 제원 전함 후소(1935년 대개장 시)
기준 배수량 : 34,700t
길   이 : 212.8m
너   비 : 33.1m
흘   수 : 9.7m
출   력 : 75,000마력
속   력 : 24.7kn
항속력 : 16kn/11,800해리
무   장 : 35.6cm 연장 주포탑 6기, 15cm 단장부포탑 14기,
         12.7cm 연장고각포탑 4기, 25mm 연장기총탑 8기,
         13mm 4연장기총탑 4기, 수상정찰기 3대
장   갑 : 수선 356mm, 갑판 152mm,
         주포탑 254mm, 사령탑 302mm
승무원 : 1,396명

FUSOH

동급함 - 야마시로

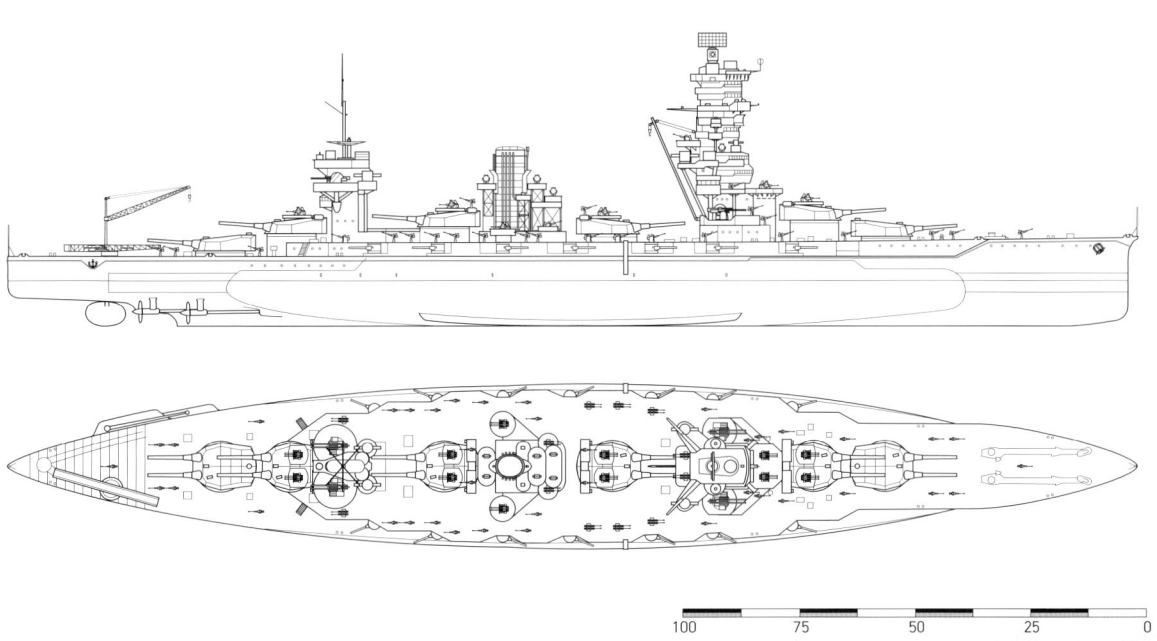

후소 (1944년)

일본해군 IJN
미국 전함과 최후까지 싸운 구식 전함
전함 야마시로

첫 일본의 초노급 전함 후소의 뒤를 이은 2번째 전함으로 건조된 함이 야마시로이다. 후소의 함명은 일본 고대 명칭으로 정해졌지만, 야마시로는 고대 교토 지역의 나라 명칭이었다. 일본 해군이 이 전함에 건 기대가 어느 정도인지를 말해 주고 있다.

설계에는 12문이나 되는 주포를 탑재하기 위해 3연장 포탑과 4연장 포탑 등 여러가지 형식이 검토되었지만 신형 포탑을 설계할 여유가 없어서, 결국 공고급과 같은 연장포탑 6기를 탑재하게 되었다.

포탑의 생산과 훈련 및 실전시의 연대에는 유리했지만, 함수에서 함미에 걸쳐서 균등하게 주포탑이 배치됨으로 해서 일제 사격 시 후폭풍이 전함 전체를 뒤덮는 난점이 생겼다.

1917년 후소 준공 2년 후에 야마시로가 준공됨으로 이것으로 초노급 전함 후소급 2척이 갖추어 졌다.

제1차 세계대전 때 영국 해군이 전함 함상에 활주대를 설치하여 전투기를 발진시켰다. 이것을 보고 세계대전 후인 1922년 일본 해군도 야마시로에서 실험을 했다. 제2주포탑 상부에 활주대를 설치, 바퀴 달린 항공기의 발진에 성공했다. 다음번 개장 공사를 통해 항공기 운용능력이 갖추어지면서 사출기를 이용해 수상기를 사출하는 방식이 채택되었다.

야마시로도 다른 일본 전함 그리고 동급전함의 후소와 같은 경위로 공들인 개장 공사가 실시되었지만 중국 대륙에서의 전화가 확대되고 한편으로 미·일간의 긴장이 높아지고 있었다. 그 때문에 언제라도 공사를 중지하고 임전태세를 갖춰 이동 가능하도록 매우 여러 단계로 나뉘어진 개장이었기 때문에 공사기간이 길어져서, 1930년부터 38년에 이르기까지 단속적으로 각종 개장 공사가 실시되었다.

항공기 탑재 관계시설 설치는 선체 저항 감소에 따른 속력 증가를 목표로 한 선미연장공사와 동시에 실시되었으며, 연장된 선미부분에 설치되었다. 그 때문에 후소와는 다르게 제3주포탑의 계지 위치는 변경되지 않았다. 앞 망루 기부구조의 바닥면적은 넓게 잡혀서 외견상도 안정된 전함 모양이 되었다.

대 미국 함대결전에 있어서 35.6cm포 12문의 포격력은 귀중한 주전력이었으나, 1941년 12월에 개전한 태평양 전쟁에서는 항공기와 그것을 탑재한 항공모함이 주 전력이 되었다. 개장으로 인해 고속 전함이 된 공고급이나 28~30kn의 고속력을 자랑하는 미국 신예전함과는 달리, 24kn의 저속으로는 항공모함 기동부대의 호위역할은 무리였다.

1942년 6월의 미드웨이 해전에는 후소와 함께 주력부대로서 출격했지만 적 함대를 보지도 못하고 귀항했다. 그 후 본토 근해에서 훈련임무에 종사했다.

전쟁 말기 1944년 10월의 첩1호 작전에서 드디어 전선으로 출격명령이 내려졌다. 그러나 주력 전함 부대가 필리핀·레이테 만의 미국 상륙함대 공격에 투입되었는데 반해 저속의 야마시로는 기함으로서 후소와 함께 별동대인 니시무라 부대로 편성, 최단거리의 다른 루트를 통과하도록 되어 있었다.

이 최단 루트에는 폭이 좁은 수리가오 해협이 존재하고 미국 함대의 매복이 예상되었다. 그 때문에 주력부대는 이 곳을 통과하는 것을 피하고 다른 루트를 찾았다. 기함 야마시로 이하 니시무라 부대가 수리가오 해협에 도입하니 예상대로 미국 함대가 매복하고 있었다. 미국 함대의 주력은 진주만에서 침몰 당해, 인양 후에 대대적인 수리를 받아 전함 장비를 새롭게 한 전함군이었다.

어뢰정 무리의 뇌격에 이어 구축함 무리의 뇌격에 어뢰 4발을 맞은 후소가 침몰하고 야마시로도 어뢰 2발을 맞았다. 수행한 구축함도 4척 중 3척이 대파·침몰해 니시무라 부대는 야마시로 이

개장후의 야마시로. 항공기 운용설비는 함미에 탑재되었기 때문에, 상부 구조물이 후소처럼 기괴한 형상은 아니었다.

하, 중순양함 1척, 구축함 1척만이 남게 되었다.

야마시로를 사정에 넣은 미국 함대의 전함 및 순양전함군은 포격을 개시. 야마시로는 집중포화를 받아서 대파되어 불타올랐다.

이때 미국 전함군에서 발사된 36㎝, 40㎝포탄은 합계 300발이라고 한다. 불타는 야마시로에 구축함에서 발사된 어뢰 2발이 명중했다. 이것으로 끝을 맞은 야마시로는 전복 침몰했다.

야마시로는 전쟁 말기까지 출격기회를 얻을 수 없었다. 그러나 최후에는 일방적으로 집중포화를 맞았다 하더라도, 전함 본래의 싸움인 적 전함과의 포격전 끝에 침몰했다. 야마시로는 전함끼리의 포격전으로 침몰한 최후의 전함이었다.

개장후 야마시로의 좌현 모습. 후소급은 전함 전체에 포탑을 설치한 탓에 약점이 많은 전함이 되어 버렸다.

■ 야마시로의 전함 이력
1913년 : 시공
1917년 : 준공
1917년~18년 : 제1차 세계대전에 참가
1930년~38년 : 개장
1942년 6월 : 미드웨이 작전에 참가
1944년 10월 25일 : 레이테 해전에 참가
　　　　　　　　수리가오 해협 전투에서 미국 수상함대와 교전
　　　　　　　　집중공격을 받아 침몰

■ 제원　전함 야마시로(1935년 대개장 시)
기준 배수량 : 34,500t
길 이 : 210.0m
너 비 : 33.1m
흘 수 : 9.7m
출 력 : 75,000마력
속 력 : 24.5kn
항속력 : 16kn/10,000해리
무 장 : 35.6㎝ 연장 주포탑 6기, 15㎝ 단장부포탑 14기, 12.7㎝ 연장고각포탑 4기, 25㎜ 연장기총탑 8기, 13㎜ 4연장기총탑 2기, 수상정찰기 3대
장 갑 : 수선 356㎜, 갑판 152㎜, 주포탑 254㎜, 사령탑 356㎜
승무원 : 1,447명

YAMASHIRO

동급함 - 후소

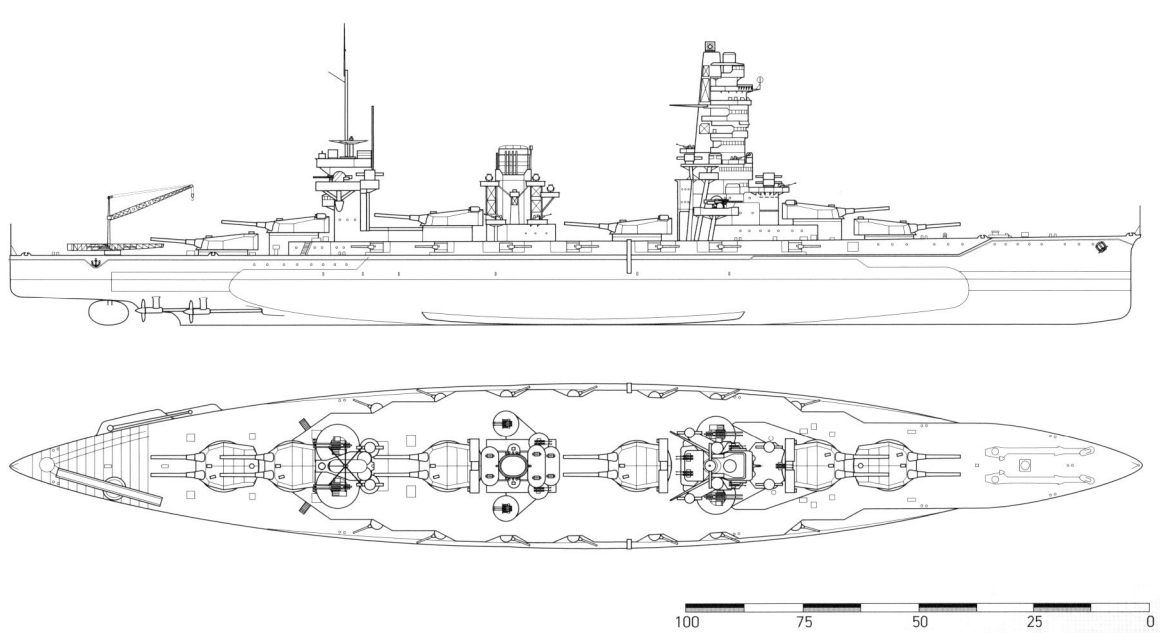

야마시로 (1941년)

일본해군 IJN

하이브리드전함, 기타시마 앞바다 대공 전투에서 활약
전함 / 항공전함 이세

일본 해군 첫 초노급 전함 후소급은, 후소 야마시로에 이어 3번 및 4번함의 건조가 계획되어 있었지만 예산관계로 인해 착공이 늦어졌다. 그 사이에 준공된 후소, 야마시로의 실용상 문제점과 개량점의 지적 사항을 받아들여 대폭적인 설계변경이 이루어 졌다. 이어진 2척은 새로운 함급이 되어, 후에 이세급 전함이 되었다.

후소급과 이세급 사이의 최대 변경점은 주포 배치에 있다. 6기의 주포탑 중, 연돌 전후에 분리해서 배치 되어 있었던 제3주포탑과 제4주포탑을 연돌 후부에 2기를 집중 배치함으로서 주포탑이 2기씩 3조로 나뉘어 배치되었다. 이로 인해 포전 지휘를 하기 쉽게 되었고, 일제사격 때의 폭풍 영향이 개선되었다.

주포 배치의 개선에 따라 보일러와 기관의 배치도 개량 되고, 마력도 증가되어 속력이 0.5kn 향상되었다.

또 부포가 공고급, 후소급에 쓰이던 15cm포에서 14cm포로 변경되었다. 이는 부포는 인력장전식이었는데, 15cm포는 포탄 중량이 너무 무거워 당시 일본인의 체격 및 체력 상 사용하기 어려워 사격속도가 저하되는 문제점이 생겼기 때문이었다. 그래서 구경을 작게 하는 대신 사격속도 저하가 일어나지 않게 해 실질적인 전투력을 높이기 위한 변경이었다.

그러나 주포 배치의 변경은 상갑판 면적의 감소를 초래해 승무원 거주구역의 면적이 줄어들었다. 승무원 수는 후소급보다 증가했기 때문에 이세급은 일본 해군에서 가장 타이트한 전함이 되어버렸다.

완성후의 '이세'는 주포 앙각증대에 따른 사정거리 연장과 앞 마스트에 포전 지휘시설을 추가하는 등, 수시로 개장을 했지만 완성 후 18년째인 1935년부터 근대화 개장이 실시되었다.

개장공사의 내용은 다른 일본 전함과 공통된 내용으로 수평방어, 포전·탄약고 방어의 강화, 주포와 부포 앙각증대로 인한 사정거리 연장, 지휘시설 갱신을 통한 앞 마스트의 정비, 보일러와 기관교환으로 출력증대 및 함미 연장으로 속력 증가 등이다. 대규모의 개장으로 인해 성능은 한 단계 향상되어, 외견상에도 일본 전함 특유의 앞 망루에 연돌은 1개로 혁신된 전함이었다.

3조로 집중된 주포 배치 덕분에, 개장공사는 합리적으로 실시되었다고 한다.

태평양 전쟁 개전 후 이세는 휴우가와 함께 일본 해군 최초로 레이더 장비 실험을 했다. 이세에는 21호 전파탐지기가 장비 되었지만 시험 결과 생각지도 못한 철거가 결정되었다. 그러나 철거 공사를 할 사이도 없이 전파탐지기를 탑재한 채로 미드웨이 해전에 참전하게 됐다.

주력 부대의 일원으로 참가한 미드웨이 해전이었지만 멀리 전방에 위치한 항모 기동부대와 이세는 적의 그림자도 보지 못하고 귀항했다.

그리고 미드웨이 해전에서 주력 항모 4척을 동시에 손실당하는 비상사태에 일본 해군은 항모 전력의 긴급 증강에 열을 올렸다. 신조상선을 항모로 개조, 타 선종을 항모로 개조 등 온갖 책략이 강구되었으며, 전함의 항모개조 또한 검토되었다.

최신예인 야마토급 이외의 전함은 모두 항모개조 검토 대상이 되었다. 그러나 30kn급 고속전함 공고급은 고속력이 유용하기 때문에 대상에서 제외되었다. 41cm포를 장비한 나가토급은 야마토급에 이은 포격력을 가지고 있기 때문에 대상에서 제외되었다. 그 결과 후소급, 이세급 4척이 남았고 결국 이세급 2척의 항모개조가 결정되었다. 휴우가가 개전 후 포탑 폭발 사고로 제5주포탑을 철거한 것도 영향을 주었을 것이라 판단된다.

항모의 개조에는 여러가지 대책이 검토되었다. 주포를 모두 철거하고 선체상부에 전통비행갑판을 설치하는 완전 항모화를 한다면, 견적상 공기 1년 반이면 비행갑판 전장 210m, 폭 34m, 탑재기 54대의 본격 항모를 완성할 수 있었지만, 이는 전시에는 너무 긴 공기였고 필요 자재양도 작업시간도 많이 들기 때문에 단념했다. 연돌 후방의 주포탑 4기를 철거하고 비행 갑판을 설치하는 항공 전함화의 경우 비행 갑판 길이는 충분하지만 앞 망루와 연돌 때문에 함

이세 (1919년)

1937년 3월, 근대화 개장 후의 이세. 주포와 부포의 앙각증대, 주기관 교환, 장갑 강화, 함교의 근대화 등이 실시되었다.

상기의 착함은 불가능했다. 게다가 필요한 자재양과 작업시간에 비해서는 성능이 어중간해 이 안도 채택되지 않았다.

결국 후부의 5, 6주포탑 2기를 철거하고 비행갑판과 격납고를 설치하는, 작업시간이 제일 적게 드는 안이 채택되었다.

탑재기는 사출기로 발함하는 것으로 되어 당초는 사출용으로 구조 강화된 함상폭격기 스이세이(彗星)가 예정되었다. 하지만 공사안에 따르면 함상기인 스이세이의 착함은 불가능 했기 때문에 발함 후에는 다른 항모나 우군 기지로 귀환하는 방식이었다. 후에 함재기의 반이 급강하폭격이 가능한 신형 수상정찰기로 충원되었다. 이 기체는 처음에는 수상폭격기의 준말인 수폭(水爆)으로 불려

■ 제원 전함 이세(1937년 대 개장 시)
기준 배수량 : 35,800t
길　　이 : 215.8m
너　　비 : 33.9m
홀　　수 : 9.2m
출　　력 : 80,000마력
속　　력 : 25.4kn
항속력 : 16kn/11,100해리
무　　장 : 35.6㎝ 연장 주포탑 6기, 14㎝ 단장부포탑 16기, 12.7㎝ 연장고각포탑 4기, 25㎜ 연장기총탑 10기, 수상정찰기 3대
장　　갑 : 수선 305㎜, 갑판 167㎜, 주포탑 305㎜, 사령탑 356㎜
승무원 : 1,571명

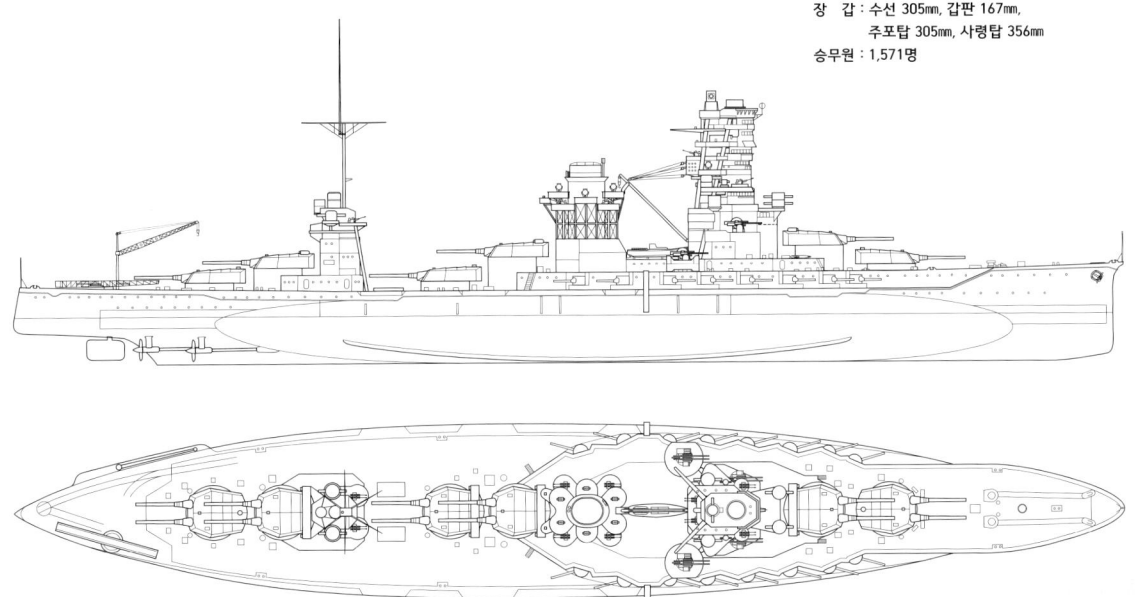

이세 (1941년)

제5, 제6주포탑을 철거하고 항공전함으로 개조된 이세. 실제로 폭격기를 운용하는 일은 없었지만 고각포와 연장기총의 증대로 대공전투력이 향상되었다. 더구나 레이테 해전 전에는 대공분진탄도 정비했다.

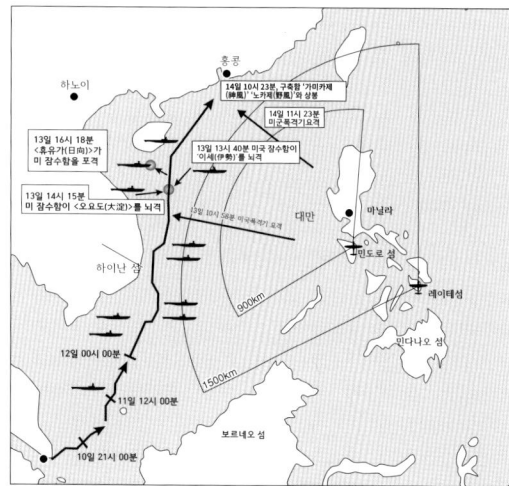

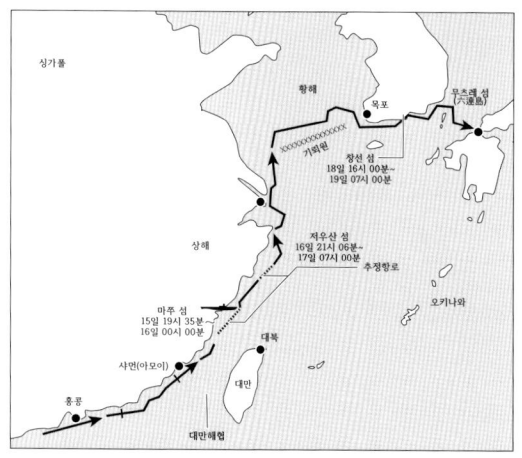

물자를 탑재하고 싱가폴에서 구레에 귀환한 북호 작전. 이세급은 미국 해군이 주름 잡던 세계대전 말기의 동남 아시아를 상처없이 돌파하는 데 성공했다.

졌다가 이후 명칭이 즈이운(瑞雲)으로 변경되었다. 1943년 2월, 개조공사가 개시되었다. 후부 주포탑 2기를 철거한 곳에 비행갑판이 설치 되었다. 갑판 밑에는 탑재기 격납고가 설치되어 후부의 엘리베이터를 통해 격납고의 탑재기를 비행갑판으로 보냈다. 항공기 작업 갑판의 전단, 후단 좌우의 각 현에 1기씩 계2기의 사출기가 설치되어 탑재기를 사출하게 되었다. 고각포는 전함 시절에는 12.7cm 연장포 4기 8문이었으나, 항공전함기에는 8기 16문으로 배로 증가했다. 25mm 연장기총의 수도 크게 증강되었다. 앞 마스트 꼭대기 부분에는 옛날 시험적으로 탑재한 대공레이더 21호 전탐을 정식으로 탑재하고, 대수상레이더인 22호 전탐도 후일 장비 되었다. 중유탱크의 증설로 항속거리도 늘어났다. 또 이러한 개조로 인해 중량 증대의 대상인

부포는 모두 철거 되었다.

8월에 개조 공사가 완료, 9월에는 사관후보생의 실습함 임무를 맡은 후 10월에는 트루크 제도에서 육군부대 운송에 종사한다.

그러나 탑재기의 생산 및 탑재부대의 편성이 너무 지연된 탓에 항공결전인 1944년 6월의 마리아나 앞바다 해전에는 참가하지 못했다. 겨우 훈련을 반복해서 전력화된 탑재부대인 제634항공대는 키타시마 방면에 투입되어 소모되어 버린다.

이세는 항공기를 탑재하는 일없이 휴우가와 함께 10월의 첩1호 작전(필리핀 해전/레이테 해전)에 참가하게 되었다. 남아있는 항모를 모은 오자와(小澤)부대에 소속되어 항모 기동대의 일원이 되었지만 탑재기가 없어 항공모함으로는 쓸모가 없었다. 이세는 그저 전함일 뿐이었고 그것도 개조 공사 때문에 주포 수가 줄어든 상태였다. 많은 자재와 작업시간을 투자한 개조가 무위로 돌아가버렸다고 말할 수 있다. 그나마 개조 때에 대공화기가 대거 증설했기 때문에 항모 호위용 수반함으로서는 유용했다.

첩1호 작전에 출격한 오자와부대는 엔가노 곶 해전에서 미국 기동부대의 맹공을 받았다. 첩1호 작전에의 임무는 미국 기동부대의 공격에 들러붙는 말하자면 미끼의 역할로 미끼역을 멋지게 해낸 것이다. 당연한 결과로 부대는 큰 손실을 입었다. 이세도 미군의 집요한 공격을 받았지만 함장 나가세(中瀨) 대좌의 교묘한 조함(操艦)으로 뇌격 및 폭격을 피하고 증강된 고각포, 연장기총, 해전 전에 추가 장비된 대공 로켓포로 함재기를 격퇴했다. 전투 중 격침된 항모 스이호우(瑞鳳) 승무원을 구출하고자 함을 세우고 생존자 98명을 구출, 전함의 본래 임무와는 다소 상관없는 임무도 했다.

첩1호 작전 후 필리핀에서 일본 본토로 귀환할 때 강행 돌파 수송 작전, 즉

북호(北号)작전에 종사했다. 필리핀이 제압되어 남방과 일본 본토 간의 교통로가 결정적으로 차단되었기 때문에 빈 항공기 격납고에 남쪽에서 본토로 운반하는 중요물자를 탑재한 강행수송이었다.

작전은 훌륭하게 성공하고 1945년 2월, 이세는 휴우가와 함께 무사히 본토로 귀환했다.

1945년 일본 본토 근해의 제해권, 제공권도 잃어 버리고, 연료인 중유도 고갈됐기 때문에 일본 해군의 대형함은 행동 불능이 되었다. 이세도 미동도 없이 구레 군항에 계류되어 있었다. 7월 24일과 28일 2일간에 걸쳐 미국 항모함재기의 폭격을 당해 명중탄 16발, 지근탄 다수를 맞고 대파되어 가라앉았다. 선체가 잠기는 사이에 전함의 각 기능은 정지되었지만, 대공 사격 중이던 제2주포가 하늘을 향한 채 기능정지되어 포신내에 주포탄이 남아 버렸다. 주포탄은 신관작동 중이었기 때문에 그대로 철거했다가는 위험하다. 따라서 허공을 향해 주포탄을 발사했다. 그것이 이세의 마지막 행동이었다.

이세는 종전후인 1946년에 인양, 해체되었다.

■ **이세의 전함 이력**
1915년 : 시공
1917년 : 준공
1935~37년 : 제1차 개장
1941~42년 : 진주만공격, 미드웨이 작전에 참가
1942년 12월~43년9월 : 항공전함으로 개조
1944년 10월 : 레이테 해전에 참가.
1945년 1월~2월 : 북호 작전에 참가.
　　　　　　물류 탑재하여 본토에 귀환.
1945년 7월 : 구레항에서 미국 함재기의 공격을 받고 대파

■ **제원　항공전함 이세(최종상태)**
기준 배수량 : 35,350t
길　이 : 219.6m
너　비 : 33.8m
홀　수 : 9.0m
출　력 : 80,000마력
속　력 : 25.3kn
항속력 : 16kn/11,100해리
무　장 : 35.6cm 연장주포탑 4기, 12.7cm 연장고각포탑 8기,
　　　　25mm 3연장기총탑 31기, 수상정찰기 3대
장　갑 : 수선 305mm, 갑판 167mm,
　　　　주포탑 305mm, 사령탑 356mm
승무원 : 1,434명

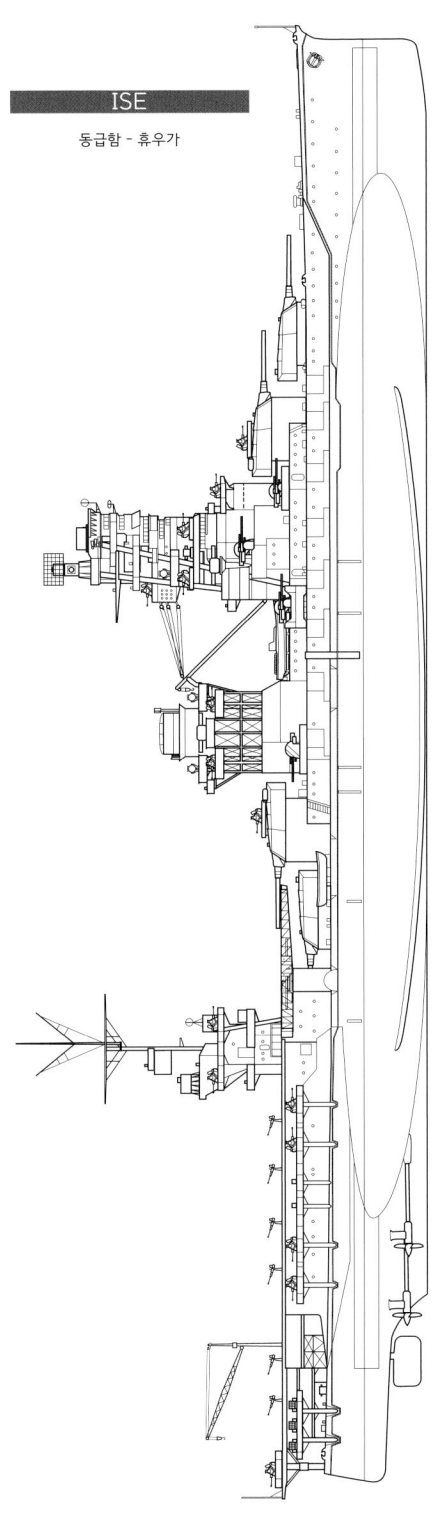
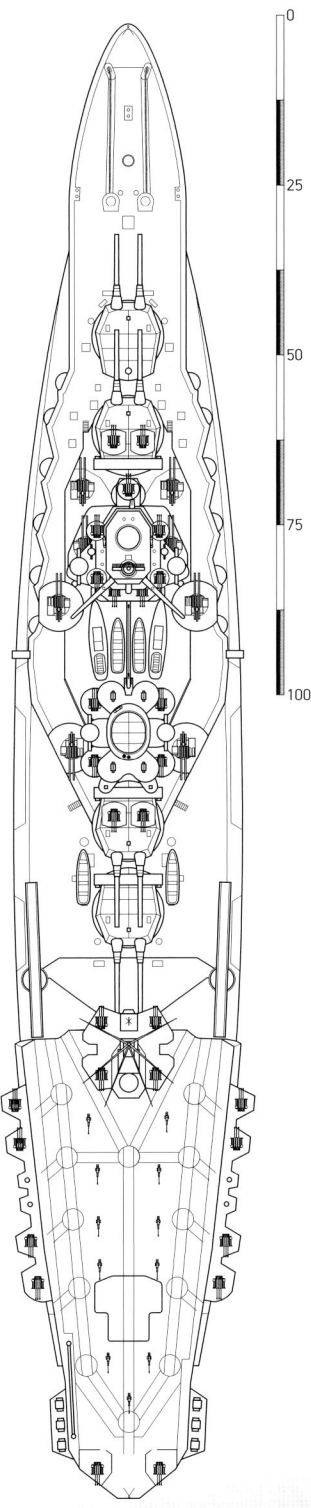

ISE
동급함 - 휴우가

이세 (1944년)

전함/항공전함 휴우가

시간이 맞지 않아 함재기를 싣지 못한 안타까운 항공전함

휴우가는 1918년에 준공됐다. 후소급 4번째 함이 될 예정이었으나, 이세급 2번째 함으로서 완성됐다. 이세 신궁에 있는 이세국의 이름을 딴 1번째 전함에 이어, 일본 신화와 깊은 관계가 있는 휴우가국의 국명을 따서 지어졌다.

준공 다음 년도 사격훈련중에 제3주포탑에서 폭발사고가 일어나 복구공사와 함께 주포앙각을 높이는 공사도 실시되어 사정거리가 길어졌다.

완성후의 휴우가는 주포탑 상면장갑 증강, 앞 마스트의 포전 지휘시설 추가 등의 개장이 이루어 졌지만, 1934년부터 대규모 근대화 개장공사가 착수되었다.

개장공사 내용은 동급함의 '이세'와 공통으로, 수평 방어력, 포탑·탄약고의 방어력 강화, 주포 부포 앙각 증대로 인한 사정거리 연장, 지휘시설 갱신으로 인한 앞 마스트의 정비, 보일러와 기관 교환으로 인한 출력 증대 및 함미 연장으로 인한 속력 증가 등이 있다.

1936년에 근대화 개장은 완료. 성능은 한층 향상되고, 외견상도 일본 전함 특유의 앞 망루와 연돌 1개를 단 혁신된 전함이다. 3조로 집중된 주포배치 덕택에 개장공사는 합리적으로 실시 되었다고 한다.

태평양 전쟁개전후의 1942년 5월, 사격훈련 중에 휴우가의 제5주포탑이 폭발사고를 일으켰다. 5번 주포탑은 사용 불능이 되어 응급 처치로 제5주포탑위치에 뚜껑을 덮고 25mm연장 기총탑4기를 정비했다. 이 사고 직후, 휴우가는 이세와 함께 일본 해군 첫 레이더 탑재시험을 하게 되었다. 이세는 21호 전탐을 탑재했는데, 휴우가는 22호 전탐을 탑재하고 시험에 임하였으나 불만족스러운 결과로 끝났다.

6월의 미드웨이 해전에는 제5주포탑을 철거하고, 전탐 장비 상태에서 주력 부대의 일원으로 참가했다.

미드웨이 해전에서 주력항모 4척을 동시에 손실당하는 비상사태에 일본 해군은 항모전력의 긴급 증강을 모색, 신규 건조는 물론 타 함종의 항모개조를 기획했다. 전함도 항모로 개조하는 방안이 검토되었다. 그러나 완전한 항모화는 작업량, 공사기간, 자재 관계로 단념했다. 결국 휴우가와 이세의 일부 주포탑을 떼어내고 항공관계 의장을 설치해 항공전함으로 개조하기로 결정했다.

후부의 제5 및 제6주포탑을 대신해 항공기 갑판과 격납고가 설치되었다. 휴우가의 폭발 사고로 인한 제5주포탑 망실 상태가 이세급 항공전함 탄생을 결정하는 데 큰 요인이 되었을 것이라 생각된다.

항공전함은 계획상 후부에만 비행갑판을 설치하고 있어 탑재기의 착함이 불가능하기 때문에, 발함은 사출기로 하되 임무 수행 후에는 다른 항공모함이나 아군 지상기지에 귀환하는 운영방식이 예상됐다. 당시 항모 함재기의 소모가 심했다고는 해도, 처음부터 아군이 줄어드는 것을 염두에 둔 운용 체제라니 정말 터무니 없는 이야기다.

탑재기는 함상 폭격기 스이세이 22대가 예정되었지만 도중에 탑재기의 절반을 수상정찰기 즈이운으로 변경하게 되어 스이세이 11기, 즈이운 11대를 탑재하게 되었다. 급강하 폭격이 가능한 즈이운은 당시 선전하고 있던 기종이었다. 이로서 휴우가, 이세 합해서 44대의 함재기를 탑재하게 되었다.

1943년 5월 항공전함으로의 개장 공사를 개시, 반년 후인 11월에 완공됐다. 그러나 사출가능하도록 강화한 스이세이, 신형 수상정찰기 즈이운의 생산이 좀처럼 진행되지 않았다. 당연히 완성된 기체로 편성될 항공부대인 제634항공대의 편성, 훈련도 크게 늦어졌다. 결국 이들은 늦게나마 탑재 가능한 상태

대개장 후의 휴우가. 방어력의 향상, 주포의 사정거리 연장, 앞 마스트의 정비, 출력증대등 외 함미에 항공기 탑재 시설을 증설했다.

가 되었지만 기타시마 방면에 투입되어 소모되어 버린다.

이어 11월 첩1호 작전에 휴우가는 이세와 함께 탑재기가 없는 상태, 즉 주포 문수가 줄어들어 전력이 감소한 전함으로 참가했다.

항공전함화 개장공사 시 부포를 전문 철거하고 고각포 연장기총 등의 대공화기는 크게 증설되었다. 첩1호 작전 전에는 대공로켓포까지 탑재한 터라 대형 대공호위함으로서 도움은 되었지만 매우 큰 작업양과 자재를 썼음에도 불구하고 처음에 기획했던 항공모함으로의 운용은 종지부를 찍게 되었다.

전쟁말기 1945년 3월 연료 부족으로 인해 구레 군항에서 미동도 할 수 없는 상태에서 미국 함재기의 폭격을 당해 명중탄 10발, 지근탄 다수를 맞고 대파 착저. 그대로 종전을 맞았다.

1946년, 휴우가는 인양되어 현지에서 1947년까지 해체되었다.

항공전함으로 개장된 휴우가. 직전에 휴우가의 제5주포탑이 폭발사고로 철거된 채라 항공전함의 개조에 적합했다.

■ **휴우가의 전함 이력**
1915년 : 시공
1918년 : 준공
1919년 : 제3주포탑 폭발사고
1934년~36년 : 근대화 개장
1941년 12월 : 진주만 공격에 참가
1942년 5월 : 사격훈련중 제5주포탑이 포신내 폭발을 일으킴
1943년 6월 : 미드웨이 작전에 참가
1943년 5월~11월 : 항공전함으로 개조
1944년 10월 : 레이테 해전에 참가
1945년 1월~2월 : 북호작전에 기함으로서 참가. 물류를 탑재하여 본토로 귀항
1945년 7월 24일 : 구레항에서 미국 함재기의 공격을 받아 대파 착저

■ **제원 항공전함 휴우가(1943년 항공전함 개장 시)**
기준 배수량 : 35,200t
길 이 : 219.6m
너 비 : 33.8m
홀 수 : 9.0m
출 력 : 80,000마력
속 력 : 25.1kn
항속거리 : 16kn/9,000해리
무 장 : 35.6cm 연장 주포탑 4기, 12.7cm 연장고각포탑 8기, 25mm 연장기총탑 19기, 폭뢰기 22기
장 갑 : 수선 305mm, 갑판 167mm, 주포탑 305mm, 사령탑 356mm
승무원 : 1,463명

HYUGA
동급함 - 이세

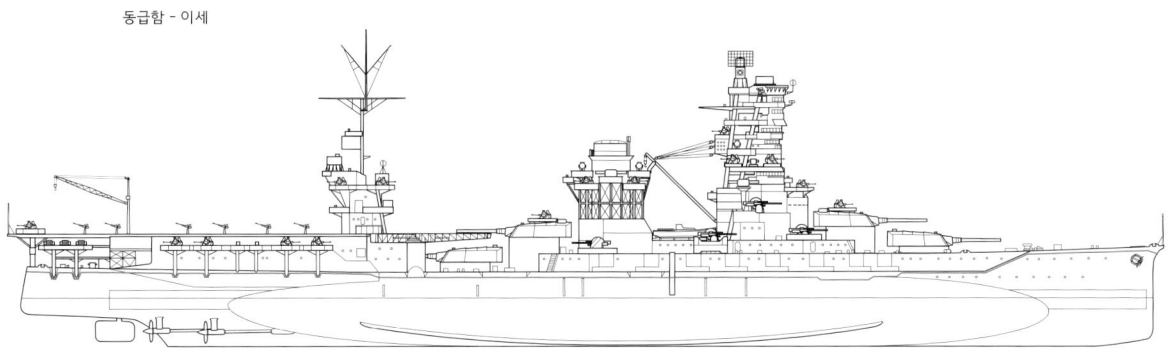

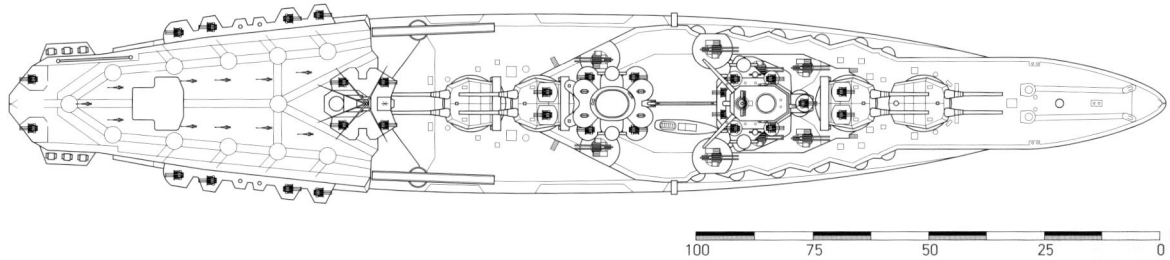

휴우가 (1944년)

일본해군 IJN
오랫동안 연합 함대의 상징이 된 강철의 성채
전함 나가토

초노급 순양전함은 공고급 4척, 초노급 전함도 후소급, 이세급 합계 4척을 구비한 일본해군이 이어서 계획한 것이 나가토이다. 초노급 전함 건조의 노하우를 살려 일본 독자의 설계가 확립되고, 거의 대부분의 구조 부자재가 일본 국산품으로 충당된 첫 전함이기도 하다.

주포는 세계 최초로 40㎝급 주포(정확히는 41㎝ 포)를 채용했다. 벌써 영국이 38㎝포를 탑재한 퀸 엘리자베스급 전함을 건조하고, 미국도 40.6㎝ 포의 시험제작을 시작했다는 정보가 들어왔기 때문에 채용을 결정했다.

26kn라고 하는 속력도 당시의 전함으로서는 순양전함에 필적하는 획기적인 고속력이었다. 그러나 속력에 관해서는 군기밀로 엄중하게 은닉되어 23kn라고 공표되었지만, 전보다 강력한 신예전함으로 주목받았다.

원거리 포전투용 측원기를 높은 곳에 안정적으로 배치했기 때문에 종래의 삼각 마스트가 아닌 칠각 마스트라는 독특한 구조를 채용했다. 중앙 일각의 주위를 육각이 받치고 있는 튼튼한 구조로, 형상이 동남아시아에서 볼 수 있는 불탑 pagoda와 비슷하다고 하여 외국에서는 파고다 마스트라고 불렸다. 이후 일본의 기존 전함은 개장 공사시 앞 마스트가 파고다 마스트로 바뀌게 되어 이것이 외견상의 특징이 되었다. 건조 중에 발발한 제1차 세계대전의 유틀란트 해전에서 전훈을 받아들여, 수평면의 장갑 등 방어도 강화 개량되어 초노급 전함보다 강력한 포스트 유틀란트급 전함으로 불려지는 전함의 효시가 되었다.

일본 해군은 가상 적국을 미국으로 정하고, 전함 8척, 순양전함 8척을 근간으로 한 이른바 88함대 구축을 계획했다. 그 1호함이기도 한 나가토는 1920년에 준공되었다.

시공시의 나가토 함미 모습. 나가토는 준공부터 최후까지 세계1위급의 전투력을 유지했다.

같은 시기, 미국도 일본에 대항하고자 다니엘즈 계획을 통해 전함건조를 시작했다. 양국의 건함 경쟁은 국가 재정에 심각한 영향을 주었다. 일본의 경우 88함대 계획이 완료되면 해군 예산 전체가 아닌 함대유지비만 해도 국가 예산 지출의 절반 가까이 될 것으로 예측되어 국가 재정 파탄의 위기에 처하게 되었다. 군비 지출이 너무 과중해 경제력을 초과하게 되면 국가 체제가 붕괴한다. 70년 후의 소비에트 연방이 좋은 예이다.

미국도 대건함 계획으로 인한 재정 부담이 결코 가볍지만은 않았다. 이에 제1차 세계대전으로 피폐해져 건함 경쟁에 참가하기 어려웠던 영국의 주선으로 1922년 워싱턴 해군 군축조약이 체결되었다.

이 조약으로 인해 전함의 보유량이 제한되고 신규 건조가 금지되었다. 조약 체결시점에서 40㎝급 주포 탑재 전함은 일본

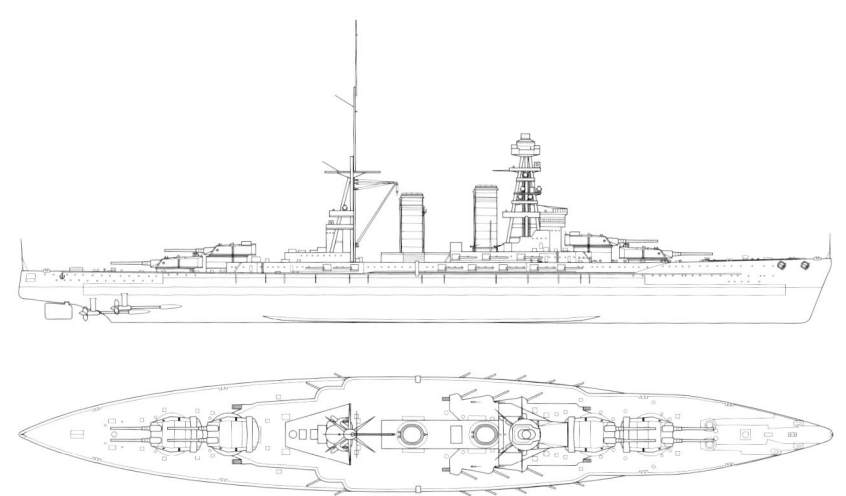

나가토 (1920년)

의 나가토와 미국의 메릴랜드 뿐이었다. 그러나 일본은 나가토의 동급함 무츠도 이미 준공했다고 주장했다. 이에 회의에서는 큰 논란이 있었지만, 결국 무츠의 보유는 인정되었다.

그러나 40cm 포 전함의 보유비율을 유지하기 위해 미국은 콜로라도, 웨스트버지니아의 건조를 계속해서 완성을 인정받았다. 영국도 전함 2척의 신규 건조가 인정되었다. 이에 영국이 건조한 넬슨, 로드니를 합해서 세계에 7척밖에 존재하지 않는 40cm포 전함은 '빅 세븐'이라 불렸으며, 군축 조약 체결 후 해군 휴일시기에 해상의 패자로 군림하게 되었다.

완성 후의 나가토는 2개의 연돌이 직립하고 있었지만 앞부분 연돌의 배출 연기가 앞 망루에 연기와 열로 악영향을 주었다. 그것을 회피하기 위해 앞부분 연돌을 굴절시키는 안을 내놓았다. 해외에

1936년, 근대화 개장을 마친 나가토. 연돌도 한 개로 줄어 특유의 굴절된 연돌이 없어졌다.

서는 전함의 위용을 깎는다는 비난도 있었지만 나가토와 무츠의 모양을 더욱 독특하게 만들어 주었다.

약 20년간 전함의 신규 건조가 없기 때문에 나가토는 일본 해군 최강함으로 군림했다. 동급함의 무츠와 함께 교대로 연합함대기함을 지냈다. 두 전함은 해군의 상징으로 '나가토와 무츠는 나라의 자랑'이라는 평가를 받았을 만큼, 일본 국민에게 사랑받았다. 가장 사랑받았던 때는 굴절된 연돌을 갖고 있을 때였다.

엄중히 비밀로 취급되어 오던 나가토의 고속력은 생각지도 못한 곳에서 누설되었다.

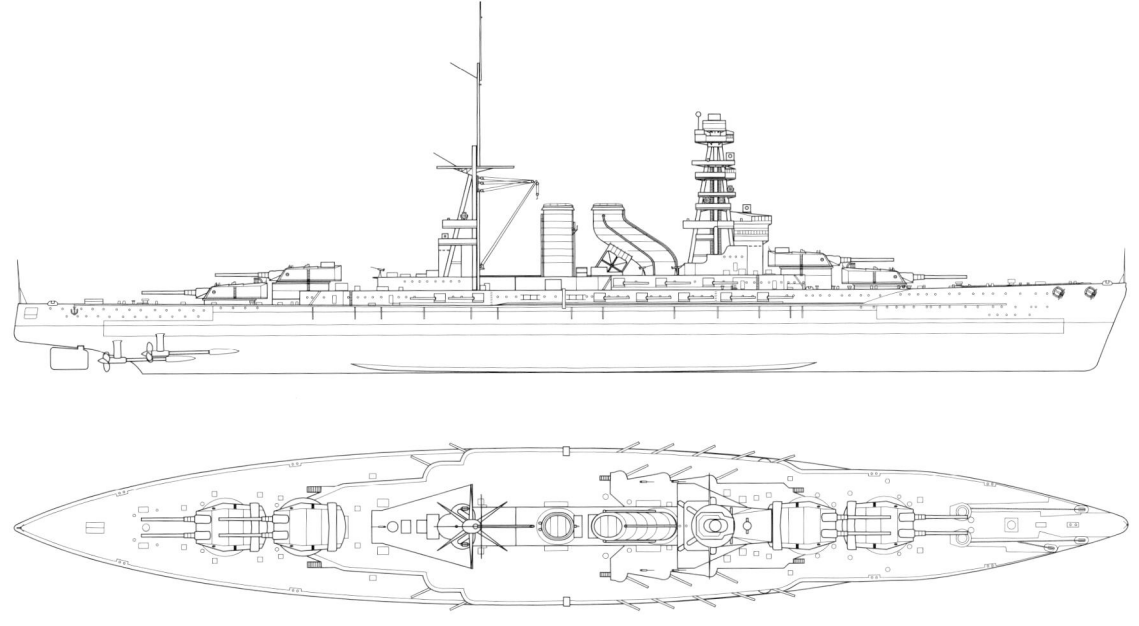

나가토 (1926년)

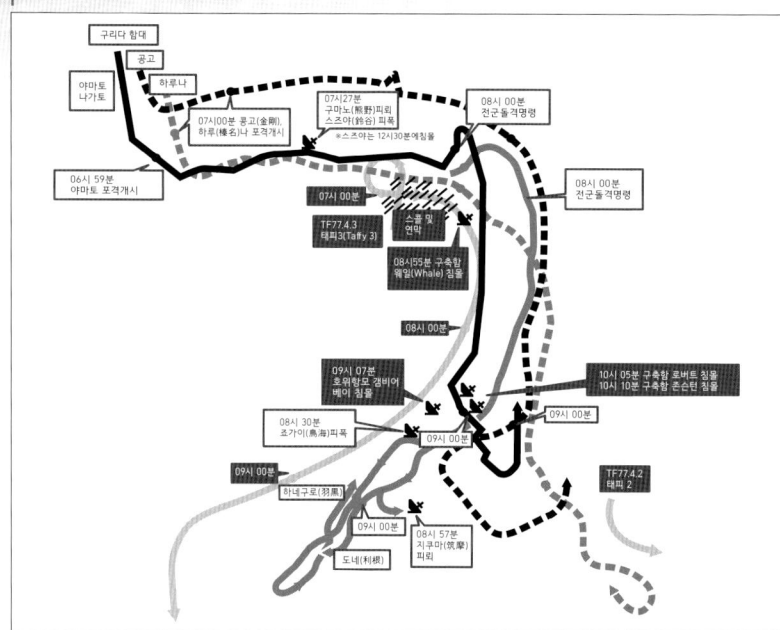

레이테 해전 중 사마르 해전의 해전도. 나가토는 야마토, 공고, 하루나와 함께 미국 호위항공함대에 공격을 가했다.

1923년의 관동 대지진이다. 사상 최대규모의 이 지진으로 인해 해군 각 부대에도 재해 구난 출동 명령이 내려졌다. 나가토도 구원물자를 싣고 동경만에 급행했다. 긴급사태로 나가토는 전속력으로 항행했다. 이 때 영국 순양함 '플리머스'가 나가토와 동행했다. 플리머스는 재해 구난 요청을 받은 터라 나가토와의 동행을 거절할 수 없었다. 나가토는 한 시라도 빨리 동경에 도착하기 위해 속도를 내릴 수 없었다. 이리하여 나가토의 실제 성능이 폭로되었다. 해군은 나가토의 기밀 보호보다도 재해구난을 우선시 한 것이다.

군축조약으로 인해 전함의 보유 수는 제한되고 신규 건조도 금지되었기 때문에 기존의 전함에 대한 근대화 개장이 많이 이루어졌다. 여기에는 나가토도 예외없이 동참하게 되었다.

1933년부터 36년에 걸쳐서 나가토에는 수평면, 수직면, 수중방어의 강화, 현측에 큰 벌지 장착, 주포 부포의 앙각 증대로 인한 사정거리 연장, 지휘 시설 갱신으로 인한 원거리포전능력의 강화, 함미연장으로 인한 추진 저항감소 등, 대규모 개장이 설비되었다. 앞 망루의 대형화와 보일러 교환으로 인한 연돌 1개로 외견상에도 혁신된 모습이 되었다.

그러나 주기관은 교환되지 않았기 때문에 속력은 25kn로 저하되었다. 이것은 개장후의 전함 속력을 25kn로 통일하기 위한 방침으로, 다른 전함은 속력 향상을 도모한데 반해, 나가토급은 신규건조 때보다도 속력이 저하되었다.

1941년 12월의 태평양 전쟁 개전 때, 나가토는 연합 함대기함이었으므로, 세토내해(瀨戶內海)의 하시라지마(柱島) 정박지에서 북태평양을 항행하는 기동부대에게 진주만 공격을 명령하는 "니이다카산[1]에 올라라 1208"이라는 전문

1 新高山- 일제강점기 때 대만 玉山을 부르던 명칭

을 발신했다.

개전 후에는 실전 기회를 얻지 못하고 초전의 화려한 진격 중에도 하시라지마 정박지에서 벗어나는 일이 거의 없었다. 얼마 후 신예전함 야마토가 준공되자 연합함대 기함자리를 양보했다.

1942년 6월의 미드웨이 해전에는 주력부대의 일원으로 참가했지만, 전국에 기여하는 일은 없었다.

1944년 6월 마리아나 섬을 침공한 미국 함대에 맞서는 '아'호 작전에 항모 기동부대의 일원으로 출격했다. 그 전에 앞 망루 정상부분에 레이더를 장비하고, 대공용 25mm 연장기총도 함상 여러 곳에 증설되었다. 그러나 어디까지나 주력은 항모이며, 전함은 호위함에 지나지 않았다. 항모 기동부대는 괴멸했지만, 나가토는 아무런 피해도 없었고 전국에 기여하는 일도 없었다.

10월 필리핀을 침략한 미국 함대를 요격하기 위한 첩1호 작전이 발동 되어, 나가토는 주력 부대의 일원으로 참가했다. 이 출격 전에 25mm 연장기총이 증설되었다. 항모기동부대는 실질적 전력을 잃어버려서 남아있는 전함부대로 필리핀 레이테만에 요격한 미국 상륙선단에 돌격을 감행하는 것이 작전목적이었다. 레이테만 진격 도중, 미국 함재기군의 파상공격을 받았지만, 공격은 무사시에 집중되어서 나가토의 피해는 폭탄 2발 명중으로 끝났다.

다음날 발생한 사마르 해전에서 미

기타지마(北島)결전을 기다리는 1944년 10월, 브루나이에서 촬영한 나가토. 후방은 모가미, 무사시, 야마토

국 호위 항모군을 주력 항모부대로 오인하고 공격 개시. 호위항모에 대하여 주포 사격을 가했다. 준공 이후 24년이 지나서야 실시된 나가토의 첫 실전 주포 포격이었으며, 구축함 1척을 대파했다.

필리핀에서 요코스카로 귀항한 후의 나가토는 부포를 철거하고 12.7cm 고각포 2문을 증설. 25mm 연장기총도 약간 증설되었다. 그러나 일본 해군의 대형함은 이미 꼼짝도 할 수 없는 상태가 되었다. 본토주변의 제해권, 제공권은 미군의 것이 되었고 연료인 중유도 고갈되었다.

1945년 4월경에는 위장을 위해 연돌과 후부 마스트의 상반부분을 절단했다. 고각포는 육상에서 사용하기 위해 철거되었고 함체는 본토 결전시에 해상 포대로 사용토록 결정되었다. 7월에는 미국 함재기의 공격을 받아 폭탄 3발이 명중. 1발은 함교 부분에 명중하고 함장, 부장, 포술장이 전사했다.

그리고 8월 요코스카 군항에 계류된 상태로 나가토는 종전을 맞았다. 종전 때 나가토는 해상에 떠 있던 유일한 일본 해군 전함이었다.

종전후 비키니 환초에 예항되어 미군의 원폭실험 '크로스 로드 작전'의 표적함으로 쓰였다. 과거 '나라의 자랑'이었던 나가토는 2번째의 핵폭발을 당한 지 5일 후에 해상에서 모습을 감추었다.

NAGATO
동급함 - 무츠

■ 나가토의 전함 이력
1917년 : 시공
1920년 : 준공
1933년~36년 : 근대화 개장
1941년 2월 : 진주만 공격 실행전문을 송신
1942년 6월 : 미드웨이 작전에 참가
1944년 10월 : 레이테 해전에 참가
1945년 7월 : 미국 함재기의 폭격을 받음
1946년 7월 : 비키니 환초에서 핵실험 표적으로 사용되어 침몰

■ 제원   전함 나가토(1944년 최종개장 시)
기준 배수량 : 39,130t
길 이 : 224.94m
너 비 : 34.60m
홀 수 : 9.49m
출 력 : 82,000마력
속 력 : 25.0kn
항속거리 : 16kn/10,600해리
무 장 : 41cm 연장 주포탑 4기, 14cm 단장부포탑 16기,
         12.7cm 연장고각포탑 4기, 25mm 3연장기총탑 16기,
         25mm 연장기총탑 10기, 25mm 단장기총탑 30기,
         수상정찰기 3대
장 갑 : 수선 305mm, 갑판 195mm,
         주포탑 457mm, 사령탑 370mm
승무원 : 1,368명

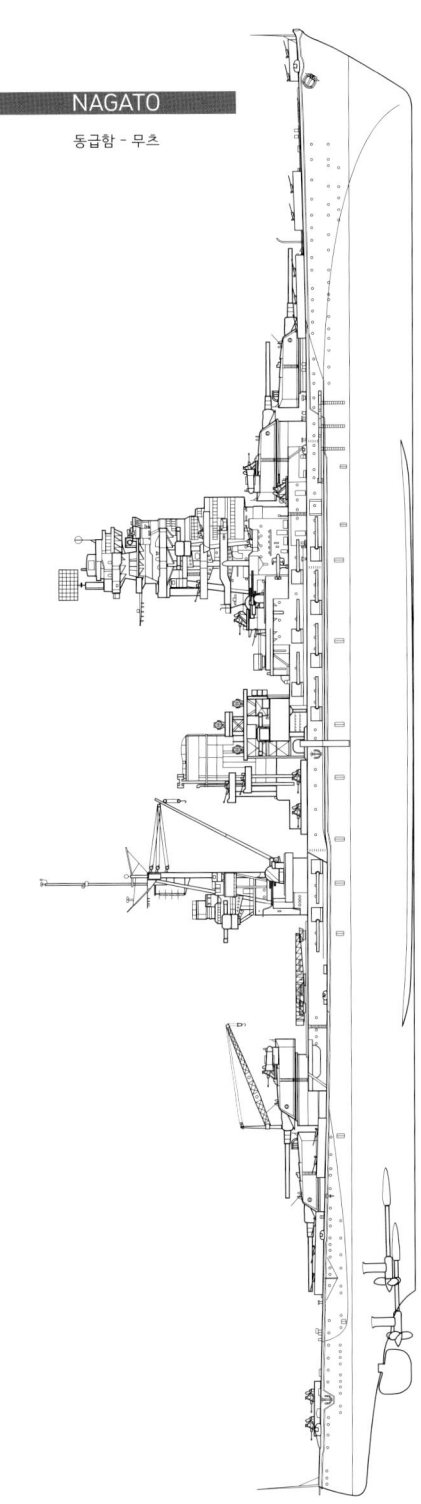
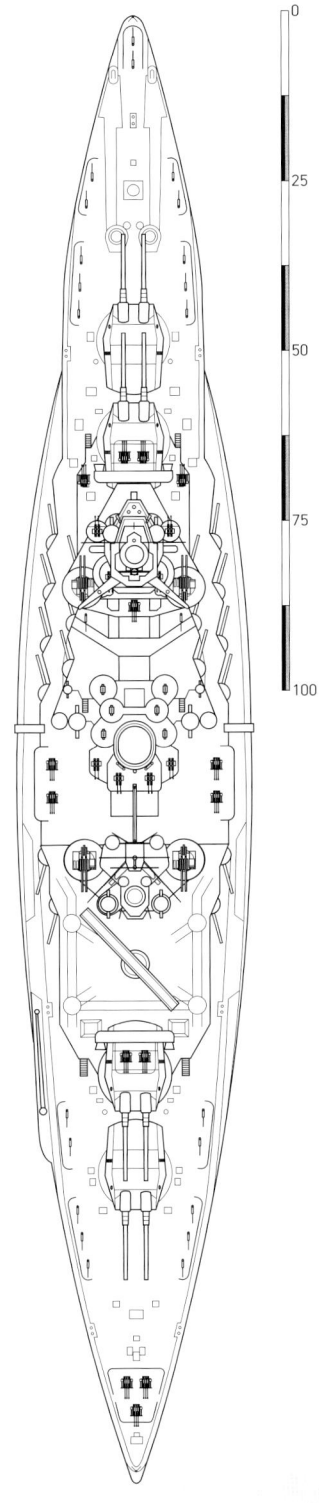

나가토 (1944년)

일본해군 IJN

의문의 폭침을 당한 41cm 포 탑재 전함
전함 무츠

무츠는 나가토급 2번째 함으로서 건조되었다. 건조중이던 1921년에 워싱턴 해군 군축조약이 개최되어 그 시점에서 미완성인 전함은 전부 폐기 대상이 되었다. 미국과 영국은 무츠는 미완성이니 건조를 중지하고 폐기할 것을 주장했으나, 일본은 무츠가 이미 완성 상태에 있다고 주장했다. 일본 해군은 일부 의장을 나중으로 미루면서까지 공사를 서둘러 1921년 10월 준공, 인도식을 했다. 열국의 사찰단을 맞이할 때에는 해군 병원의 입원 환자를 함내의 의무실에 이송함으로서, 함이 이미 취역 상태에 있으며, 그 승무원 중에 환자가 있는 것처럼 보이는 공작까지 했다.

일본 해군 필사의 노력이 보람을 거둔 덕택인지 무츠는 완성 상태로 간주, 보유가 인정되었다. 나가토급으로 나가토와 무츠의 2척을 구비할 수 있게 된 것이다.

그러나 40cm급 주포 탑재 전함을 일본만 2척 보유하므로 조약에 정해진 전력비율에 불균등이 생겼기 때문에 미국은 1척만 준공했던 콜로라도급의 건조 중에 있던 2척의 추가 보유가 인정되고, 영국은 전함 2척의 신규건조(뒤의 넬슨급)가 인정되었다. 군축조약 체결 후, 세계에서 7척만 존재했던 40cm급 주포 탑재 전함은 '빅 세븐'이라 불리며 당시 최강 바다의 왕자로 오랫동안 군림하게 된다.

그러나 무츠 1척의 보유에 집착한 나머지 미국과 영국의 신예 전함 4척 보유를 허용한 것은 과연 옳았을까. 배수량 3만 톤이 넘는 40cm 포 탑재전함을 실전 공격으로 침몰시키려면 엄청난 노력이 필요하다. 실제로 일본 해군은 뒤의 태평양 전쟁에서 미국 해군의 40cm 포 탑재전함을 1척도 침몰시키지 못했다.

회의에 따른 책상머리들의 일처리라고 해도 무츠 1척을 희생시켜 미국과 영국의 40cm포 탑재전함을 4척 없앨 수 있다면, 그것은 이미 대전과가 아니겠는가. 게다가 무츠를 희생시켰다면 조약 체결 후 40cm포 탑재전함은 일본과 미국에만 1척씩 있게 되므로, 전력적으로도 미국과 대등, 영국보다는 우위에 있게 될 것이었다. 뒤에 나오는 무츠의 허무한 최후를 생각하면 결과론적으로 볼 때 무츠의 폐기를 결단하는 것이 옳은 판단이었을 것으로 생각된다.

어찌 되었던 이후 약 20년간 전함의 시공은 없었기 때문에 무츠는 나가토와 함께 일본 해군 최강함으로 군림했다. 나가토와 함께 교대로 연합 함대 기함을 지내, '나가토와 무츠는 나라의 자랑'이라는 평을 받을 만큼 일본 국민에게 사랑 받았다.

완성후의 무츠는 나가토와 거의 같이 상시 개장을 하달 받았지만, 1934년부터 36년까지 2년에 걸쳐서 대규모의 근대화 개장이 이루어 졌다. 개장 공사 내용은 수평면, 수직면, 수중방어의 강화, 현측에 큰 벌지 장착, 주포 부포의 앙각증대로 인한 사정거리 연장, 지휘시설 갱신으로 인한 원거리 포전 능력의 강화, 함 미연장으로 인한 추진저항감소 등이다. 또한 앞 망루는 여러 번의 공사로 대형화되었고 보일러 교환으로 연돌이 1개가 되어 외견상으로도 혁신된 모습이었다.

그러나 주기관은 교환되지 않았기 때문에 속력은 25kn로 준공시보다 저하된 것도 나가토와 같다. 이것은 개장후의 전함 속력을 25kn로 맞추는 일본 해군의 방침에 따른 것이다.

1941년에 태평양 전쟁 개전을 맞을 때에는 무츠는 기함의 나가토와 함께 연합 함대 직속의 제1전대를 편성했다. 1942년 1월에는 막 준공된 전함 야마토의 사격 훈련에 표적 예항함으로 쓰였다. 6월 미드웨이 해전에는 주력 부대로 야마토, 나가토와 함께 출격, 다른 주력 부대 전

1936년, 개장 공사 완성 직전의 무츠. 현측에 추가된 대형 벌지가 보인다. 공격력 및 방어력은 크게 향상되었지만, 속도는 25kn로 줄었다.

함과 같이 적의 모습조차 보지 못하고 귀환했다. 항모 대 항모 전투는 40cm 주포 사정거리를 넘는 먼 거리에서 결말이 났기 때문이었다.

8월 미군이 과달카날 섬을 침공할 때 무츠는 트루크 제도에 진출했다. 솔로몬 방면으로 미국 기동부대 출현의 보고를 받아 출격했지만 미국 기동부대를 발견하지 못하고 트루크 제도로 돌아왔다. 격전이 계속된 솔로몬 방면에 적극적으로 투입하는 방안도 검토되었지만 연료 소비량의 문제도 있어서 단념 되었다.

1943년 1월 본토로 돌아와 요코스카에 귀항했다. 3월에는 하시라지마 정박지로 회항되었다가, 6월8일 제3주포탑 부근에서 돌연 대폭발이 일어나 선체가 절단되어 침몰했다. 승무원 1,473명 중 겨우 353명 만이 구조되었다.

이렇게 해서 무츠는 실전 참가도, 전국에 기여한 것도 전혀 없이 침몰해 버렸다. 폭발 원인으로 이지메에 견디지 못한 수병이 함내에 방화를 했다는 설이 유력시되고 있다.

근대화 개장 후의 무츠. 일본 해군이 온 힘을 다해 군축조약으로부터 지킨 무츠였지만 제2차 세계대전의 전황에는 전혀 기여한 바 없이 의문의 폭침을 당했다.

■ 무츠의 전함 이력
1918년 : 시공
1921년 : 준공
1934년~36년 : 근대화 개장
1942년 6월 : 미드웨이 작전에 참가
1943년 6월 8일 : 하시라지마 정박지에 재정박중, 제3주포탑 화약고에서 폭발이 일어나 침몰

■ 제원 전함 무츠(1936년 대개장시)
기준 배수량 : 39,130t
길　이 : 224.9m
너　비 : 34.6m
흘　수 : 9.5m
출　력 : 82,000마력
속　력 : 25kn
항속거리 : 16kn/10,090해리
무　장 : 41cm 연장 주포탑 4기, 14cm 단장부포탑 18기, 12.7cm 연장고각포탑 4기, 25mm 연장기총탑 10기, 수상정찰기 3대
장　갑 : 수선 305mm, 갑판 195mm, 주포탑 457mm, 사령탑 370mm
승무원 : 1,368명

MUTSU
동급함 - 나가토

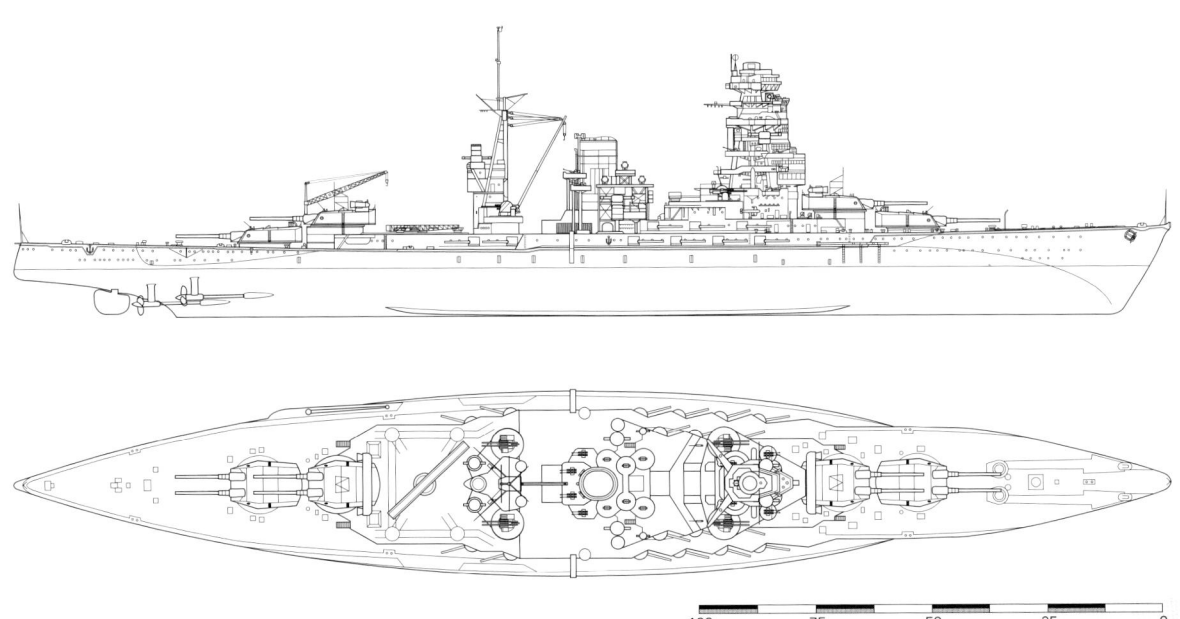

무츠 (1941년)

일본해군

일본해군과 명운을 함께한
공전절후의 초거대 전함

전함 야마토

해군 군축조약을 파기한 일본 해군은 조약이 깨진 1937년 구레 해군 공창에서 20년 만에 신예 전함건조에 착수했다. 일본 해군은 태평양을 끼고 대립하는 미국과 전함 건함경쟁을 해도 양적으로 맞겨루기는 불가능하기 때문에 개별 전함 성능을 극한까지 올려 질적인 우위에 서서 대항하는 것을 전략 목표로 삼았다. 그 때문에 후에 야마토라고 명명될 이 신형전함은 군함 사상 최대의 46㎝포를 탑재하게 되었다. 이로서 공고급의 35.6㎝ 포, 나가토급의 41㎝ 포에 이어 다시 한번 타국에 앞선 대구경 주포가 채택되었다.

해군 군령부가 요구한 신예전함의 성능은 46㎝ 주포 8문 이상 탑재, 속력 30kn 이상이었다. 주포탑재방식은 연장포탑 2기, 3연장포탑 2기를 사용해 10문을 탑재하는 안, 그리고 영국 '넬슨'급에서도 사용한 3연장포탑 3기를 군함 앞부분에 집중 배치하는 안 등, 여러가지 안이 비교검토된 결과, 3연장포탑을 군함 앞부분에 2기, 뒷부분에 1기 배치하는 상식적인 안건이 채택되었다. 3연장 포탑을 채택한 일본 전함은 야마토가 최초였다.

또한 30kn급 성능은 근대전함이 가져야 하는 성능으로 중시되었으나, 거대한 전함이 이정도의 성능을 발휘하기는 곤란하다고 예상되었다. 또한 지나친 대형화를 초래하기 때문에 이 목표는 포기되었고, 최대속도는 27kn로 하향조정되었다. 또 지나친 대형화를 피하기 위해 방어면에는 집중 방어 방식이 사용되었다. 즉 함수 및 함미 부분의 방어는 가볍게 하고, 대신 함 중추부의 방어력은 46㎝ 포탄에도 견딜 수 있도록 강하게 했다. 그래도 기준 배수량 6만 톤을 넘는 초거대 전함이 되었다. 제2차 세계대전 후에 미국 해군이 초대형 항모를 건조할 때까지 야마토는 사상 최대의 군함이었다.

긴 해군 휴일을 지나 20년 만에 등장한 신형전함인 야마토는, 군축 조약 기간의 근대화 개장과 순양 전함 건조의 노하우를 거쳐 발전한 일본 조함 기술의 정수를 투입하여 설계되었다. 외관도 종래의 일본 전함과는 차별화된 근대적인 모습이었다. 기존의 전함이 개장 때마다 앞 망루가 커지고 복잡해진 점을 반성하여 단순하고 크기가 비교적 작고 단순한 탑형 망루를 채용했다. 연돌은 1개로서, 후방에 경사지게 배치되었다. 함상의 주요 구조물은 중앙에 집중되어있는데, 이는 집중 방어 방식 때문이기도 하다.

이 거대한 선체에 충분한 항속력을 주기 위해 주기관으로 디젤 기관을 탑재할 예정이었고, 이 디젤 기관은 실제로 제조되었다. 그러나 당시 디젤 기관은 기술적으로 성숙하지 않아 고장이 잦았다. 신형 전함에서 기관부조가 이어지게 할 수도 없는 일이고, 또 집중 방어방식이기 때문에 준공 후의 기관교환은 이제까지와는 비교할 수 없는 대규모 공사가 되기 때문에, 위험부담이 높은 디젤 기관의 채용을 포기하고, 증기 터빈기관을 탑재했다. 야마토를 위해 준비했던 디젤 기관은 뒤에 수상기모함 닛신에 탑재되어, 큰 고장 없이 순조롭게 운용되었.

부포에는 옛날 모가미급의 주포로, 중순양함으로 개장될 때에 철거된 15.5㎝ 3연장포탑을 수미선상에 2기, 양현에 각 1기, 합4기 탑재했다. 그러나 원래는 경순양함의 주포였던 이 부포탑의 방어력은 포탄 파편을 막는 수준에 그치는 정도라, 전함의 기준에 비하면 사실상 없는 거나 다름없는 방어상황이었다. 특히 수미선상의 부포탑은 주포탑과 인접해 있다. 따라서 만약 직격탄을 맞으면 여지없이 관통된다. 그리고 관통한 적탄이 부포 탄약고에 인화하면 인접한 주포 탄약고에도 유폭의 위험이 있다는 방어상의 맹점이 지적되어 토론의 대상이 되었다.

이 신형전함은 1939년 진수 이후 야마토로 함명이 정해졌다. 이전에 첫 초노급 전함이 후소로 명명된 것처럼, 일본의 고대 도시였던 구(舊) 국명이 주어진 것은 일본 해군이 사상 최대, 최강의 전함

46㎝포 9문을 탑재한 사상 최대의 제2차 세계대전 최강의 전함 야마토의 위용

야마토에게 건 기대의 크기를 말해준다.

일본 해군은 야마토를 건조할 때 그 존재 및 성능을 철저히 은폐했다. 그 때문에 미국과 영국 해군은 일본이 신예 전함을 건조한다는 정보를 잡았지만, 주포 구경이 46㎝인 것까지는 알지 못했다. 심지어 야마토의 존재는 국민에게도 비밀이어서, 일반 일본인이 그 존재를 안 것은 태평양 전쟁 종전 후였다.

또 전함 야마토의 건조는 무의미하다는 평가를 받은 적도 있다. 후에 항모가 전쟁의 중심이 된 태평양 전쟁에서는 분명 시대착오적인 느낌을 부정할 수 없다. 그러나 일본에 대항한 미국의 대건함 계획도 실은 전함 중심의 건조 계획이었으며, 결전 사상자체는 일본과 그다지 큰 차이가 없었다. 또 영국, 프랑스, 이탈리아도 같은 상황이었기 때문에 일본만을 시대착오라고 단정할 수는 없다. 해군 휴일 후에 대함거포주의가 세계적으로 유행하던 와중에서, 야마토는 당시 시대에 가장 적합한 전함이었다고 말할 수 있다.

이처럼 조약 실효 후의 열강의 건함계획은 변함없이 전함이 중심이었다. 그리고 그 전술 사상을 가지고 제2차 세계대전으로 돌입했다.

그러나 1941년 12월 일본 해군이 항모 기동부대를 사용해 진주만공격을 성공시킴으로서 상황은 일변한다. 항모와 함재기가 전함을 격침하는 전력으로 크게 부각되었다. 급속히 발전한 항공기를 사용한 전함 공격은 벌써 영국 해군이 여러 차례 실행했지만 집중운용된 항모가 주력함대를 행동불능으로 할 만큼의 파괴력을 가지고 있음이 증명된 것은 진주만 공격이 최초였다.

태평양 전쟁개전 다음주에 준공 된 야마토는 나가토를 대신해서 연합 함대 기함이 되었다. 그러나 항모와 함재기가 해전의 주전력이 된 태평양전쟁의 전장에 나갈 기회는 없었고, 1942년 6월 미드웨이 해전이 첫 출진이 되었다. 연합 함대의 총력을 걸고 실시된 이 작전에서, 작전의 중심이 되었던 나구모 기동부대의 주력 항모 4척이 전부 격침되었다. 이에 야마토를 위시한 전함군으로 편성된 후방의 주력부대는 사실상 무력화되었고, 결국 그 위력을 발휘할 기회는 찾아오지 않았다.

1942년 8월, 미군의 과날카달 상륙 때 야마토는 다른 전함과 함께 트루크 제도에 진출했지만 이 때

1941년 9월 의장공사 중의 야마토

1941년 10월 30일 스구모 만에서 전력 공시 중인 야마토

1941년 10월 30일 스구모 만에서 공시 중인 야마토. 잘 정리된 함교, 뒷 부분에 경사진 1개의 연돌, 독특한 삼각 마스트 등이 인상적이다.

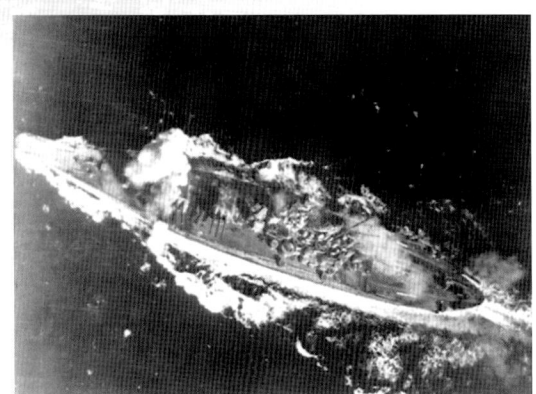
1944년 10월 레이테 해전 때 시부야해에서 미국 함재기 편대와 교전하는 야마토

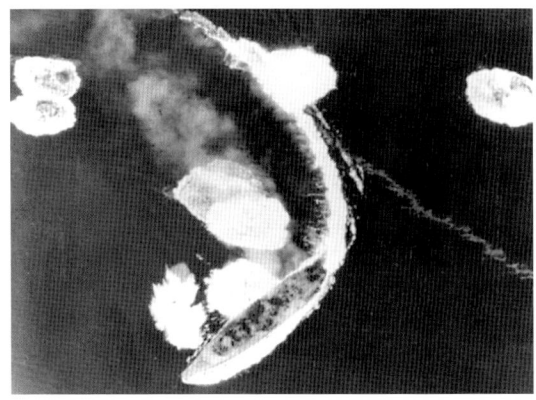
1945년 3월, 세토내해에서 공폭을 맞은 야마토

도 중요 전장인 솔로몬 해역에 출격하는 일은 없었다. 그 최대 원인은 연료 문제였다고 전해 졌다. 그러나 미국 해군이 최신에 전함 사우스다코타와 워싱턴을 솔로몬 해역에 투입한 좋은 기회였지만, 연합 함대 사령부가 야마토를 출격시키기 아까워했다는 견해도 적지 않다. 함대 장병은 야마토가 출격 기회도 없이 트루크 제도에 정박해있는 그 모습을 '야마토 호텔'이라고 비웃었다. 야마토의 거주성이 기존 전함에 비해 크게 향상된 것도 이러한 야유에 한 몫 했다.

이렇게 해서 출격 기회를 잃어버린 채, 야마토는 트루크 제도에서 파라오, 타위타위 Province of Tawi-Tawi로 후퇴, 1944년 6월 마리아나 해전에 항모 기동부대의 호위로 참가하지만 항공병력의 대부분이 괴멸되고 연합함대는 사실상 전투력을 상실했다. 이후 연합함대에 남은 것은 본래의 결전 병력이었던 전함부대 뿐이었다.

이리하여 10월 야마토는 레이테 상륙부대를 격파하기 위해 요함 무사시와 함께 기타지마(北島)에 출격한다. 그러나 항공 엄호도 없는 전함 부대는 역시 무력했다. 레이테의 미국 함대에 향하는 도중의 시부야 해에서 미국 항모 함재기의 폭격을 당해 야마토는 폭탄 2발의 명중탄을 맞고, 집중공격을 맞은 무사시는 격침 되었다.

폭격을 피하고, 돌파를 꾀하였지만 사마르 섬 앞에서 미 호위항모군과 조우, 난전을 벌였다. 상대방은 구축함과 호위항모만으로 이루어진 함대인지라 야마토는 고전했다. 야마토는 그 장소를 이탈했지만, 구리다 제독의 판단으로 레이테만을 눈앞에 둔 상태에서 반전, 결국 46㎝ 주포의 위력을 발휘하지 못하고 기타지마의 싸움은 끝났다.

1945년 4월 7일 야마토는 제2함대의 기함으로 오키나와로 수상특공 작전에 출격했지만 300대 이상의 미국 함재기군의 파상공격으로 10발 이상의 어뢰를

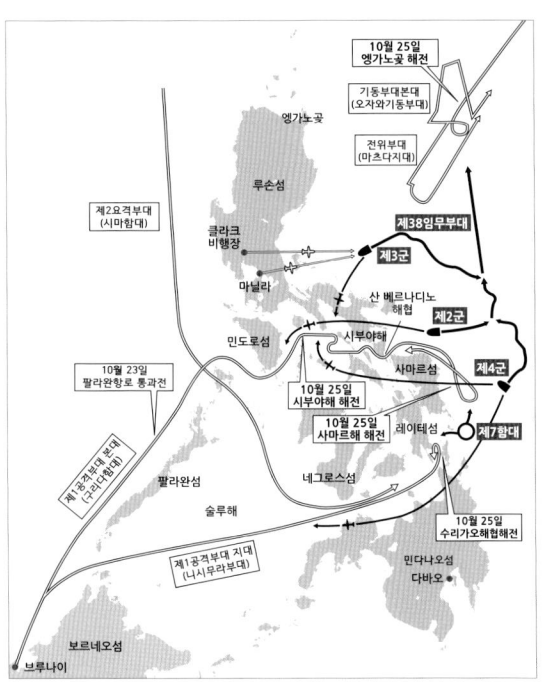

즈이가쿠(瑞鶴) 등 남은 항모를 미끼로 미국 기동부대를 유인해서 야마토, 무사시를 위시한 전함군이 레이테만에 돌입, 미국 수송선단을 격파한다는 책략인 첩1호 작전(기타지마 해전/레이테 해전). 그러나 항모 즈이가쿠, 전함 무사시 등 주력함을 다수 잃은채 작전은 실패로 끝나고, 연합 함대는 사실상 운명이 끊겼다.

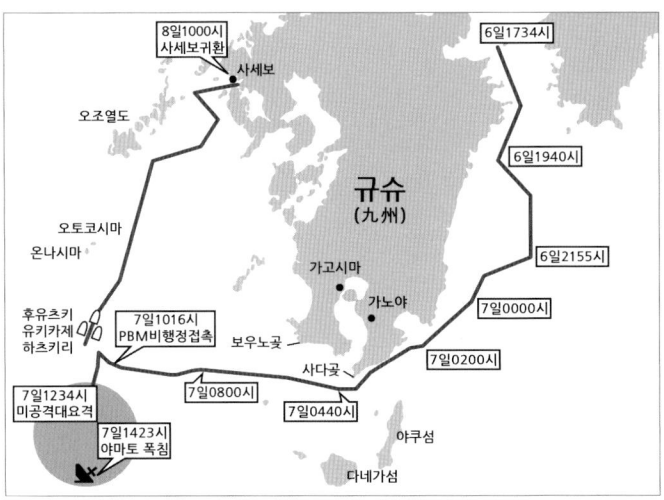

보우노곶 앞바다 해전(坊ノ岬沖海戰)도. 야마토는 도쿠야마 앞바다 출격 후 바로 미국 잠수함에 탐지되, 12시 10분부터 제1파 공격대에 폭탄 2발, 어뢰 1발을 맞고, 후부 함교에 화재가 발생했다. 13시 22분부터 제2파 공격으로 폭탄 3발, 어뢰 5발이 명중. 14시부터 제3파 공격에서는 폭탄 3발, 어뢰 4발을 맞아, 불침으로 불렸던 거함도 결국 전복, 대폭발을 일으켜 해저로 모습을 감췄다.

보우노곶 앞바다 해전에서 촬영 한 야마토. 후부 마스트 부근이 불타고 있다.

맞고 보우노곶 앞바다에서 침몰했다. 해군의 체면을 지키는 것 외에는 아무 의미도 없었던 작전으로 많은 장병의 희생이 동반된 것은 그야말로 비극이었다. 이로서 대함거포시대가 낳은 세계최대의 전함 야마토는 스스로 대함거포시대에 막을 내린 것이다.

■ 이력   전함 야마토
1937년 : 시공
1941년 : 준공
1942년 6월 : 미드웨이 작전 참가
1943년 12월 25일 : 트루크 제도 서쪽에서 미국 잠수함 <스케이트(Skate)>의 어뢰를 1발 맞음
1944년 6월 : 마리아나 해전에 참가
1944년 10월 22일 : 레이테 해전. 사마르 섬에서 미국 호위 항모 갬비어 베이(Gambier Bay) 등을 공격
1945년 4월 6일~7일 : 천1호 작전에 기함으로 참가. 미국 함재기 수백대의 공격으로 보우노곶 앞바다에서 침몰

■ 제원   전함 야마토(1944년 개장시)
기준 배수량 : 64,000t
길 이 : 263.0m
너 비 : 38.9m
흘 수 : 10.4m
출 력 : 150,000마력
속 력 : 27kn
항속거리 : 16kn/7,200해리
무 장 : 46㎝ 3연장 주포탑 3기, 15.5㎝ 3연장포 부포탑 2기, 12.7㎝ 연장고각포탑 12기, 25mm 3연장기총탑 29기, 25mm 단장기총탑 26기, 13mm 연장기총탑 2기, 수상정찰기 7대
장 갑 : 수선 410mm, 갑판 230mm, 주포탑 650mm, 사령탑 500mm
승무원 : 2,500명

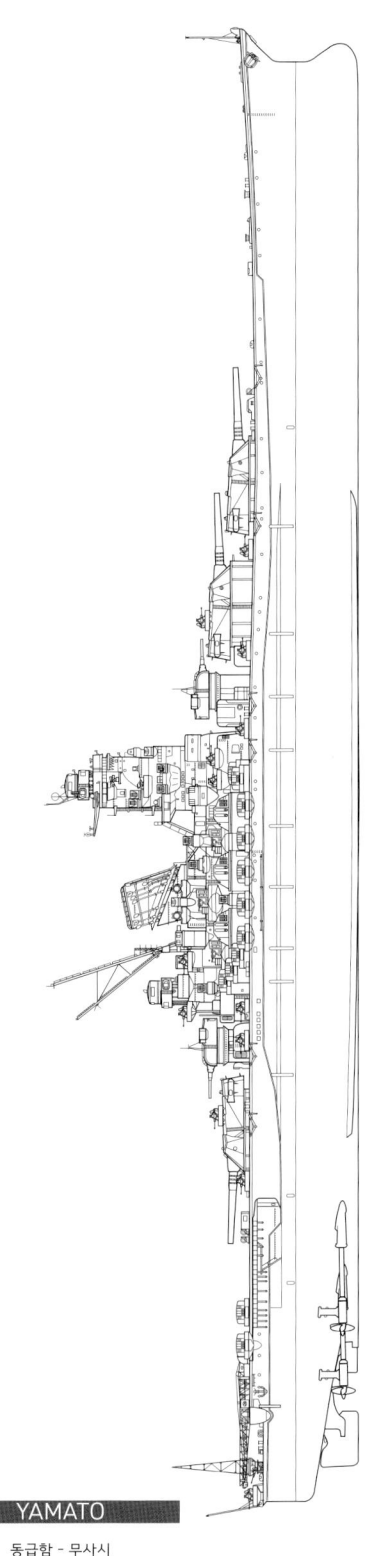

YAMATO

동급함 - 무사시

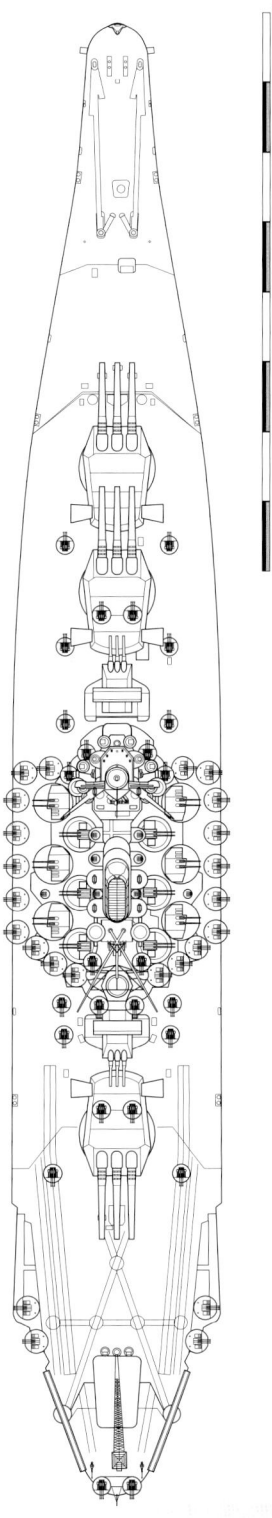

야마토 (1945)

일본해군 IJN

나가토와 야마토의 방패가 되어 진퇴양난에 처한 비운의 최강 전함
전함 무사시

일본 해군의 '삼(三)' 계획에서 건조가 계획되어 세계 최대의 함포인 46㎝ 포를 탑재한 초노급 전함 무사시는, 야마토급 전함의 2번함으로 미쓰비시 나가사키 조선소에서 건조되었다. 야마토에 일본 고대 이름인 해이죠코우[1]가 있었던 야마토 국의 이름이 붙여진 것과 마찬가지로, 무사시에 현재의 수도인 동경이 있는 무사시 국의 이름이 붙여졌다는 것은 이 두 전함이 누구도 트집을 잡을 수 없는 최강의 전함이며, 해군이 큰 기대를 걸고 있었다는 증거이다.

야마토와 같이 건조 때는 그 존재가 극비로 진행되었지만 기준 배수량 6만 톤 이상, 길이 260m의 거함을 숨기는 것은 불가능에 가까웠다. 더군다나 나가사키는 주위가 산으로 둘러 쌓인 지형으로 조선소를 내려다 보기 좋은 장소가 있었고, 강 건너에는 재외공관도 있었다. 그

[1] 平城京/나라시대의 일본 수도

때문에 무사시 건조 중에는 선대의 일부에 지붕을 씌우고 주위에 종려나무 섬유로 만든 그물을 설치하는 등 위장막을 설치했지만, 그 때문에 대량의 종려나무를 사들였기 때문에 나가사키 주변의 어망 가격이 일시적으로 상승했을 정도였다. 또 세계에도 여객선퀸 메리를 제외하면 유례가 드문, 진수 시 3만 5,000톤이나 되는 대전함이었기에 선대 상에서의 진수에도 신경 쓸 필요가 있었다.

이 같이 철저한 기밀보호 끝에 건조된 무사시의 취역은 개전부터 1년이 지난 1942년 8월이었다. 벌써 해전의 주역은 항모로 바뀌었고, 전함의 우월함은 사라져 그 존재 의의조차 의문시 될 때였다. 야마토급 전함은 당초 4척의 건조가 계획 되었지만 항공작전의 발달로 항모의 우위가 실증되었기 때문에 3번함 시나노(信濃)는 건조 도중에 항모로 개조되었고 4번함은 건조가 중지되었다.

전방에 2기, 후방에 1기가 배치된 46㎝ 3연장주포탑, 근대적 탑형 망루, 후방의 경사진 연돌 등, 야마토와 비교했을 때 외견상의 차이는 별로 없었지만, 함대 기함 시설이 더욱 충실했기 때문에 무사시가 취역하자 연합함대 기함은 야마토에서 무사시로 바뀌었다.

그러나 항공기가 해상을 제압하는 주력이 된 태평양에서, 전투 출격하는 기회는 없고, 비육지탄의 원망을 하게 된 것은 야마토 이외의 다른 전함과도 같은 처지였다.

솔로몬 격전이 계속되는 중에 트루크 제도에 계속 정박한 야마토가 '야마토 호텔'이라고 유 받았던 것 처럼 무사시는 '무사시 여관'이라고 불렸다.

늦게 등장한 무사시에는 웬지 연합 함대의 비극이 붙어 다녔다. 연합 함대기함이 된 1943년 4월 솔로몬 방면의 전선을 시찰하러 가던 야마모토 이소로

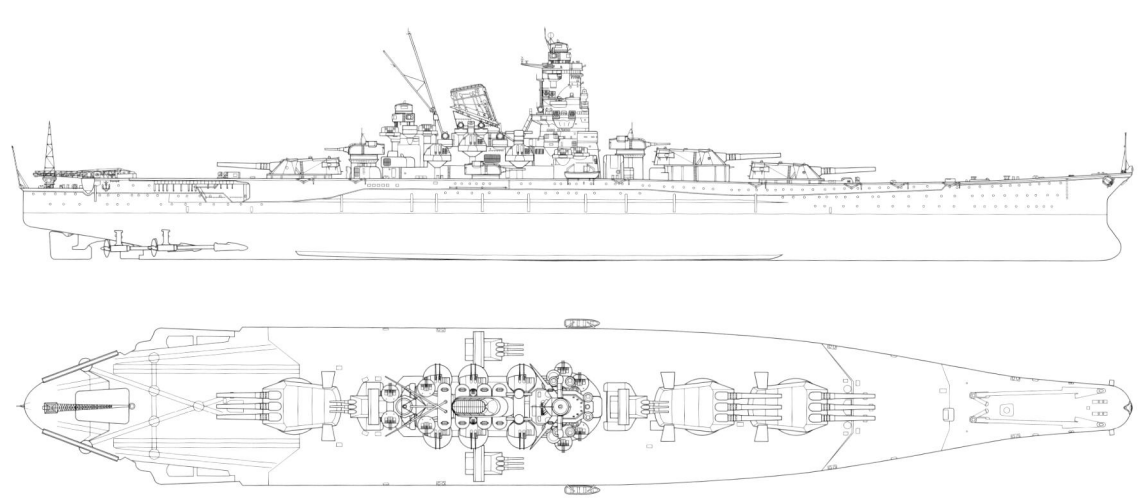

무사시 (1942)

준공 때의 무사시, 연돌 옆에 부포탑이 장비되어있다.

쿠 연합함대 사령장관의 탑승기가 부인 상공에서 미군에 격추되었고, 야마모토 사령장관은 전사했다. 무사시는 야마모토 사령장관의 유골을 트루크 제도에서 본토로 호송했다. 첫 임무가 참으로 비통한 일이었다는 점은 무사시가 짊어진 숙명의 예고라고 말할 수도 있겠다.

그 후 야마모토 장관의 후임이 된 고가 미네이치 연합함대 사령장관은 사령부막료(幕僚 - 참모장교)들과 함께 대형 비행정으로 파라오로 이동 중, 악천후를 만나 추락, 순직해 버렸다. 이때 연합 함대 사령부도 괴멸했기 때문에 무사시의 기함 임무는 끝을 맺었다. 연합함대 기함으로서 무사시의 이력은 야마모토 사령장관의 전사에서 시작하여 코가 사령장관의 순직으로 끝났다.

1944년 6월의 마리아나 해전에서 오자와 장관이 인솔하는 항모 기동부대 호위를 맡았지만, 기동부대는 손가락 하나 까딱하지 못하고 일방적으로 패배의 쓴잔을 마시고 허무하게 귀환했다. 그 때 항공공격의 위력에 대항하고자 일본 해군 함정에는 대공화기 증설이 실시되었고, 야마토급 전함도 예외는 아니었다.

야마토는 4기의 부포탑 중 현측에 장비했던 2기를 철거하고 12.7㎝ 연장고각포를 6기에서 12기로 늘렸다. 25㎜ 단장기총도 크게 증가되었다. 무사시에게도 같은 개장이 실시 되었지만 첩1호 작전이 개시될 때까지는 고각포의 증설이 이루어지지 않았다. 그 때문에 6기의 고각포가 증설될 예정이던 장소에는 25㎜ 3연장기총 6기가 대신 장비 되었다. 무사시는 이 상태로 최후 작전에 임했던 것이다.

1944년 10월 17일 미군 지상 부대가 레이테 만의 술루안 섬에 상륙했다. 미군의 필리핀 침공과 동시에, 도요타 소에무(豊田副武) 연합함대 사령장관은 바로 첩1호 작전을 발동했다. 다음날 구리다 제2함대 사령관이 인솔하는 제1유격부대는 링가 Lingga 정박지를 출항했다. 무사시 외 전함 5척, 중순양함 10척을 기간으로 한 제1유격부대는 강력한 수상부대였지만, 항공병력의 지원이 없는 상태에서 적중에 뛰어들려고 했다.

제1유격부대의 작전은 팔라완 항로에서 시부야 해에 진입하고 산 베르나르디노 해협을 지나 남하, 25일 00시 00분을 기해 레이테 만에 돌입하는 것이었다.

그러나 팔라완 항로에 침입하자 마자 미국 잠수함군에 발견되어 구리다 제독의 기함이었던 중순양함 아타고(愛宕)가 격침되었다. 구리다 제독은 기함을 전함 야마토로 변경하고 함대지휘를 계속했다.

일본 함대발견 경보를 받은 미국 제3함대의 홀시 제독은 24일 이른 아침부터 구리다 부대에 항공 공격을 개시했다. 그 때 구리다 부대는 민도로섬 남방을 통과하여 시부야 해에 걸쳐져 있는 상황이었다.

항모 인트레피드 및 캐봇에서 발진한 함재기 45대는 10시 30분경에 구리다 부대를 발견하고, 전함 무사시, 야마토, 나가토 등에 공격을 가했다. 이 최초의 공격으로 무사시에 어뢰 1발이 명중했고 이 충격으로 앞부분 방위반이 고장이 나 버렸다.

이어서 인트레피드에서 발진한 31대 규모의 공격대는 12시 6분, 무사시와 야마토를 집중 공격했다. 이 공격으로 무사시는 어뢰 3발과 폭탄 2발이 명중해서 기관실이 파괴되고 속력이 22kn까

1944년 10월 22일. 연합함대 최대 작전 <첩1호 작전>의 발령을 받아 브루나이(Brunei) 항을 출격, 레이테로 향하는 무사시. 이때 무사시의 12.7㎝ 연장고각포는 야마토의 12기보다 적은 6기로, 그 대신에 25㎜ 3연장기총 6기가 탑재되어 있다.

1944년 10월 브루나이에 정박하는 무사시와 야마토(왼쪽 첫번째와 두번째). 앞쪽은 나가토.

자매함인 야마토(왼쪽)과 무사시. 연합함대가 출격을 아까워한 바도 있어, 그 사상 최강의 성능에 걸맞는 활약장소를 얻은 적은 한 번도 없었다.

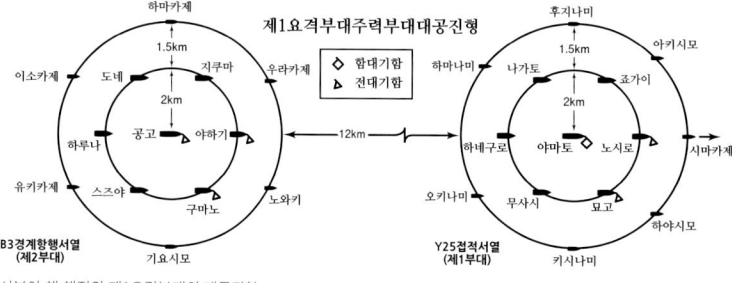

무사시가 격침된 시부야해 해전의 해전도

시부야 해 해전의 제1요격부대의 대공진형

지 저하되어 버렸다. 더구나 항모 렉싱턴 및 에섹스에서 발진 한 공격대 44대는 속력 저하로 낙오하기 시작한 무사시를 집중 공격하고 어뢰 5발과 폭탄 4발을 명중시켰다.

작지만 상해를 입은 무사시는 침수로 인한 경사를 복원하기 위해 선체에 물을 주입했는데, 그 때문에 함수가 해면 가까이까지 내려 않아 속력은 16kn까지 줄어 들었다. 이 사태에 이르자 구리다 제독은 기지 항공대에 구원요청의 전보를 치고 속력저하로 동행이 무리인 무사시에게 대만의 마코우(馬公)로 귀환할 것을 명령했다.

그러나 미국 함대의 공격은 인정사정 없이 이어졌다. 14시 59분에 제38임무부대의 제2군 및 제4군에서 발진한 공격대 67대의 대부분은 절호의 표적이 된 무사시에 집중 공격을 했다. 이 맹공으로 폭탄 10발, 어뢰 11발을 맞은 무사시는 대파하고 결국 항행불능이 되었다.

5차에 걸친 미국 항공부대의 파상공격으로 큰 피해를 입은 구리다 제독은 15시 30분에 함대를 반전시켜 일단 전장을 후퇴했지만 미국 항모 함재기의 폭격이 끝나고 17시 45분에 재반전해서, 레이테 진격을 재개했다. 그러나 폭탄 16발과 어뢰 20발의 명중탄을 맞아 항행불능이 된 무사시는 버려지고 말았다.

시부야해에서 표류하던 무사시의 승무원들은 필사적으로 복원작업을 시도했지만 19시 15분에 왼쪽으로 12도까지 기울어져 결국 이노구치 함장은 총원 퇴거명령을 내렸다.

함수부터 잠겨가는 무사시. 탄약고와 기관부 등 방어가 철저한 바이탈 파트(중요방어부분)의 장갑은 찢어지지 않았지만, 비장갑 부분에 반복적인 공격을 당해 물이 많이 들어와 부력을 잃어 침몰했다.

시부야해에서 미국 공격대의 집중공격을 받는 무사시. 무사시는 미군의 맹공을 한몸에 받아 어뢰 20발, 폭탄 16발, 지근탄 20발 이상을 맞고 결국 전력을 다했다.

세계최강의 불침 전함으로 불리우며 일본 해군의 기대주였던 무사시는 항공 공격으로 허무하게 격침되었다. 항공지원이 없는 전함은 무력하다는 것을 다시 한번 증명하는 일이 되었지만, 한편으로 폭탄 16발, 어뢰 20발을 맞고도 무사시가 침몰하지 않았다는 점은 놀라우며 일본 건함 기술이 세계일류임을 증명한 셈이다.

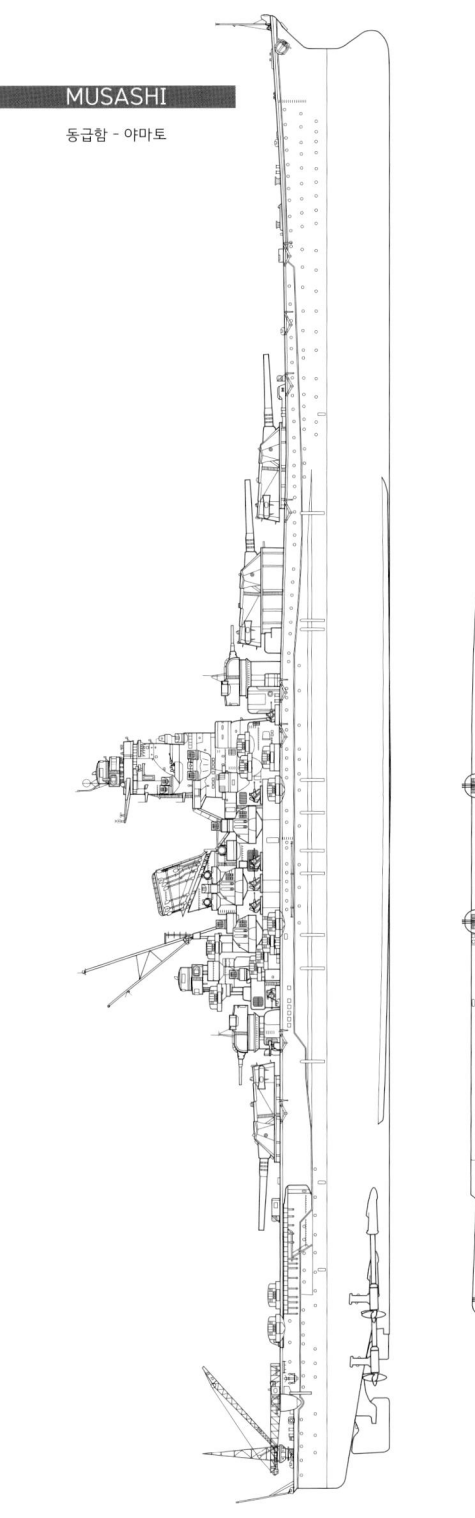

MUSASHI
동급함 - 야마토

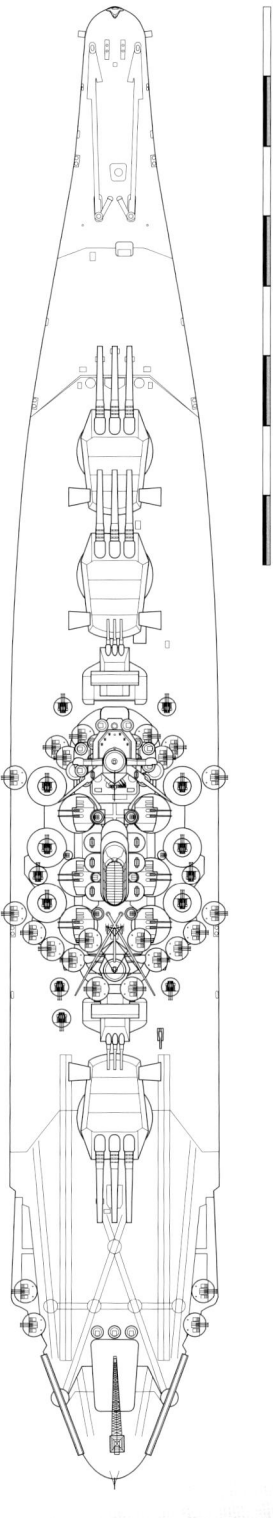

■ 무사시의 전함 이력
1938년 : 기공
1942년 : 준공
1943년 2월 : 연합함대 기함이 됨
1944년 6월 : 마리아나 해전 참가
1944년 10월 22일 : 레이테 해전참가
1944년 10월 24일 : 시부야해에서 미국 함재기 공격으로 침몰

■ 제원 전함 무사시(1944년 개장시)
기준 배수량 : 64,000t
길 이 : 263.0m
너 비 : 38.9m
흘 수 : 10.4m
출 력 : 150,000마력
속 력 : 27kn
항속거리 : 16kn/7,200해리
무 장 : 46cm 3연장 주포탑 3기, 15.5cm 3연장포 부포탑 2기, 12.7cm 연장고각포탑 6기, 25mm 3연장기총탑 35기, 25mm 단장기총탑 25기, 13mm 연장기총탑 2기, 수상정찰기 7대
장 갑 : 수선 410mm, 갑판 230mm, 주포탑 650mm, 사령탑 500mm
승무원 : 2,500명

무사시 (1944년)

전함 등장 주요 해전 ~ 태평양전쟁

① 진주만 공격
1941년 12월 8일(미국시간 7일)
일본 해군 항모 기동부대의 공격대가 하와이 오아후 섬의 진주만을 기습공격하고 미국 태평양함대 전함군에 괴멸적 타격을 주었다. 전함 애리조나, 오클라호마는 완전 손실. 네바다, 캘리포니아, 웨스트버지니아는 대파 착저, 그 뒤 인양되어 전선복귀했다. 그 외 전함 2척 대파, 1척 소파.

② 말레이 앞바다 해전
1941년 12월 10일
말레이 반도의 영국군을 지원하러 간 영국 전함 프린스 오브 웨일즈와 순양 전함 리펄스가 일본 해군의 육상공격대의 어뢰와 수평폭격으로 침몰했다.

③ 디에고 수아레즈[1] (Diego-Suárez) 습격
1942년 5월 31일
마다카스카르 섬의 디에고 수아레즈 항에 정박하고 있었던 영국 전함 라밀리즈(HMS Ramillies)가 일본 해군의 특수잠항정 <갑표적>의 뇌격을 맞고 대파. 복귀까지 1년이 걸렸다.

④ 과달카날 정신포격
1942년 10월 13일
공고와 하루나가 과달카날 섬의 헨더슨 비행장을 함포사격. 비행장의 미군 항공대 기능을 일시 마비시켰다.

⑤ 제3차 솔로몬 해전·제1야전(夜戰)
1942년 11월 12일
히에이와 기리시마를 중심으로 한 정신 공격대가 비행장 포격을 위해 과달카날 근해에 돌입. 매복해 있던 미국 순양함대와 야전으로 순양함 2척, 구축함 4척을 격침하고 순양함 2척 구축함 3척을 대파하지만 히에이는 대파되어 자침했다.

⑥ 제3차 솔로몬 해전·제2야전
1942년 11월 14일
기리시마가 인솔한 공격대가 비행장포격을 위해 과달카날 근해에 돌입하고 매복해 있던 미국 함대와 야전이 발생. 기리시마는 중순양함과 함께 전함 사우스다코타에 피해를 주었지만 전함 워싱턴의 포격을 받아 침몰한다.

⑦ 시부야해 해전
1944년 10월 24일
전함 야마토, 무사시, 나가토, 공고, 하루나 등을 중심으로 하는 구리다 함대는 레이테 만으로 돌입하기 위해 행동을 개시. 그러나 시부야해에서 무사시가 미국 함재기의 맹공을 한 몸에 받아 침몰. 야마토, 나가토, 공고, 하루나는 거의 피해를 입지 않았다.

⑧ 수리가오 해협 해전
1944년 10월 25일
니시무라 함대의 전함 후소와 야마시로가 수리가오 해협에서 레이테 만으로 돌입을 시도했지만 미 전함 메릴랜드, 미시시피, 테네시, 펜실베이니아, 웨스트버지니아, 캘리포니아를 중심으로 한 미국 함대의 포격·뇌격을 받아 침몰했다.

⑨ 엥가노 곶 해전
1944년 10월 25일
항모 즈이카쿠를 중심으로 한 오자와 함대가 미끼가 되어 미국 기동부대의 공격을 유도했다. 호위하던 항공전함 이세와 휴우가는 적기 다수를 격추했지만 오자와 함대의 항모는 전멸했다.

⑩ 사마르 해전
1944년 10월 25일
야마토, 나가토, 공고, 하루나를 중심으로 한 구리다 함대가 사마르 앞에서 미국 호위항모군과 조우. 호위항모 갬비어 베이 외 구축함 3척을 격침하지만 중순양함 3척이 침몰했다

⑪ 공고 침몰
1944년 11월 21일
필리핀에서 일본으로 귀환하던 공고가 대만 해협에서 미국 잠수함 시 라이온에게 뇌격을 맞아 침몰했다.

⑫ 북호작전
1945년 2월
항공전함 이세와 휴우가, 물자를 탑재하고 싱가폴에서 구레로 무사 귀환. 전역이 미 해군의 제해권이던 동남아시아를 강행 돌파하는 작전이었다.

⑬ 야마토 특공(기쿠스이 1호 작전[2])
1945년 4월 6일
야마토를 기함으로 하는 제2함대. 오키나와 앞바다의 미국 함대격멸을 도모한 수상특공을 강행. 그러나 도중에 보우노곶 앞바다(坊ノ岬沖)에서 미국 함재기 수백 대의 맹공을 받아, 야마토는 어뢰 10발, 폭탄 수십발을 맞아 침몰한다.

⑭ 구레 군항 폭격
1945년 7월 24일, 28일
구레 군항이 미 해군 기동부대의 대폭격을 당해, 그때까지 잔존했던 전함 하루나, 이세, 휴우가가 대파 착저. 일본 전함 중에서 건재한 함은 나가토 뿐이었다.

⑮ 일본 본토 함포사격
1945년 7월, 8월
미국, 영국의 전함군이 일본 각지 도시에 함포사격을 가했다.

⑯ 펜실베이니아 대파
1945년 8월 12일
미국 전함 펜실베이니아, 오키나와에서 일본기의 어뢰공격을 받아 대파

---

1 Diego-Suárez는 현재의 마다카스카의 북쪽에 위치한 안트시라나나(Antsiranana)

2 菊水一号作戰은 沖縄作戰(오키나와 작전)의 일부이다

독일·프랑스·이탈리아 전함

글 세토 도시하루 그림 고가 슈토

☞ 독일 전함

제1차 세계대전에서 영국 해군에게 굴복한 독일 해군은, 패전 후에 크게 전력제한을 강요받았다. 그 제한 중에서 건조된 것이 도이칠란트Deutschland급이었다.

'포켓 전함'이라 불린 이 전함은, 실제로는 중순양함 정도의 능력을 가지고 있었지만 통상파괴함으로서는 충분한 성능을 갖추고 있었다. 그 뒤 재군비선언 후에 건조한 것이 순양전함 샤른호르스트급으로, 무장이 약한 대신 속도와 방어력이 우수했고, 제2차 세계대전에서는 독일 해군의 주력으로서 활약했다.

그리고 마지막으로 준공한 것이, 거대전함 비스마르크급이다. 이 급의 성능은 최신예 영국 전함보다도 우수해서 영국 해군을 떨게 했지만, 언제나 영국군에게 행동을 감시당해서 결국 기대한 만큼의 전과를 올릴 수는 없었다.

☞ 프랑스 전함

제2차 세계대전에 참전한 프랑스 해군 전함은, 쿠르베Courbet급, 브르타뉴Bretagne급의 구식전함과, 1930년대에 건조된 됭케르크Dunkirk, 리슐리외Richelieu급의 4개급이었다. 신형 전함은 속도와 방어력을 중시한 알찬 설계로 독일 전함에 전혀 기죽지 않는 성능이었다. 그러나 프랑스가 독일에 항복하자, 신·구의 많은 전함이 연합군에 격침되거나 자침당하는 등 비참한 최후를 맞았다.

☞ 이탈리아 전함

제2차대전의 이탈리아 해군 전함은 구식의 콘테 디 카보우르Conte di Cavour, 카이오 두일리오Caio Duilio급과 신형의 리토리오Littorio급이었다.

구식 전함은 전쟁 기간 중에 크게 개장되어 같은 급의 라이벌인 프랑스의 구식전함과 비교하면 높은 전투력을 가지고 있었다. 또 리토리오급도 신기술을 많이 투입한 기대의 전함이었다. 그러나 지중해의 주적이었던 노련한 영국 해군 앞에서는 손도 써보지 못한 채 차례대로 전투불능 상태가 되었다.

(글/편집부)

제4장

도이칠란트급
샤른호르스트급
비스마르크급
슐레스비히 홀슈타인급
쿠르베급
브르타뉴급

됭케르크
리슐리외급
콘테 디 카보우르급
카이오 두일리오급
리토리오급

독일해군  KM

통상파괴용으로 건조된 '포켓 전함'
도이칠란트급 장갑함

제1차 세계대전에 진 독일은 베르사이유 강화조약으로 해군 군비면에서 큰 제한을 받았다. 조약에서 보유를 인정받은 전함은 일본의 미카사같은 구식의 준노급함뿐 이었다. 구식전함을 폐기하고 새로운 전함을 건조하는 것은 인정받았지만 이 때도 새로운 전함의 크기는 배수량 1만 톤 이내라는 제약이 주어졌다.

독일 해군은 1920년대에 여러가지 새로운 전함설계 계획을 세웠다. 주포는 38cm 포 4문에서 28cm 포 6문까지, 속력은 18kn에서 32kn까지, 수선장갑띠의 두께는 100mm에서 250mm까지 사이에서 여러가지 검토를 되풀이 했지만 노급전함에 대항가능한 전함을 만드는 것은 도저히 불가능했다. 따라서 결국 중무장저속의 연안 방어함과 경방어고속의 외양함 둘 중에 선택을 강요받게 되었다.

독일 해군은 연합군의 간섭을 두려워하여 주포 구경을 구식함과 같은 28cm로 하고, 속력과 항속력이 우수한 통상파괴함을 건조하는 길을 선택했다. 이것이 속칭 '포켓전함'으로 알려진 도이칠란트급이다. 포켓전함의 콘셉은 한마디로 "빠른 적보다 강하게, 강한 적보다 빠르게"라고 할 수 있다. 여기서 '빠른 적보다 강하게'는 순양함을 격퇴할 수 있는 무장을, '강한 적보다 빠르게'는 전함의 추격을 따돌릴 수 있는 스피드를 의미하고 있다. 1928년 독일 해군은 1만 톤의 배수량으로 28cm 주포 6문과 15cm 부포 8문을 탑재하고 26kn의 스피드를 내는 도이칠란트를 기공하는 것으로 이 콘셉의 실현성공을 세계에 알렸다.

전간기의 열강 해군은 군축조약 제한을 받고 있어서 속력과 무장이 우수한 전함이나 중순양함을 건조하는 것이 불가능했다. 그래서 포켓 전함은 군축조약의 틈새를 교묘하게 이용한 설계였던 것이다. 포켓 전함을 포착하여 추격 파괴 가능한 전함은 영국에 3척, 일본에 4척 밖에 없는 순양전함뿐이었다.

도이칠란트의 성공은 대형 디젤기관, 그리고 중량경감에 효과가 높은 신기술인 전기용접의 성과, 장갑 두께를 희생하여 높아진 배수량에서 유래했다. 디젤기관을 채용한 결과 항속거리 1만 해리의 장거리를 자랑하게 되어 이것이 이후 통상파괴전에 종사할 때에 도움이 되었다.

장갑함이라는 호칭이 붙여졌지만 실제로 장갑은 수선장갑띠 두께 60mm로 실제 방어력은 중순양함 정도 밖에 되지 않았다. 따라서 장갑함이라는 호칭은 어느 정도는 거짓말로서, 선전적인 의미도 포함되어 있었다.

종합적으로 볼 때 도이칠란트의 성능은 1930년대 초반에 통상파괴함으로 분류되며, 발트해에서는 타국의 방어전함과 대등 이상으로 싸울 수 있는 전함이었다.

1933년에 구식전함 프로이센을 대체하는 도이칠란트가 준공된 것을 시작으로 1934년에는 로렌의 대체함인 아드미랄 쉐어 Admiral Scheer, 1936년에 브라운슈바이크 Braunschweig의 대체함인 아드미랄 그라프 쉬페 Admiral Graf Spee가 준공되어 합 3척이 건조되었다. 동급함이라고는 하지만 도이칠란트에서 봉모양 이었던 함교구조물이 쉐어와 쉬페에서는 탑 모양이 되었다. 쉐어와 쉬페의 함폭이 도이칠란트보다 1m넓은 등 세부도 달랐다.

특히 쉬페는 장갑을 60mm에서 80mm로 두껍게 하거나 방어갑판을 넓히거나 해서 배수량이 1만 2,100톤으로 늘어났지만, 공식 배수량은 태연하게 1만 톤으로 되어있었다.

제2차 세계대전이 발발한 때에는 쉬페와 도이칠란트가 전투가능한 상태여서 두 함 모두 곧바로 통상파괴임무에 투입되었다. 특히 쉬페는 남대서양에서 인도양에 걸쳐서 9척의 상선을 격침하는 활약을 했다. 그 뒤 라플라타 강 하구에서 영국 순양함대와 싸운 뒤 중립

아드미랄 그라프 쉬페의 함미. 후부28cm 포탑, 어뢰발사관, 수상기등이 보인다. 함명의 유래는 제1차 세계대전 때의 제독 막시밀리안 그라프 폰 쉬페(Maximilian Graf von Spee) 백작

상공에서 본 도이칠란트. '포켓전함'이라고는 하지만 실제로는 중순양함에 가까운 군함이었다. 실제 1940년에는 중순양함으로 함종이 변경되었다.

국 우루과이의 몬테비데오항에서 자침하는 극적인 최후를 맞이했다. 전쟁 후에는 영화로까지 만들어 질 정도였다.

도이칠란트는 고장 등의 불운을 만나면서도 노르웨이 공략작전과 통상파괴작전에 종사했다. 그리고 도이칠란트는 노르웨이 작전 직전에 '독일'의 이름이 주어진 배가 침몰하면 운수가 나쁘다는 이유로 뤼초우Lützow로 개명되었다.

쉐어도 통상파괴작전과 북해의 대 소련 원조선단공격에서 쉬페 이상으로 활약했다. 1940년 11월부터 1941년 3월에 걸친 대서양~인도양 전투항해에서는 연합국측의 상선 17척을 격침하는 통상파괴전과를 올려 명성을 날렸다.

그리고 뤼초우, 쉐어의 2함은 종전 때가 되어도, 공습으로 파괴될 때까지 동부전선의 육군부대에 지원포격 등의 전투를 계속했다.

아드미랄 쉐어(앞)과 도이칠란트. 동급함이라고는 해도 함교 모습은 전혀 다르다. 쉐어의 함명은 제1차 세계대전 때의 독일 해군 제독 라인하르트 쉐어에 유래한다

■ 도이칠란트의 전함 이력
1929년 : 기공
1933년 : 준공
1936년 : 스페인 내전에 출동
1939년 9월~11일 : 제2차 세계대전 발발, 통상파괴전 종사
1940년 4월 : '뤼초우'로 개명
　　　　　　노르웨이 공략 작전에 참가
1942년 7월 : 좌초
1942년 12월 : 소련 원조선단공격(무지개 작전)
1944년 8월 : 발트해에서 육군지원 개시
1945년 4월 : 영국 공군기의 공격으로 대파
1945년 5월 : 승무원에 의해 파괴

■ 제원 장갑함 도이칠란트
기준 배수량 : 12,477t
길　　이 : 186m
너　　비 : 12.7m
홀　　수 : 7.25m
출　　력 : 55,400마력
속　　력 : 26kn
항속거리 : 20kn/11,000해리
무　　장 : 28cm 3연장주포탑 2기, 15cm단장포탑 8기, 8.8cm
　　　　　연장고각포탑 3기, 3.7cm연장고각포탑 4기, 20mm
　　　　　단장기총탑 10기, 53.3cm 4연장어뢰발사관탑 2기,
　　　　　수상정찰기 2대
장　　갑 : 수선 60mm, 갑판 40mm,
　　　　　주포탑전면 140mm, 사령탑 150mm
승무원 : 1,070명

DEUTSCHLAND CLASS

동급함 - 도이칠란트(뤼초우)
아드미랄·쉐어, 아드미랄·그라프·쉬페

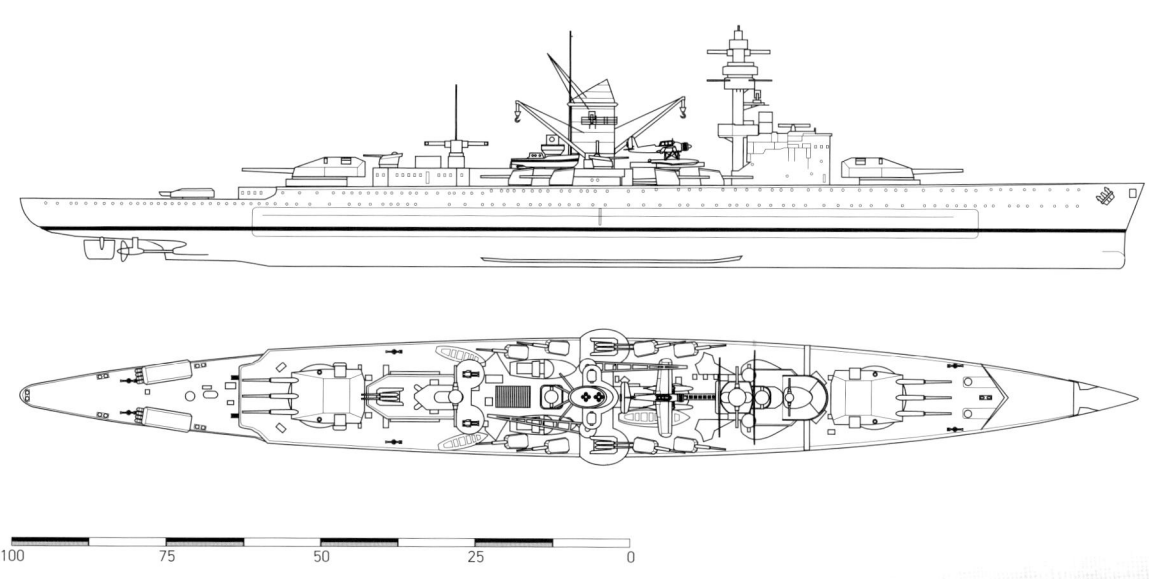

뤼초우 (1942년)

독일 해군 주력으로 동분서주한 순양전함 자매
샤른호르스트급 전함

1935년 독일은 재군비를 선언했고, 이로써 독일 해군은 함정설계에 제약을 주던 베르사이유 조약에서 탈퇴할 수 있게 되었다. 독일 해군은 원래 포켓전함의 4번함을 설계했지만 재군비선언을 기회로 대형화를 시도했다. 이것이 샤른호르스트급이다. 샤른호르스트급은 고속성능을 보면 순양전함으로 취급되는 것이 맞지만 독일 해군의 분류에서는 전함으로 되어있다.

이 급은 프랑스 해군의 됭케르크급 순양전함에 대항하는 존재로 계획되었다. 설계 시작당초에는 배수량이 1만 9,000톤이 될 예정이었지만 필요한 성능을 포함시킨 결과 2만 6,000톤까지 늘어났다. 1935년의 영·독 해군협정에서는 2만 6,000톤 전함으로 영국의 승인을 받았다. 그러나 설계를 변경하는 동안에 다시 3만 2,000톤 가까이까지 배수량이 증가해버렸지만 이것은 비밀에 부쳐졌다.

샤른호르스트급의 주포는 포켓전함 이래의 28cm 포였다. 그러나 같은 구경이라도 포신길이가 60cm 늘어났기 때문에 위력은 약간 위였다. 조약의 제약이 없어졌기 때문에 처음에는 38cm 포 탑재를 검토했다. 그러나 이 포가 1940년에야 완성될 예정이었기 때문에 부랴부랴 28cm 포를 선택, 주포 구경은 28cm가 되었다. 38cm 포로의 교체설계안도 있었지만 전쟁발발로 주포교체는 실현할 수 없었다. 결국 주포 구경을 28cm로 억제했기 때문에, 독일 해군은 이 급의 공격력을 불안하게 생각했고, 이는 영국 전함과의 대전에서 심리적인 구속이 되었다. 또 전함으로서는 드문 수상어뢰발사관을 장비한 것도 이 급의 특징일 것이다.

방어면에서는 수선장갑띠 두께 350mm의 장갑을 가지는 등 주요부분은 38cm 내탄방어에 가깝지만 설계에서 전체 장갑을 희생했기 때문에 장갑중량은 독일 전함치고는 적은 편이었다.

장갑의 희생과 초고압증기기관의 채용으로 스피드면에서는 31kn의 고속을 발휘했다. 그것은 좋았지만 이 기관의 개발로 인해 건조가 늦어졌다. 또 이 초고압기관이 때때로 터빈기관의 파손을 일으켜 작전행동에 지장을 초래하게 되었다. 설계변경으로 중량증대는 건현[1]의 저하를 초래하여 능파성을 저하시켰다. 그 때문에 1939년에 이 급은 2척 전부 함수형상을 바꿔 능파성 개선에 힘썼다. 이 급은 이 같은 결점이 많아, 꼭 성공작이라고

---
[1] 乾舷: 짐을 가득 실었을 때, 배의 선체 옆면 중앙부 수선에서 상갑판까지의 수직거리

는 볼 수 없었다.

항속이 1만 해리로 길고, 주포가 28cm 포였던 것을 감안하면 이 급이 고속성을 이용하여 적 전함과의 교전은 기피하고, 적 상선을 주로 공격하는 통상파괴함으로서 유용했던 것을 알 수 있다. 그러나 프랑스의 됭케르크에 대항할 것을 고려한다면 단순히 통상파괴만 목적으로 한 배라고만은 할 수 없을 것이다. 다음에 언급될 비스마르크급과 상대가 되는 순양전함으로서의 역할도 가지고 있다고 생각된다.

샤른호르스트는 1939년, 그나이제나우는 1938년에 완성되어 제2차 세계대전 발발때에 독일 해군의 최신 주력함이었다.

2척의 첫 출진은 1939년의 11월로 이때는 아이슬란드 남방에 진출하여 가장순양함(무장상선)을 격침했다.

이어서 1940년 4월에는 노르웨이 공략작전에 참가. 순양전함 리나운과 교전

1939년 발트해에서 공시중의 샤른호르스트. 가지런한 스타일로 세계에서 가장 아름다운 전함이라 불려졌던 적도 있었다. 함명은 나폴레옹 전쟁중의 장군 게르하르트 폰 샤른호르스트에 유래한다.

1939년 그나이제나우. 그나이제나우는 샤른호르스트보다 빠른 1938년에 준공했다. 함명의 유래는 나폴레옹 전쟁 중의 아우구스트 나이트하르트 폰 그나이제나우 장군에 유래한다.

하고 구축함과 항모 글로리어스HMS Glorious를 격침하는 전과를 올렸다.

12월에는 대서양에 출격. 1941년 1월에는 재차 대서양에 출격하여 2개월간에 걸쳐 22척의 적함을 격침했다. 그러나 독일 해군은 적주력함과 적극적인 교전을 피하도록 지시를 내렸기 때문에 선단을 호위하는 전함이 영국 해군의 R급 처럼 하위여도 공격을 중지하고 후퇴했다.

통상파괴작전을 끝낸 2척은 독일 점령하의 프랑스 브레스트항에 들어가 정비한 다음 이곳을 기점으로 재차 통상 파괴임무에 종사할 예정이었다. 그러나 브레스트는 영국공군의 공격권 내에 있어 때때로 공습에 노출되어 두 함 모두 피해가 생기게 되었다. 따라서 독일 해군은 대형함의 브레스트 탈출을 결정했다. 1942년 2월 이 급 2척과 중순양함 프린츠 오이겐Prinz Eugen은 구축함 6척과 함께 영·프 해협의 가장 좁은 부분을 통과하는 중요한 작전에 기적적으로 성공했다. 이 급 2척은 프린츠 오이겐과 함께 독일로 귀환했다.

그러나 독일도 결코 안전하지 않았다. 그나이제나우는 공습으로 화약고가 폭발하여 대파하고 주포는 인양되어 육상 포대의 대포로 전환되었다. 일단은 수리할 기회로 삼아 38cm 포로 교환될 예정이었지만, 전함효과를 의문시하는 히틀러의 명령으로 이 계획 마저 1943년 1월에 중지되어 그 후 자침처분되었다. 남은 샤른호르스트는 1943년 12월 북해에서 선단공격을 위해 출격하였지만 전함 듀크 오브 요크를 포함한 영국 해군 전대에 포착되어 교전을 벌였다. 전투 시작 얼마 뒤 레이더가 파손되어 사용불능이 되었고, 이렇게 일방적으로 불리한 조건에서 용감하게 싸우다가 모습을 감추었다.

이 노르곶 앞바다 해전에서 샤른호르스트는 강인한 방어력을 발휘하여 주포탄을 거의 다 써버릴 때까지 싸웠다고 전해진다.

1940년 6월 영국 항모 글로리어스에 공격을 하는 샤른호르스트

■ 제원 전함 샤른호르스트
기준 배수량 : 31,850t
길 이 : 230m
너 비 : 30.0m
흘 수 : 9.91m
출 력 : 160,000마력
속 력 : 31kn
항속거리 : 17kn/10,000해리
무 장 : 28.3cm 3연장주포탑 3기, 15cm연장포탑 4기, 15cm단장포탑 4기, 10.5cm연장고각포탑 7기, 3.7cm 연장고각포탑 8기, 20mm단장기총탑 10기, 53.3cm 3연장어뢰발사관탑 2기, 수상정찰기 4대
장 갑 : 수선 350mm, 갑판 105mm, 주포탑 360mm, 사령탑 350mm
승무원 : 1,669명

■ 샤른호르스트의 전함 이력
1934년 : 기공
1939년 : 준공
1939년 11월 : 가장순양함 라왈핀디(Rawalpindi) 격침
1940년 4월 : 노르웨이 공략 작전에 참가
1940년 6월 : 항모 글로리어스 격침
1940년 10월~1941년 3월 : 통상파괴전, 브레스트입항
1942년 2월 : 영·프 해협 돌파(채널 대쉬)
1943년 12월 : 영국 함대와 교전, 침몰(노르곶 앞바다해전)

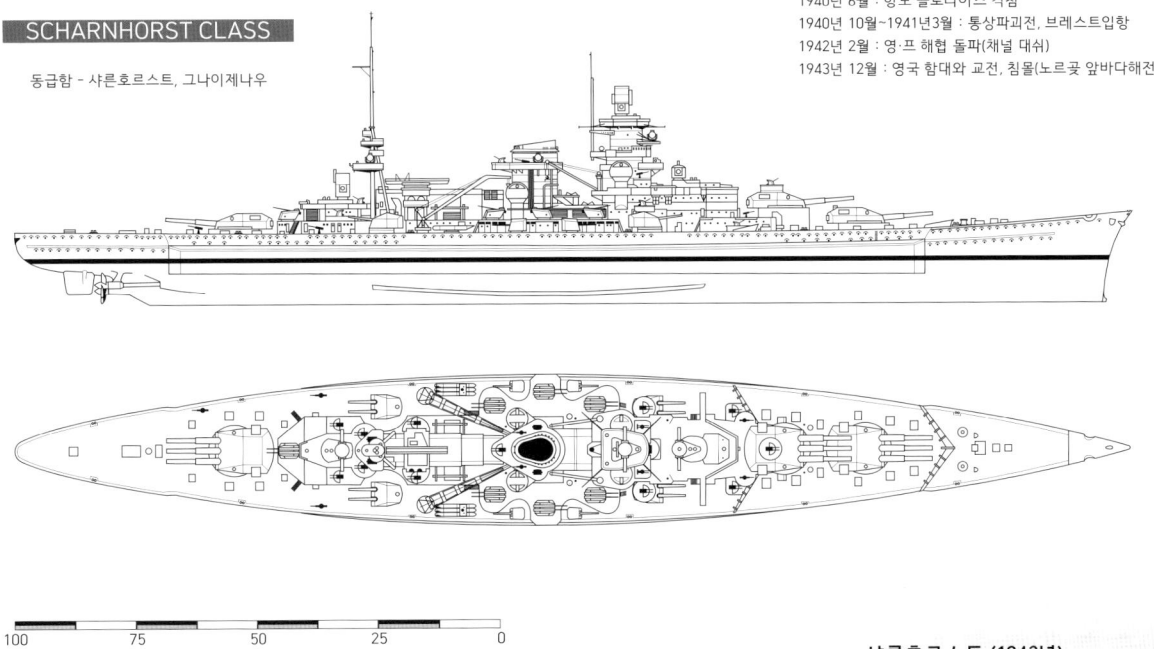

SCHARNHORST CLASS

동급함 - 샤른호르스트, 그나이제나우

샤른호르스트 (1943년)

비스마르크급 전함

영국 해군을 떨게 만든 유럽 최대 전함

KM 독일해군

비스마르크급은 기준배수량 4만 2,000톤, 길이 251m, 폭 36m의 거함으로 특히 폭은 세계 최대 전함 야마토보다 2m 작을 뿐이었다. 이것은 워싱턴 조약 이후의 군축조약을 위반하는 것이었다.

독일 해군은 1932년부터 본격적인 전함설계를 시작했지만 가상 적인 프랑스 해군의 신형전함은 조약의 제한 범위내에서 건조될 것이라 생각했다. 그 결과 조약에서 정한 배수량 3만 5,000톤에서 역산해 보면 프랑스 전함의 주포 구경은 38cm가 한계라고 가정했다.

1935년에 독일은 재군비선언을 하고 베르사이유 조약을 파기했지만 같은 연도에 체결된 영·독 해군 협정을 통해 배수량 3만 5,000톤, 주포구경은 16인치(40.6cm)까지의 전함을 건조할 수 있도록 정해졌다. 독일 해군의 주포선정에는 타국과의 관계 및 포의 개발상황이 밀접하게 얽혀 있었다.

비스마르크는 주포로 38cm 47구경장 포를 채택했으므로, 주포 구경은 조약을 엄수했지만 충

포구초속이 빠른 38cm 포 8문과 강인한 방어력, 충분한 속력으로, 리토리오(Littorio), 리슐리외(Richelieu)와 함께 유럽 최강전함의 일부로 다루어진 비스마르크

공시중의 비스마르크. 비스마르크의 함명은 19세기의 대정치가 오토 폰 비스마르크에서 유래한다.

1941년 여름 발트해에서 공시중의 티르피츠. 함명은 제1차 세계대전 때의 해군대신 알프레드 폰 티르피츠에 유래한다.

분한 방어력을 가진 결과 배수량은 6,000톤 이상이나 초과했다. 당연히 실제 배수량이 공표된 일은 없었고, 배수량 초과 사실이 명백히 밝혀진 것은 전쟁 후의 일이었다.

비스마르크는 일본의 야마토와 미국의 아이오와가 준공될 때까지, 세계 최대의 전함이었다. 거꾸로 말하면 미·일의 전함도 군축조약 위반이었던 것이다(그러나 군축조약은 벌써 무효화 되었다.) 군축조약의 규정에 맞춰 가며 40cm 포를 탑재하고 공격과 방어의 발란스가 이루어진 전함을 설계하는 데는 큰 무리가 따랐다. 군축조약을 준수하며 만들어진 킹 조지 5세급과 비스마르크급 간에 성능 차이가 나는 이유가 바로 이것이다. 제2차 세계대전 때의 신형전함의 성능차에는 조약의 존재가 관련되어 있어서 이를 무시하고 각국의 전함 카탈로그 데이터 만을 비교하는 것은 별 의미가 없다.

1935년도 계획의 비스마르크는 38cm 포(비스마르크의 38cm 포와는 다른 것)을 탑재한 제1차 세계대전의 전함 바이에른Bayern급을 타입쉽(기준함)으로 삼아 설계되었다. 그것만으로도 설계는 전통적인 것으로 특히 방어는 제1차 세계대전 이래의 검증된 것이었다.

주포의 38cm 포는 연장포탑 4기로 정하였고, 여러나라가 채용한 3연장포탑과 4연장포탑은 채용하지 않았다. 주포앙각도 35도여서 최대사정거리는 3만 6,200m

로 그다지 길지는 않아서, 긴 사정거리와 대구경을 추구한 일본 해군과는 대조적이었다. 이것은 악천후가 많은 독일 근해와 광대한 태평양이라는 독일과 일본의 예상 전장의 차이 때문일 것이다.

주포구경은 38cm로, 제2차 세계대전의 신형전함 치고는 작은 편이었지만 독일 해군은 주포의 구경증대뿐 아니라 포신 구경장의 증가와 약실의 증대를 통한 주포의 위력강화를 추구했다.

그 결과 같은 구경이라도 독일 해군의 주포는 탄환의 포구속도가 빠르고 장갑관통능력과 명중률이 높은 점을 간과할 수 없다.

또 제1차 세계대전 이전보다 방어력을 중시해 무장중량을 절약하고, 그 중량을 방어로 돌린 것, 그리고 탄환의 발사간격을 작게해서(그 때문에 독일 해군은 함포탄에도 전차포탄처럼 금속제 탄피를 채용했다) 단위시간내의 명중탄 수를 높이는 것을 중시했다. 뛰어난 광학기술을 접목한 정교한 광학식 측원기, 조준장치도 명중률의 향상에 공헌했다. 순양전함 후드를 사격개시 후 곧바로 격침한 것은 좋은 예일 것이다. 그러나 레이더 개발은 기술적으로 늦어버려 제2차 세계대전 후반에는 그 우위에 먹구름이 끼게 되었다.

어쨌든 타국이 채용한 40cm 포에 비해 38cm 포가 불리하다고 단순하게 평가를 내린다면 그것은 큰 착각이라 말할 수 있다.

전통적인 독일 전함은 강인한 방어력이 특징으로, 비스마르크도 예외는 아니었다. 이 급의 경우 배수량에서 장갑중량의 비율은 39%로 굉장히 높다. 강한 방어력으로 알려진 야마토도 33%에 불과했다. 야마토는 중요부분만 엄중하게 방어하는 집중방어방식을 바탕으로 디자인 된 것에 반해서 이 급은 기본적으로 광범위한 방어를 추구했기 때문에 이것이 장갑중량비의 차로 나타났다.

비스마르크의 장갑은 아주 두껍지는 않았다. 수선장갑띠는 320mm, 방어갑판은 최대 120mm였다. 이것은 타입 쉽인 바이에른보다 약간 작은 두께였지만 장갑판에는 새로운 보탄 강철이라는 니켈 크롬 몰리브덴 강판을 채용했기 때문에 장갑이 얇아도 방어력이 저하될 일이 없다.

제1차 세계대전에서는 원거리포전시 큰 각도로 낙하하는 포탄이 분명한 위협으로 부각되었다. 또한 전후 항공공격의 위력도 계속 높아졌다. 그러나 비스마르크급은 바이에른급에서 최대 80mm 두께였던 방어갑판 장갑을 40mm나 더 늘렸으므로 이러한 종류의 공격에 대한 대한 방어력이 충실했다.

타국의 전함과 비교해보자. 수선장갑띠 410mm, 방어갑판 230mm인 야마토보다 장갑이 얇은 것은 배수량이 2만톤이나 적기 때문에 어쩔 수 없다. 또한 라이벌인 프랑스 전함 리슐리외의 수선장갑띠 330mm, 방어갑판 150mm, 영국의 킹 조지 5세의 수선장갑띠 381mm, 방어갑판 152mm와 비교해도 두꺼운 편은 아니다.

방어도 바이에른 이래의 방법을 이어받아

티르피츠의 38cm 포가 불을 뿜는다. 비스마르크급의 38cm 포는 장포신 포이기 때문에 관통력 등이 우수했다.

1940년 5월 비스마르크를 사열하는 히틀러

라인 연습작전 때 프린스 오브 웨일즈를 향해 포격하는 비스마르크

공시 중의 티르피츠. 샤른호르스트급과 전체적인 실루엣이 비슷하다.

노르웨이 나르빅 부근의 바다, 보겐(Vågen)에 정박하고 있는 티르피츠

라인연습작전(비스마르크 추격전)의 해전도. 프린스 오브 웨일즈를 격파, 후드를 격침하는 등 아수라처럼 싸웠던 비스마르크였지만 영국 본국함대의 총력을 다한 공격으로 침몰했다.

노르웨이의 피요르드에서의 티르피츠. 티르피츠는 1944년까지 피요르드에 숨어서 연합군에게 계속 위협을 주었다.

수중방어를 중시하여 직접방어로서는 수선 밑까지 50mm 두께의 장갑으로 커버하고 있었다. 이것은 수중방어에 따른 직접방어를 벌지에만 의존하는 영국 전함보다는 우수했지만 이탈리아의 프리에제 원통방식¹처럼 앞선 발상은 받아들여지지 않았다.

경사장갑을 채용하지도 않았고 일본의 야마토처럼 두꺼운 장갑을 함저까지 장착하거나 미국 아이오와의 얇은 장갑판을 3층으로 배치한 다층방어 등을 실시하지도 않았으므로 철저한 수중방어대책은 한발 늦은 감이 있다.

이 차이는 제1차 세계대전, 특히 유틀란트 해전에서 방어면에서 성공한 덕택에 자신들의 방어방법에 자신을 가진 독일 해군과, 함대결전을 매우 중시하여 유틀란트 해전의 전훈을 필사적으로 해석, 수중탄의 효과와 어뢰의 위력에 큰 위협을 느껴 대응책 마련에 바빴던 미·일 해군과의 큰 차이점이었다.

이 급의 방어는 장갑 두께로 볼 때 40cm 포탄에 대한 방어력 및 어뢰에 대한 수중방어력을 확보하고 항공폭격에도 유효한 방어를 했다고 말할 수 있을 것이다. 또 제2차 세계대전에서는 미 해군에게 앞지르기를 당했다고는 해도 제1차 세계대전 기간에 타국보다 먼저 개발한 데미지 컨트롤기술이 우수한 방어력을 보증했다고 말할 수 있다.

비스마르크는 증기 터빈기관을 채용하여 최고속력은 29kn, 항속거리는 16kn로 항행시 9,280해리였다. 속력이 다른 나라의 고속전함과 같은 수준인데다, 항속거리도 길기 때문에 통상파괴를 목적으로 한 전함으로 평가되기도 한다. 하지만 독일 해군이 대영국전을 고려한 함대정비계획인 Z계획에서부터 통상파괴 중시 계획을 버리고 좋은 밸런스를 가진 대양함대 장비를 선택한 점을 감안하면 꼭 통상파괴전함의 건조를 의도했다고는 단정지을 수 없다.

1만 해리 가까운 항속거리는 미·일·영의 전함에 비하면 그리 길다고 볼 수 없다. 다만 기술혁신의 결과로 항속거리에도 신경쓴 전함을 완성했다고 평가할 정도이고 통상파괴를 위한 배려는 부차적인 것이었다. 그러나 부차적이라고는 해도 긴 항속거리를 가지고 있었기 때문에 이 급은 통상파괴함으로서도 유용했던 것은 틀림없다.

이 급은 제1차 세계대전 종료 후에 독일이 건조한 최초이며 최후의 본격적인 전함이었다. 또한 Z계획의 주력인 H급 전함건조를 위한 습작이며, 독일의 전통적인 설계사상을 바탕으로 만들어진 함이라고 볼 수 있다. 방어에 탁월했던 독일 전함의 전통을 살려 가벼움에 강력함을 결합한 전함으로 방어력에 비해서는 무겁지 않았다.

비스마르크는 1940년에 준공되어 숙달훈련을 끝낸 1941년 5월 중순양함 프린스 오이겐과 함께 통상파괴작전 '라인연습작전'에 투입되었다. 비스마르크는 이 작전에서 순양전함 후드를 격침하고 전함 프린스 오브 웨일즈를 중파한 뒤 영국 함대의 집요한 추격 속에 격침되었다. 이때 비스마르크는 뇌격기의 공격으로 키를 파손당했는데, 이것이 격침의 원인이 되었다. 이는 전함의 장래에 어두운 그림자를 드리운 일이었다.

1941년에 준공된 티르피츠는 대서양

---

1 frieze, 수선장갑띠 내부를 따라 이중 원통을 줄지어 설치, 외부 원통과 내부 원통 사이에는 액체를 채우고 내부 원통 속은 비워두어 어뢰에 피격되었을 시의 방어력을 높이는 방식, 창안자인 이탈리아 체독 프리에제의 이름에서 유래되었다.

의 통상파괴작전에 출격할 기회도 없었으므로, 노르웨이에 파견되어 소련 원조 선단을 견제했다. 1942년에 들어 연료사정이 악화되어 출격기회가 줄어들었다. 같은 해 3월에 PQ12 선단 공격에 참가, 영국 항모함재기의 공격을 받았지만 대공포화로 이것을 피했다. 티르피츠의 존재는 큰 위협이 되었고, 7월에는 PQ17 선단이 해산하는 계기가 되어, 연합국에 큰 손해를 주기도 했다.

티르피츠의 존재 자체만으로도 위협을 느낀 영국 해군은, 피요르드 속에 숨은 이 전함에 항모 함재기를 이용한 공격, 잠수함을 이용한 공격, 중폭격기를 이용한 5톤 폭탄 공격 등 집요한 공격을 반복했다. 티르피츠는 항모 함재기의 폭격에는 버터내면서 강인한 방어력을 보였지만, 5톤 폭탄에는 버티지 못하고 결국 1944년 11월에 격침되었다.

BISMARCK CLASS

동급함 - 비스마르크, 티르피츠

■ **제원 전함 비스마르크**
기준 배수량 : 41,700t
길　이 : 251.0m
너　비 : 36.0m
흘　수 : 10.2m
출　력 : 138,000마력
속　력 : 29kn
항속거리 : 16kn/9,280해리
무　장 : 38㎝연장 주포탑 4기, 15㎝연장포탑 6기,
　　　　10.5㎝연장고각포탑8기, 3.7㎝연장고각포탑 8기,
　　　　20mm 4연장기총탑 4기, 수상정찰기 6대
장　갑 : 수선 320mm, 갑판 120mm,
　　　　주포탑 360mm, 사령탑 350mm
승무원 : 2,092명

■ **비스마르크의 전함 이력**
1936년 : 기공
1940년 8월 : 준공
1941년 5월 : 라인연습작전. 후드 격침.
　　　　　　프린스 오브 웨일즈를 격파한 뒤 격침당함.

비스마르크 (1941년)

독일해군 KM
슐레스비히 홀슈타인급 전함
노구를 채찍질하며 싸운 준노급 전함

19세기 말부터 해군전력증강을 목표로 한 독일 해군은 함대법을 제정하고 이를 기초로 전함건조를 추진했다. 슐레스비히 홀슈타인급 5척도 제2차 전대법의 제1기 증가대열분의 1903년도 및 1904년도에 계획되어 건조되었다. 이것은 시기적으로는 러일전쟁 직전 일본 해군이 보유한 전함이 6척인 것을 생각하면 의심할 여지없이 큰 폭의 증강이었다.

이 급은 준노급전함으로 분류되는 전함이었다. 준노급전함이란 주포탑을 다수 탑재하고 대전함용의 부포를 폐지한 영국의 드레드노트보다 낡은 설계사상을 기본으로 한 전함이라는 의미로, 준노급전함이라고 하면 크게 주포탑 2기 탑재, 따라서 주포는 4문이고 15~20cm 포 정도의 부포를 탑재하는 미카사 같은 전함을 말한다. 이것이 러일전쟁 당시의 전함의 기본적인 모델이었다.

설계적으로는 한 단계 전의 브라운슈바이크급 전함의 개량형으로 중량경감을 위해 부포를 포탑식에서 포곽(케이스메이트Casemate)식으로 한 것과 주포탑의 사격 범위를 넓힌 것 큰 개량점이었다.

2번함 이후에는 현측장갑도 15mm 늘어나고 방어력도 약간 강화되었다. 증기압력의 증가 등을 통해 중량증가에 따른 속력저하를 피하고 18kn의 속력을 유지했다. 그 중에서도 슐레스비히 홀슈타인은 공시 때에 19.5kn를 유지했다. 이 스피드는 레시프로 기관 탑재 전함으로서는 고속이라 말할 수 있다.

종래보다 진보한 설계를 갖춘 28cm 포 4문탑재, 속력 18kn의 이 급은 러일전쟁 당시에는 강력한 부류에 속하는 것이었다. 그러나 이 급의 건조중에 영국

1931년의 슐레스비히 홀슈타인. 제1차 세계대전 이전에 준공된 구식전함이었지만 28cm 포 4문은 후회없는 위력을 가지고 있었다.

해군이 30cm 연장포탑 5기를 탑재하고 신형 터빈기관의 채용으로 18kn의 속력을 내는 드레드노트를 건조했기 때문에 타국의 전함과 같은 슐레스비히 홀슈타인을 포함한 이 급 5척도 태어나면서부터 제2선급의 존재가 되어버렸다.

이후 독일 해군은 노급함 건조를 개시했기 때문에 이 급은 독일 해군이 건조한 최후의 준노급전함이 되었다.

태어나면서부터 2선이라고는 해도 이 급은 노급전함이 준비될 때까지 독일 대해함대의주력이었다. 1914년에 시작한 제1차 세계대전에서도 이 급은 한단계 전의 헤센Hessen급과 함께 제2전대를 편성하고 독일 대해함대에 편입되어있었다. 노급함이 전장의 주역이 된 제1차 세계대전에서는 힘이 부족했던 사실은 부정할 수 없었지만 그래도 영국 해군에 비해 전함전력이 부족했던 독일 해군은 이 급을 포함한 준노급전함을 전력으로 사용했다. 그러나 18kn의 이 급은 20kn의 노급전함보다 속력이 모자라 함대행동의 걸림돌이 되었다.

이 급은 영국, 독일 두 함대가 충돌한 1916년의 유틀란트해전에도 참가했지만 이 해전에서도 큰 활약 없이 오히려 동급함 포메라니아가 격침되었다.

그 때문에 이 급은 신형전함이 증가하여 승무원이 부족케 된 1917년 8월에는 전함 임무에서 제외되었고, 도이칠란트와 슐레스비히 홀슈타인은 무장을 철거하여 숙박함으로 쓰여졌을 정도였다.

제1차 세계대전에 패한 독일이 조인한 베르사이유 강화조약에는 해군 군비 제한에 관한 조항이 있었다. 독일 해군 함대의 부활을 두려워하는 연합국은 주력함으로 상비 6척과 예비2척의 준노급전함의 보유만 허용했다. 연합국은 독일 해군을 러일전쟁 수준에

1938년 파나마 운하를 통과중인 슐레지엔(Schlesien)

맞추려고 했던 것이다.

이렇게 해서 이 급 뒤에 하노버, 슐레지엔, 슐레스비히 홀슈타인의 3척도 현역에 복귀하게 되었다 준노급전함의 대체함인 포켓전함의 준공은 1930년대이기 때문에 1920년대의 바이마르 공화국 시대에서는 구식함 밖에 없었고 이 급이 최신 독일 해군 주력이었다. 1926년에는 슐레지엔과 슐레스비히 홀슈타인에 대해 전연돌의 집합연돌화와 부포와 어뢰발사관의 철거, 고각포 장비 등 작은 개장이 이루어졌다. 슐레스비히 홀슈타인은 부포를 15㎝ 45구경장 포로 교환하였다. 1930년대에는 하노버가 제적되어 남아있는 2척이 해군 확장에 대비해 연습함으로서 사용되었다.

제2차 세계대전에서 이 급을 본격적인 해군 작전에 사용하는 것은 불가능했지만 독일 해군에는 구식이라도 전함을 놀릴 여유는 없었다. 슐레스비히 홀슈타인은 서전의 폴란드전에서 지상포격에 이용되어 전쟁의 첫 선을 끊었던 군함이 되었다. 이후에도 발트해에서 1945년 3월 슐레스비히 홀슈타인이, 1945년 5월에 슐레지엔이 공격해 오는 소련군에 포획되는 것을 막기 위해 자침했다.

1930년경에 촬영된 독일 구식전함들. 왼쪽이 슐레지엔, 앞쪽이 슐레스비히 홀슈타인, 오른쪽 구석은 헤센

■ 슐레스비히 홀슈타인의 전함 이력
1904년 : 기공
1908년 : 준공
1916년 : 유틀란트 해전에 참가
1917년 : 숙박함이 됨
1926년 : 개장
1939년 9월 : 제2차 세계대전 개전, 폴란드의 단치히를 포격
1944년 12월 : 공습으로 화재가 일어남
1945년 3월 : 자침

■ 제원 전함 슐레스비히 홀슈타인
기준 배수량 : 13,191t
길　　이 : 127.6m
너　　비 : 22.2m
흘　　수 : 8.23m
출　　력 : 20,000마력
속　　력 : 18kn
항속거리 : 12kn/4,800해리
무　　장 : 28㎝ 연장주포탑 2기, 17㎝ 단장포탑 14기, 8.8㎝ 단장포탑 22기, 3.7㎝ 포탑 4기, 45㎝ 수중어뢰발사관 6문
장　　갑 : 수선 240mm, 갑판 67㎜, 주포탑전면 280mm, 사령탑 300mm
승무원 : 743명

SCHLESWIG-HOLSTEIN CLASS
동급함 - 슐레스비히 홀슈타인, 슐레지엔
(제2차 세계대전에 참전한 전함)

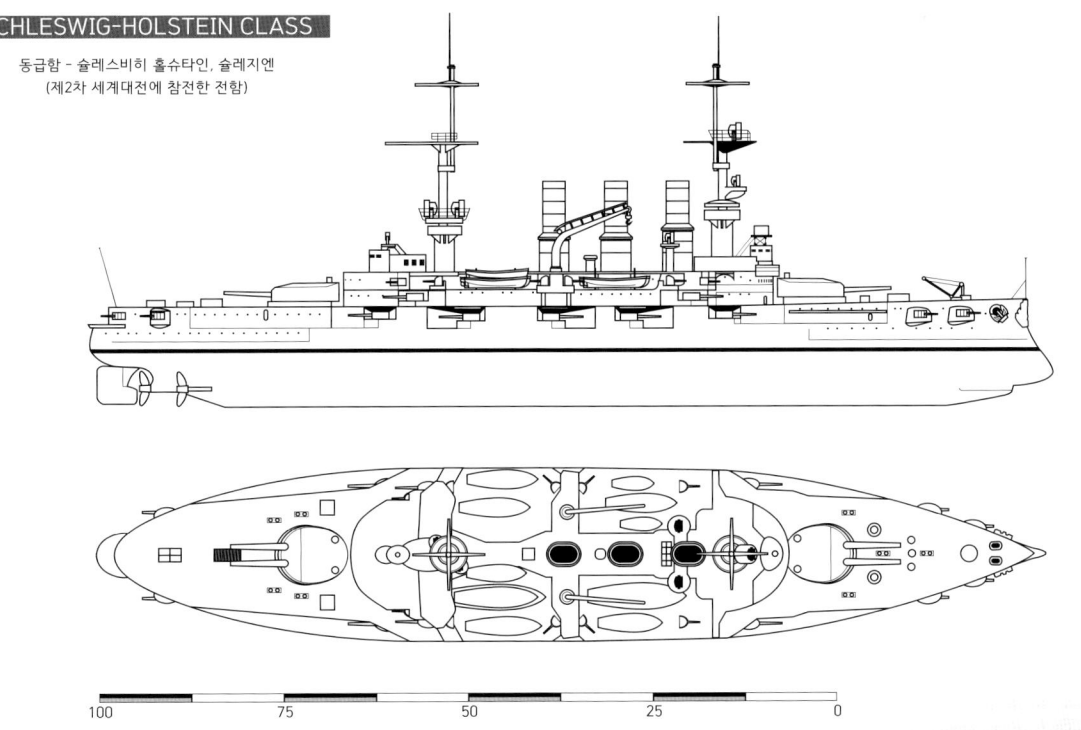

슐레스비히 홀슈타인 (개장전)

시대에 뒤처져 버린 프랑스의 첫 노급전함
쿠르베급 전함

쿠르베급은 노급전함건조에 늦은 프랑스 해군이 1910년 계획에서 처음 건조한 노급전함이었다. 전력정비 면에서 침체기를 겪던 프랑스 해군은 1909년에 새로운 해군 장관을 임명받고, 유력정치가 조르쥬 클레망소 George Clemenceau의 지지를 받아 1910년 노급전함 16척을 장비하는 계획을 제정했다.

그 제1함인 쿠르베는 연장포탑에 30.5cm 포를 12문 탑재했다. 이것은 건조시점에서는 세계에서도 탑 클래스의 무장이었다. 한 단계 전의 준노급전함 당통Danton급의 주무장이 30.5cm 포 4문과 24cm 포 12문이었기 때문에 공격력은 더욱 더 강화되었다.

방어도 강화되었고 장갑은 수선장갑 두께의 최대두께로 255mm에서 270mm가 되었다. 방어면에서는 영국의 드레드노트와 비교해서 장갑두께, 부착범위 등도 우수한 중방어함이었다. 그 대신에 배수량은 마지막 프랑스의 준노급전함 당통보다 4,000톤이나 증가했다.

이 급 4척은 1913년부터 1914년까지 이어서 준공했지만 이 때에는 영국에서 주포 구경을 34cm로 늘린 오리온급을 취역시키고, 미국은 36cm 포 탑재의 뉴욕급, 일본은 36cm 포 탑재의 공고급이 곧 취역할 예정이어서 시대는 노급함에서 나아가 초노급함 시대로 움직이기 시작했다. 그 때문에 쿠르베급은 태어나면서부터 그 전력적 가치가 감소했다.

프랑스 해군은 측원기 성능의 향상을 통한 명중률 증대를 기대할 수 없었기 때문에, 포의 사정거리 연장에는 신경을 쓰지 않고 오히려 사격속도가 빠른 부포를 중시하고 있었다.

이 급 주포의 최대사정거리는 1만 3,500m로 별로 길지는 않다. 제1차 세계대전에서 오스트리아 중순양함을 공격했을 때 4,500m 거리까지 접근해서 포격했을 정도이다. 또 영국의 노급전함이 부포를 대 수뢰정용으로 생각해서 10.2cm 포를 채용했던 것에 반해서 프랑스 해군은 부포로 14cm 포를 채용했다.

기관은 보일러와 기관을 앞뒤로 분리하는 기관실 분리방식을 채용했다. 이것은 선체중앙에 주포탑을 설치하기 위한 처치로, 방어력 이점은 고려하지 않았다. 기관실 분리방식은 피해를 줄일 수 있는 효과가 있으므로 1년 후 각국이 새롭게 채용하는 방식이 되었다.

프랑스는 영국을 사실상의 동맹국으로, 독일을 가상적으로 생각했다. 따라서 북해를 영국 해군이, 지중해를 프랑스 해군이 담당하는 역할분담을 적용했다. 그 때문에 이 급도 좁은 지중해에서의 행동을 예상하여 항속거리는 4,200해리로 짧고, 전속력을 내면 이틀밖에 달릴 수 없었다.

1914년에 시작한 제1차 세계대전에는 이 급은 예정대로 지중해에 배속되었다. 서전에는 오스트리아 함대와 교전하여 경순양함 첸타SMS Zenta를 격침하였다. 이 급의 동급함인 장 바르Jean Bart는 그 뒤에 오스트리아 해군 잠수함의 뇌격을 받았지만 비교적 두꺼운 방어 때문에 침몰은 피할 수 있었다. 이 급은 제1차 세계대전에서 더 이상의 활약이 없이 무사히 종전을 맞이했다.

40cm 포 탑재 전함이 건조되기 시작한 워싱턴 군축회의 시점에서는 이 급은 이제 구식전함 부류에 속해 있었지만 프랑스 해군은 이 급을 계속 보유하게 되었다. 건조에 착수 했던 34cm 포 탑재 노르망디급을 인정받지 못하고, 이 급과 브르타뉴급을 보유하게 된 것은 프랑스 해군에게는 탐탁치 않은 일이었을 것이다.

이 급의 동급함 중 프랑스는 1922년에 좌초사고로 침몰했지만, 남은 3척은 근대화 개장을 계속해서 제2차 세계대전을 맞이했다.

근대화 개장의 요점은 3각마스트 채용, 신형의 측원기 및 사격지휘장치 탑재, 주포의 앙각 증대에 따른 사정거리 연장으로 1943년에는 보일러도 석탄연소식에서 중유연소식으로 교환했다. 또 이 사이에 장 바르는 오션으로 개명하여 연습함이 되었다.

근대화 개장을 실시했다고는 하나 이 급은 제2차 세계대전에서는 틀림없이 구식이었고, 또 프랑스가 빨리 항복했기 때문에 활약할 장소가 없었다.

이 급의 쿠르베와 파리는 프랑스 항복 때에 영국에서 달아나 억류되었다. 영국

쿠르베급 4번함 파리. 쿠르베의 함명은 19세기의 제독 아메디 쿠르베(Amédée Courbet)에 유래한다.

MARINE NATIONALE BATTLESHIPS 프랑스 전함

장 바르는 2차 세계대전에선 연습함으로 쓰였다. 함명의 유래는 17세기 프랑스 사략선 선장이자 해군 군인이던 장 바르.

해군은 구식인 이 두 함을 사용하지 않았다. 이 중 쿠르베는 노르망디 상륙작전에서 인공항의 방파제로 가라앉았다.
파리는 1945년 프랑스에 반환되어서 전후 해체되었다. 오션은 독일군에 접수되는 것을 피해 1942년 자침했다.

■ 쿠르베 전함 이력
1910년 : 기공
1913년 : 준공
1914년 : 제1차 세계대전 개전
1926~29년 : 근대화 개장
1940년 : 영국에 접수
1944년 : 노르망디 방파제로 전용(転用)

■ 제원 전함 쿠르베
기준 배수량 : 22,189t
길　이 : 168m
너　비 : 27.9m
흘　수 : 9.0m
출　력 : 28,000마력
속　력 : 21kn
항속거리 : 10kn/4,200해리
무　장 : 30.5cm연장 주포탑 6기, 13.8cm단장포탑 22기,
　　　　7.5cm고각포탑7문, 45mm단장고각포탑 2기
장　갑 : 수선 270mm, 갑판 112mm,
　　　　주포탑 320mm, 사령탑 300mm
승무원 : 1,100명

COURBET CLASS
동급함
쿠르베, 프랑스, 장 바르(오션), 파리

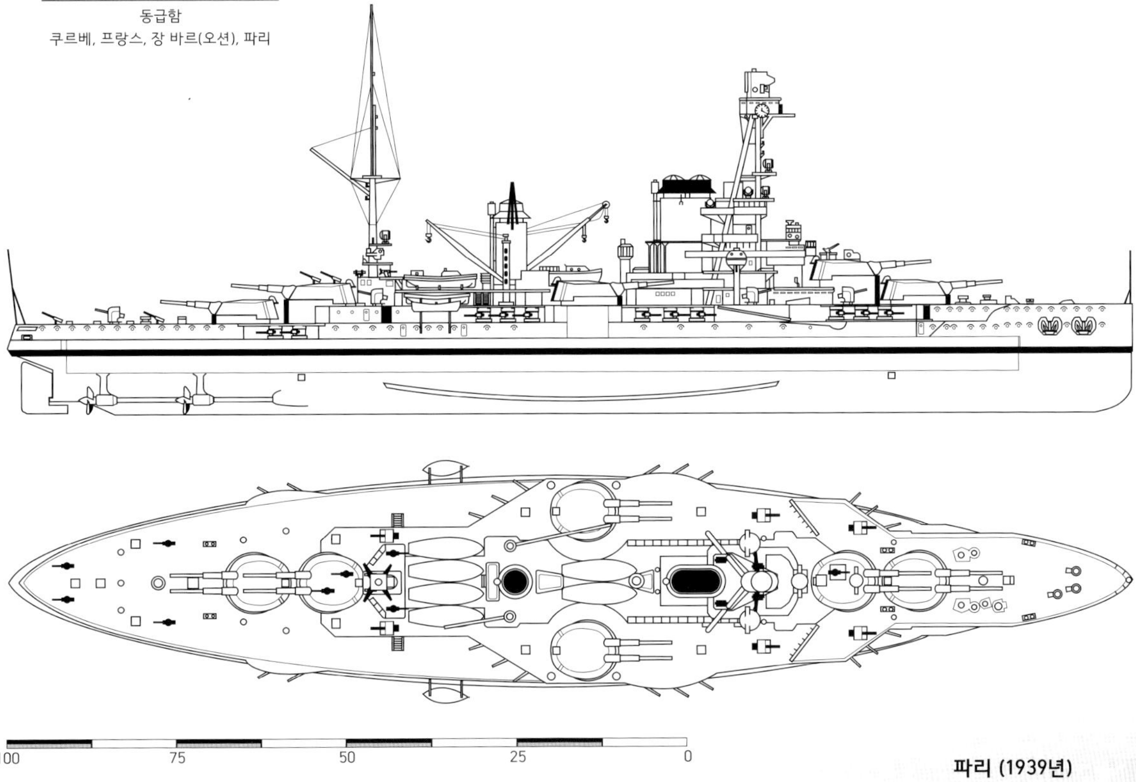

파리 (1939년)

105

타국에 뒤처진 초노급전함
브르타뉴급 전함

프랑스 해군은 1910년도 계획에서 노급전함 12척의 장비를 목표로 정했다. 이 계획의 첫 3척이 브르타뉴급이다. 이 급은 쿠르베급의 함체에 34㎝ 연장포탑 6기를 탑재하는 강화급으로 계획되었다. 이것은 빠른 건조를 위해서 쿠르베급의 도면을 이용하기 위한 처치였다. 당시의 프랑스 해군은 노급전함의 장비 면에서 영국, 독일에 뒤쳐졌다.

30㎝ 연장포탑 6기의 전함무장을 34㎝로 하고 3,000톤의 중량증가를 예상한 결과 포탑 탑재수를 5기로 줄인 형태로 설계를 계획했다. 그 결과 이 급의 기준 배수량은 쿠르베급과 같아지는 것이 가능했다. 포탑을 5기로 줄인 결과 3번포탑은 전후의 연돌 사이의 중심선상에 배치가 가능하게 되어서 쿠르베보다도 근대적인 포탑배치가 되었다.

34㎝ 포를 탑재했기 때문에 브르타뉴급은 프랑스 해군 첫 초노급 전함이 되었지만 준공된 1916년에는 일본, 미국이 36㎝ 포 탑재함을, 영국, 독일은 38㎝ 포 탑재함을 준공하여서 프랑스 해군이 뒤쳐진 느낌은 지울 수가 없었다.

이 급의 주포인 34㎝ 포는 사정거리가 1만 4,500m로서 30.5㎝ 포와 비교해도 그다지 변화가 없었다. 제1차 세계대전까지의 프랑스 해전에서 주포구경 확대의 가장 큰 이유는 파괴력증대였다.

부포는 쿠르베와 같은 14㎝ 포를 채용했지만 이 포는 타국의 15㎝ 포보다 포탄이 가볍고 급탄조작이 쉬워서 발사속도가 빨랐다.

또한 45㎝ 어뢰 수중발사관을 장비했지만 이것은 제1차 세계대전 당시의 전함에서는 일반적인 장비였다. 기뢰도 30발 탑재했지만 전함이 기뢰를 탑재하는 경우는 드물었다. 방어도 쿠르베와 거의 동급으로 꽤 넓은 범위에 장갑을 덮은 중방어였다. 주포탑을 전부 중심선상에 배치한 결과 전함 중앙부분에도 함저까지 세로 격벽을 붙이는 것이 가능해져서 두께 8mm의 수뢰방어용의 방어강판이 덮어져서 방어력이 상당히 향상되었다. 기관관계는 쿠르베와 같이 기관실 분리방식이 채용되었다.

완성시점에서 벌써 뒤쳐진 이 급은 3척으로 건조를 종료하고 이후는 전혀 다른 노르망디 급이 건조될 예정이었다. 그러나 제1차 세계대전이 발생했기 때문에 이것은 실현되지 않았다.

이 급은 제1차 세계대전에서 두드러진 활약을 보여주지 않고 그대로 종전을 맞았다. 종전종결 때에는 쿠르베와 함께 구식전함이었지만 워싱턴 군축조약으로 프랑스는 노르망디급 이후의 미완성전함 건조가 중지된 결과 현역전함으로 취급되었다. 때문에 이 급은 전간기 당시 프랑스 최강의 전함이었던 것이다.

타국과 마찬가지로 프랑스 해군도 군축조약시대에 전함의 근대화 개장을 했다. 이 급도 몇 번에 걸쳐 개장을 실시했다. 1920년 제1차 개장에서 주포 앙각 증대로 사정거리는 2만 1,000m로 연장되었다. 1934년 개장에서는 미완성전함 노르망디의 34㎝ 포를 이식하고, 또 앙각도 23도까지 올려서 사정거리를 2만 3,700m까지 향상시켰다. 그것과 함께 사격지휘장치, 측원기도 교환되었다. 교환으로 인해서 마스트를 3각마스트로 바꾸고 그 상부에 장갑지휘소를 설치하여 포술지휘를 할 수 있도록 만들었다.

7.5㎝ 대공포도 탑재되었으며 뒤에는 이것을 바꾸어 10㎝ 대공포탑이 탑재되었다. 보일러도 석탄연소식에서 중유전연식으로 교환되는 등 여러 가지 개장이 실시되었다.

그래도 당시 프랑스 해군은 국내경제의 불황, 마지노 요새선 건설 등의 영향으로 충분한 예산을 확보하지 못했다. 따라서 그들 전함의 근대화 개장은 타국, 특히 함체의 60%을 다시 만들었다고 전해지는 이탈리아 해군과 비교하면 꽤 소규모였다.

제2차 개장직전 때의 로렌

특히 방어면에서 큰 개조가 없었던 것과 속도가 21.4kn 밖에 되지 않았던 것은 이 급의 평가를 두드러지게 낮게 한 이유라 할 수 있다.

제2차 세계대전에서 이 급은 활약을 하지 않은 채로 프랑스의 항복 사태를 맞았다. 비극은 그것으로 끝나지 않았다. 프랑스 항복과 함께 프랑스 군함이 독일 해군에 접수되는 것을 두려워한 영국이 프랑스 군함을 공격했던 것이다. 이 때 브르타뉴는 침몰하고 프로방스는 대파당했다. 그 뒤 프로방스는 1943년에 해체되었다.

남은 로렌은 이집트의 알렉산드리아에 있어서 무사했지만 연료와 포의 폐쇄기를 제거한 상태가 되었다.

1943년에 로렌은 자유프랑스군으로 복귀하여 1944년의 남프랑스 상륙작전에 참가했다. 3척 중에서 가장 운이 좋았던 로렌은 1955년에 해체되었다.

2번함 프로방스. 1940년 7월 영국 함대가 프랑스 함대를 공격한 메르 엘 케비르 해전에서 브르타뉴는 격침되고, 프로방스는 대파되었다.

■ 브르타뉴 전함 이력
1912년 : 기공
1916년 : 진수
1918년 : 제1차 세계대전 종료
1919~1934년 : 근대화 개장
1939년 : 제2차 세계대전 개전
1940년 : 영국 함대의 공격으로 침몰

■ 제원 전함 브르타뉴(개장 후)
기준 배수량 : 23,700t
길 이 : 165m
너 비 : 26.9m
흘 수 : 9.1m
출 력 : 43,000마력
속 력 : 21.4kn
항속거리 : 18.75kn/2,800해리
무 장 : 34㎝연장 주포탑 5기, 13.8㎝단장포탑 22기, 7.5㎝고각포탑8문, 45㎜단장고각포탑 4기
장 갑 : 수선 250mm, 갑판 70mm, 주포탑 400mm, 사령탑 314mm
승무원 : 1,124명

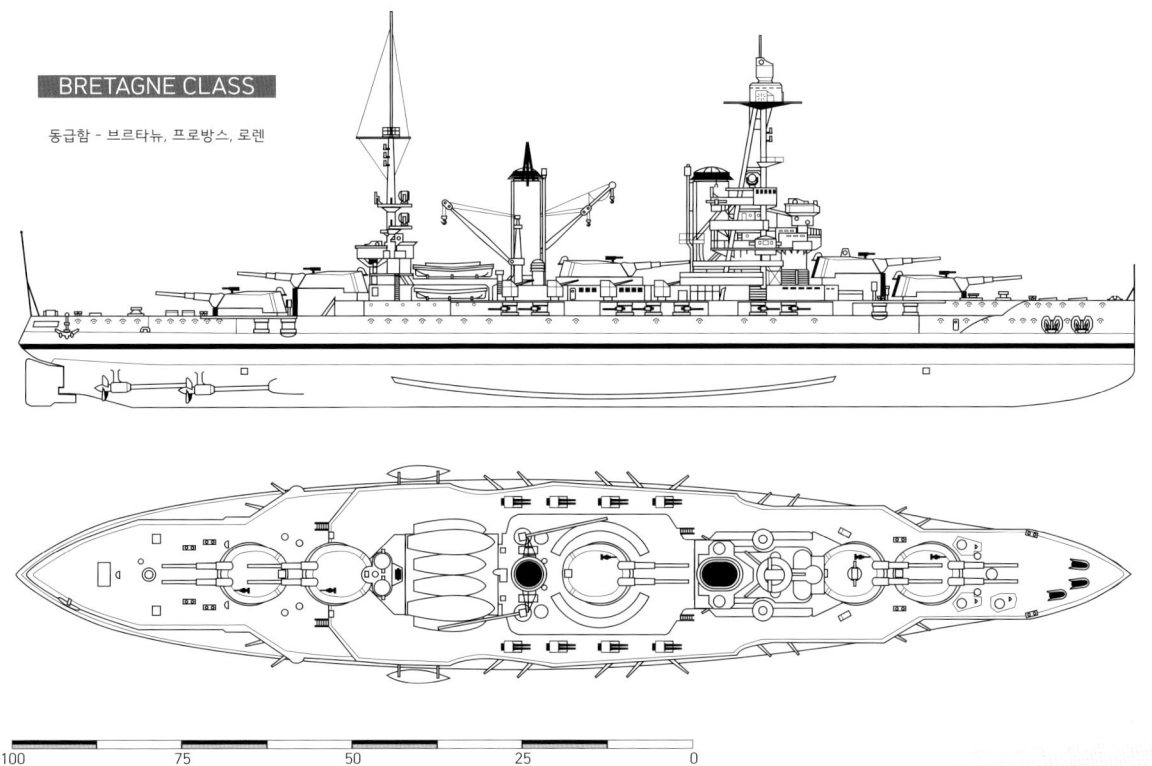

BRETAGNE CLASS
동급함 - 브르타뉴, 프로방스, 로렌

브르타뉴 (1940년)

프랑스 해군  속력·공격·수비 성능이 균형잡힌 고속전함
됭케르크급 전함

워싱턴 군축회의에서 7만 톤의 거대 전함 건조를 인정받았음에도 프랑스 해군은 순양함과 구축함등의 경함정의 건조에 힘을 쏟아 10년 간 신조전함 건조를 유보하고 있었다.

1932년이 되어서 겨우 전함을 새로 건조하게 되어 이 됭케르크급이 기공되었다. 같은 년도에 한발 앞선 형태로 독일이 포켓전함의 건조에 착수하였기 때문에 됭케르크급은 독일 전함에 대항하여 건조되었다고 하는 사람이 많다.

분명 이 급은 포켓전함을 넘어서는 포격력과 속력을 겸하고 있었다. 그러나 완성 후에 같은 시기 새로 건조된 경순양함과 구축함을 제1전열함대의 기동부대로 편성한 것을 고려하면 속력을 살린 고속함대를 편성해 적함보다 우위인 속도를 살려 유리한 포지션에서 공격을 가해 열악한 속력의 자군 전함대를 호위하기 위한 목적으로 건조되었던 것으로 생각된다. 됭케르크급 수준의 신형전함 구상이 포켓전함 기공 이전인 1926년부터 기획되었다는 점을 감안하더라도, 이 급이 포켓전함에 대항하여 건조되었다는 것은 말이 안 되는 얘기일 것이다.

이 급은 33cm 주포를 중심으로 설계했다고 해도 과언이 아니다. 33cm 포는 이 급의 특징인 4연장포탑 2기에 탑재되어있다. 이것은 영국의 넬슨급을 연상시키는 구석이 있지만 프랑스 해군은 넬슨급이 건조되기 10년 전에 4연장포탑을 채용한 전함 노르망디급을 설계했기 때문에 단순하게 넬슨급의 영향을 받았다고 딱 잘라 말할 수는 없다. 그러나 넬슨급과 마찬가지로 이 급도 방어력을 포탑에 집중, 철저하게 집중방어를 이루고 있기 때문에 설계시 참고했을 가능성은 있다.

33cm 포는 앙각 35도로 최대사정거리가 4만 1,700m나 된다. 일본의 야마토급에 버금가는 수준이다. 주포를 4연장으로 한 이유는 무장중량의 경감 때문이었다. 4연장포탑 2기는 연장포탑 4기에 비해 중량이 27.6% 더 가볍다고 한다.

부포 13cm 포도 최대사정거리가 2만 800m로 길고, 최대앙각 75도로 대공사격도 가능했다. 폐쇄기에는 독일이 개발한 슬라이드 폐쇄기를 채용했고 분당 10발의 높은 발사속도를 발휘했다. 이 급은 세계 최초로 대함, 대공어느 쪽에도 사격가능한 양용포를 채용했는데, 여기서 프랑스 해군의 미래지향을 엿볼 수 있다. 그러나 부포탑의 선회속도는 늦어서 대공목표로 신속히 포신을 돌리는 데는 문제가 있었다.

33cm 4연장주포탑 2기를 전함 앞 부분에 집중탑재한 됭케르크. 배수량에 비해 속력, 공격, 수비 성능이 우수했던 유력한 고속전함이었다.

방어는 프랑스 전함 최초로 집중방어 방식을 채용했고 장갑부분은 포탑과 탄약고 주변과 기관부 등에 한정되었다. 그 대신에 장갑판은 2만 6,000톤의 전함치고는 두껍고, 수선장갑띠 두께는 최대 225mm, 포탑은 최대 330mm, 방어갑판은 140mm였다. 특히 방어갑판의 장갑 두께는 비스마르크와 킹 조지 5세급 등 배수량 3만 5,000톤 이상의 전함 수준이었다. 수선장갑에는 내측에 경사시킨 내부장갑을 채용했다. 이것은 조약이 끝나고 각국의 신전함에 많이 채용된 방식이었다. 또 수중방어용의 함정에 맞는 두께 30mm의 방어종벽도 있었다.

나아가서 두께 10mm의 방어종벽도 3장으로 수중방어력은 꽤 중시되었다. 전체적으로 이 급의 방어 개념은 매우 새로웠다고 말할 수 있다.

속도성능은 터빈으로 31kn를 발휘했다. 항속거리는 17kn로 1만 6,400해리

메르 엘 케비르 해전에서 탈출에 성공한 2번함 스트라스부르. 됭케르크급은 통상파괴전에 사용해도 꽤 위력을 발휘했을 것이라 생각된다.

MARINE NATIONALE BATTLESHIPS **프랑스 전함**

였다. 이 급이 통상 파괴전에 사용되었다면 적국에 큰 위협이 되었을 것이다. 또 이 급은 사실상 라이벌인 독일의 샤른호르스트급과 우열을 가리기 어려운 존재였다. 됭케르크는 제2차 세계대전이 시작하자 동급함 스트라스부르Strasbourg와 함께 독일 전함 샤른호르스트와 그 나이제나우를 추적하는 작전에 참가하거나, 프랑스 국고의 금괴를 캐나다로 수송하는 임무에 종사했다. 1940년의 프랑스 항복 때는 북아프리카의 메르 엘 케비르Mers-el-Kébir에 정박해 있었지만 그곳에서 영국의 전함과 순양전함에게 공격을 받아 대파하고 결국 항모 아크 로열 소속 함재기의 공격으로 착저했다.

영국 해군도 통상파괴전에서 발휘될 이 급의 잠재력을 느꼈고, 따라서 독일군에 접수되기 전에 격파하기 위해 옛 동맹국 전함을 공격한 것이었다.

됭케르크에는 고속전대를 조직해서 저속전함을 엄호하는 순양전함다운 움직임도 기대되었다.

이 급은 그 뒤 1942년에 인양되어 수리를 해서 툴롱항에 계류되었다. 그 때 원시적인 대공레이더를 탑재하고 수상기는 철거했다. 그러나 이 급이 활약할 일은 두 번 다시 없었다. 1942년 11월 독일군이 남프랑스에 진주할 때, 독일군에 접수되는 일을 막기 위해 자침했던 것이다. 그 뒤 종전년도인 1945년에 다시 한 번 인양되어 해체되었다.

■ **됭케르크 전함 이력**
1931년 : 기공
1936년 : 준공
1939년 : 제2차 세계대전 개전
1940년 : 영국 함대의 공격으로 대파 착저
1942년 11월 : 자침

■ **제원 전함 됭케르크**
기준 배수량 : 30,750t
길 이 : 215m
너 비 : 31.1m
흘 수 : 9.6m
출 력 : 130,000마력
속 력 : 31kn
항속거리 : 17kn/16,400해리
무 장 : 33cm 4연장 주포탑 2기, 13cm 4연장양용포탑 3기, 13cm연장양용포탑2기, 37mm연장기총탑 5기, 13.2mm 4연장기총탑8기
장 갑 : 수선 225mm, 갑판 140mm, 주포탑 330mm, 사령탑 355mm
승무원 : 1,430명

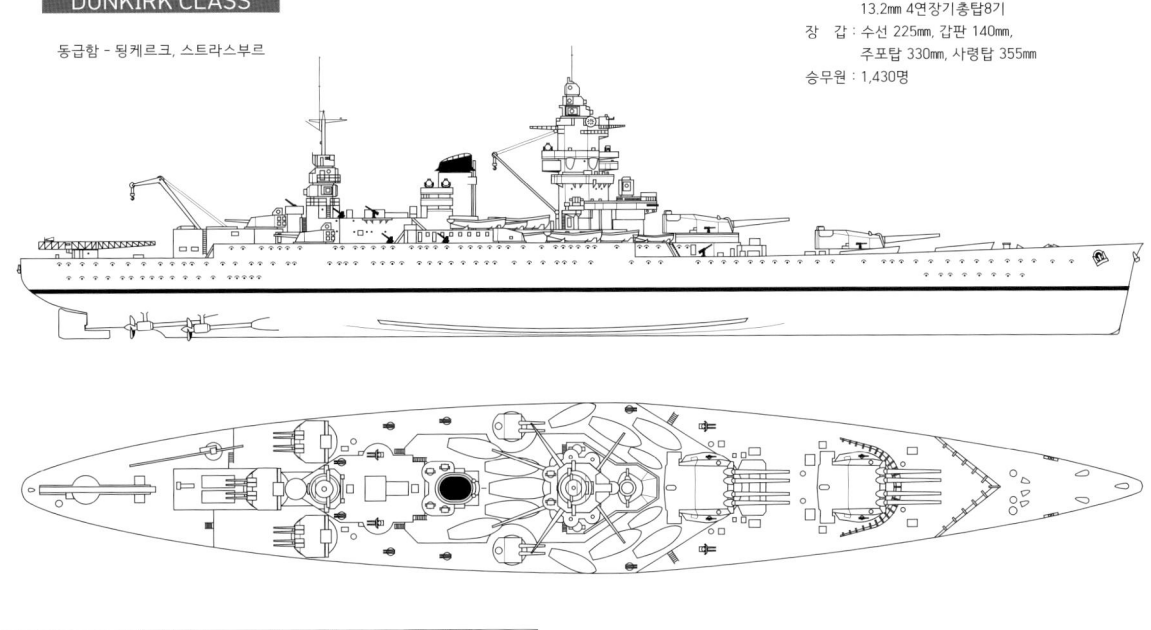

DUNKIRK CLASS

동급함 - 됭케르크, 스트라스부르

됭케르크 (1937년)

리슐리외급 전함

유럽 최강 전함 중 하나였던 프랑스 최강 전함

프랑스해군 | MN

프랑스 전함의 역사의 최후를 장식한 전함으로 최고속력 30kn를 자랑하는 고속전함이었다. 프랑스는 자국이 모르는 사이에 영·독 해군협정이 체결되었음을 알고 향후의 전쟁에서는 독자적인 힘으로 적국에 대처할 필요성을 느꼈다. 이로서 프랑스 해군은 3만 5,000톤의 신형전함 건조에 발을 내딛게 되었다.

이것이 리슐리외급으로 리슐리외, 장바르, 클레망소의 3척이 건조될 예정이었다.

이 급은 됭케르크의 확장판으로 주포도 앞부분에 집중된 고속함이었다. 운용 의도는 명확하지 않지만 됭케르크가 고속을 이용한 순양전함적 히트앤드런(치고 빠지는) 전함으로 브르타뉴급 전함과는 독립적으로 전투하는 존재였던 것을 볼 때 이 급도 비슷한 의도를 가지고 있었을 것이라 생각된다.

프랑스 해군은 이 급 뒤 1940년 계획 이후 가스코뉴Gascogne급 전함 3척을 건조할 예정이었다. 그렇다면 이 급 3척과 가스코뉴급 3척의 이른바 33함대 편제도 가능할 것으로 생각된다. 가스코뉴급은 이 급과는 달리 주포를 함께 앞부분에 집중 배치하지 않고 함체 전후에 주포탑을 나누어 배치할 예정이었다.

됭케르크급과 같이 4연장포탑을 2기 집중해서 탑재한 리슐리외. 함명은 17세기의 정치가이자 추기경인 리슐리외 공작에서 유래한다.

이 급의 최대 특징은 38cm 포 4연장 포탑이었다. 주포탑은 앞부분에 집중시켜 후방으로의 사격은 불가능했다. 주포탑을 앞부분에 집중한 이유는 집중방어를 통해 38cm 포탑의 높은 방어력과 중량경감이라는 두 가지 목표를 동시에 달성하기 위함이다. 포탑을 한 개의 구획으로 정리하면 포탑 하부의 탄약고 사이의 격벽이 줄어들어 장갑중량을 절약할 수 있다. 군축조약에서는 신형전함의 배수량 상한은 3만 5,000톤으로 정해져서 조약을 지키기 위해서는 중량경감이 필요불가결한 것이었다.

부포는 15cm 포를 채용하고 3연장포탑으로 정리한 뒷부분에 집중 배치했다. 또 별도로 10cm 고각포 12문이 장비되고 됭케르크급에서 시험한 양용포는 폐지되었다.

방어는 됭케르크급과 같이 내부장갑을 채용하고 선체내로 경사진 두께 330mm의 장갑이 수선장갑 두께에 붙어있었다. 방어 갑판도 두께 150mm로 됭케르크보다 한 단계 강화되었다. 수중방어도 2중 바닥을 그대로 수선부근까지 들어올린 것과 종벽을 3층 설비한 것에서 합계 6층의 방어구조를 이루고 있었다. 각 종벽은 두께 30mm의 장갑으로 만들어졌다. 이 급의 수중방어력은 열국의 신전함 중에서도 높은 부류에 속한다. 연돌은 마스트와 연돌을 합체시킨, 뒤에 맥mack으로 불리운 구조를 채용했다. 연돌 자체에도 45도 경사를 주었다. 연돌에 경사를 준 것은 상방에서 떨어지는 폭탄이 그대로 기관부에 날아드는 것을 막기 위한 아이디어였다.

기관부에는 방어를 고려하여 기관실 분리방식을 채용하고 보일러와 기관 중 한 조가 파괴되어도 행동이 가능했다. 이것도 프랑스 해군이 세계에서 가장 먼저 도입한 방식이었다.

이 급의 방어력은 프랑스의 독자적 기술을 쌓아 만든 것으로 크게 대 40cm 포 방어가 가능한 독일 전함 비스마르크에 필적하는 것이었다. 그 때문에 전쟁에서 충분한 기회가 있었다면 탑재된 38cm 포를 이용하여 비스마르크의 최강 라이벌이 되었을 것이라는 평가도 있다.

미국에서 완성된 뒤의 리슐리외. 비스마르크급과 비교하면 화력으로는 동등하고 장갑 두께와 속력은 더욱 우수하여 실력은 막상막하 이상이라고 전해진다.

최고속력은 30kn로 빠르고 항속거리도 1만 해리로 길다. 분명히 프랑스가 조기에 항복하지 않았다면 이 급도 활약할 기회가 있었을지도 모른다.

1940년 프랑스 항복한 시점에서 리슐리외와 장 바르는 아직 완성되지 않았고 클레망소는 진수도 되지 않았다. 해상에 떠 있었던 리슐리외는 독일군의 접수를 피하고자 미완성인 채로 무리하게 준공시켜 북아프리카로 피난하였다. 다카르로 피신한 리슐리외는 1940년의 자유 프랑스군의 다카르 공격 때 연합군과 싸워 영국 군대에 손상을 입혔다. 클레망소는 독일군에 접수되어 1944년에 연합군기에 격침되었다.

그 뒤 리슐리외는 자유 프랑스군에 소속되어 미국에 회항되어 의장을 실시하여 1943년에 완성, 이후 영국 함대와 함께 인도양에서 태평양 방면에서 활동했다.

장 바르는 1943년 연합군의 북아프리카 상륙 때에 미완성인 채로 해상 포대로서 미국 전함 매사추세츠와 포격전을 했다. 장 바르는 전쟁이 끝난 1950년에 완성되었다.

미군의 북아프리카 상륙때 비시 프랑스 해군의 주력함이던 장 바르는 미국 신예전함 매사추세츠와 벌인 포격전 끝에 피격당해 대파 착저했다. 사진은 카사블랑카 항에 정박한 장 바르. 함미 부근이 크게 파괴되어있다.

■ 제원 전함 리슐리외
- 기준 배수량 : 40,928t
- 길 이 : 247.8m
- 너 비 : 33.1m
- 흘 수 : 9.6m
- 출 력 : 150,000마력
- 속 력 : 30kn
- 항속거리 : 12kn/10,000해리
- 무 장 : 38㎝ 4연장주포탑 2기, 15.2㎝ 3연장양용포탑 3기, 10㎝ 연장고각포탑 6기, 40㎜ 4연장기총탑 14기, 20㎜기관포 48문
- 장 갑 : 수선 330㎜, 갑판 150㎜, 주포탑 430㎜, 사령탑 340㎜
- 승무원 : 1,670명

■ 리슐리외 전함 이력
- 1936년 : 기공
- 1940년 : 준공 후 다카르로 이동
- 1940년 7월 : 영국기의 공격으로 대파
- 1943년 1월 : 미국에서 완성
- 1956년 : 퇴역
- 1968년 해체

RICHELIEU CLASS

동급함
리슐리외, 장 바르, 클레망소

리슐리외 (1940년)

콘테 디 카보우르급 전함

대전 사이에 다시 크게 태어난 노급전함

이 급의 전함은 제2차 세계대전 당시 이탈리아 해군이 보유한 전함 중에서 가장 낡은 타입이었다. 이탈리아 해군은 1909년에 처음으로 노급전함 단테 알리기에리를 시험적으로 건조한 것에 이어서 콘테 디 카보우르급 3척의 건조에 발을 내디뎠다. 이미 노급전함이 전함의 트렌드라는 데는 의심의 여지가 없었기 때문이었다.

이탈리아 해군은 1910년 기공된 이 급을 건조하면서 구상해왔던 새로운 개념을 포함시켰다. 그것은 램(Naval ram: 충각)의 폐지와 긴 선수루 갑판의 채용, 주포탑의 계단식 배치였다. 계단식 배치는 수미선(首尾線)방향으로 지향가능한 주포수를 늘릴 수 있는 장점이 있지만 발포 때 폭풍의 영향을 두려워한 영국 해군이 채용을 망설였던 방식으로 당시로서는 선진적인 시도였다.

주포탑은 전부 중심선상에 배치되어 3연장포탑과 연장포탑을 혼재하는 드문 배치를 채용했다. 이 급은 콘테 디 카보우르, 카이오 쥴리오 체자레Giulio Cesare, 레오나르도 다빈치의 3척으로 구성되어 각각 라스페치아 공창, 칸티에리 안살도 사, 칸티에리 오데로사에서 건조되었다. 3척 모두 1910년에 기공, 1914년에 준공되어서 다음의 카이오 두일리오급과 함께 제1차 세계대전 때의 이탈리아 해군 주력이 되었다. 1916년에 폭발사고로 레오나르도 다 빈치를 상실했지만 다른 2척은 무사히 살아남아 제1차 세계대전 후에도 당당히 이탈리아 해군 주력함 지위에 있었다.

제1차 세계대전 후에 체결된 주력함의 보유건조를 제한하는 워싱턴 군축조약은 이탈리아 해군에도 제약을 발휘했다. 이 급은 1928년에 예비함이 되었고 이후에는 대체함이 건조되어 폐기될 가능성도 있었다. 이 때 각국 해군은 조약 제한 내에서 전력 향상을 도모하고자 근대화 개장에 주력했다. 이탈리아 해군도 예외는 아니었고 이 급도 근대화개장이 이루어 지게되어 철저한 개장을 했다.

신예전함과 구분하기 어려운 모습이 된 개장 후의 콘테 디 카보우르. 제2차 세계대전에 이탈리아가 참전했을 때 전투 가능한 이탈리아 해군의 전함은 콘테 디 카보우르급 2척밖에 없었다. 함명은 19세기 중반, 이탈리아 왕국 초대 수상 겸 외무대신인 콘테 디 카보우르 백작의 이름에서 유래한다.

개장은 1932년에 착수되었다. 60%를 다시 만드는 대규모의 것으로 현측장갑과 선체의 기본모양 이외는 전혀 다른 함을 건조했다고 해도 과언이 아니었다. 기관도 바뀌어 출력이 3만 1,000마력에서 9만 3,000마력으로 비약적으로 향상되었다. 저항을 줄이기 위해 함수도 10m 연장되었다. 덕분에 최고속력이 21.5kn로 늘어나 고속전함이 될 수 있었다.

구경 30.5cm였던 주포는 포탑 1기를 폐지하는 대신 32cm 포로 교환되었다. 군축조약시대에 전함 개장을 하면서 주포 구경까지 변경한 해군은 이탈리아뿐이었다. 부포는 18문에서 12문으로 줄였지만 포탑식으로 바꾸었기 때문에 매우 효율적인 운용이 가능했다.

10cm 고각포도 8문 탑재되었다. 방어면에서도 어뢰 등의 수중폭발에 대응하여 프리에제 원통이라 불려진 대형 원통을 조합한 신방식을 채용했다. 이 급의

1917년 때의 카이오 쥴리오 체자레. 이 뒤의 1932년부터 대개장이 이루어져 30.5cm였던 주포구경은 32cm로, 속력은 21.5kn에서 28kn으로 비약적으로 향상되었다. 또 함명은 고대 로마 정치가이자 장군인 율리우스 카이사르(시저)에 유래한다.

MARINA MILITARE ITALIANA BATTLESHIPS 이탈리아 전함

근대화개장은 대성공으로 신형 리토리오급이 취역할 때까지의 연결로서 큰 의미가 있었다. 그러나 경비와 공기가 예상 외로 많이 들어가서서 신형전함건조가 늦어지는 원인이 되었다고도 한다.

이탈리아의 제2차 세계대전 참전 당시 행동가능한 이탈리아 전함이 이 급 2척 뿐 이었다. 카이오 두일리오급은 근대화 개장 중이었고 리토리오급은 건조 중이었다. 세계대전 전반에는 이탈리아 해군이 지중해에서 많은 행동을 하여 이 급도 영국 함대와 교전하였다. 1940년 7월에는 선단호위의 귀로에 있었던 이 급 2척과 영국 전함 워스파이트, 말라야, 로열 소버린이 칼라브리아(푼타 스틸로) 해전에서 포격전을 연출했다. 이 때 체자레는 워스파이트의 주포탄을 맞고 보일러에 화재가 발생했으나 진압되었다.

이어서 1940년 11월 12일 영국 항모 함재기의 타란토 군항 공습에서 콘테 디 카보우르가 1발의 어뢰를 맞은 것을 시작으로 2척 모두 대파하고 결국 이탈리아 항복까지 전열에 복귀할수없었다. 프리에제 원통은 생각한 정도의 수중방어 효과를 발휘하지 않았던 것이다. 체자레는 수리 뒤에 복귀했지만 두드러진 전과는 없었다.

1942년에 들어서 심각한 연료부족으로 이탈리아 전함은 행동하기 어려워졌다. 이탈리아 전함중 가장 낡고, 격벽에 문제가 있었던 체자레는 해체되어 이 후 활동하지 않게 되었다. 1943년 이탈리아 항복과 함께 체자레는 몰타섬으로 탈출하여 연합국의 관리하에 놓였다. 뒤에 이탈리아로 돌아와서 전쟁 후에는 1948년 배상으로 소련으로 인도되었다. 이후 '노보로시스크' 호로 개칭되어 소련 해군의 전함으로 사용되었으나, 1955년 10월 29일 의문의 폭발사고로 침몰했다. 이탈리아 해군 특수부대가 사고를 가장한 파괴공작을 벌여 침몰시켰다는 설도 있지만 정확한 내막은 알 수 없다.

■ **제원 전함 콘테 디 카보우르(개장 후)**
기준 배수량 : 23,619t
길 이 : 186.4m
너 비 : 28.6m
흘 수 : 10.0m
출 력 : 93,490마력
속 력 : 28kn
항속거리 : 20kn/3,100해리
무 장 : 32cm 3연장주포탑 2기, 32cm연장포탑2기, 12cm연장포탑 6기, 10cm연장포4기, 37mm연장기총탑 8기, 13.2mm연장기총탑6기
장 갑 : 수선 250mm, 갑판 135mm, 주포탑 280mm, 사령탑 260mm
승무원 : 1,260명

■ **콘테 디 카보우르 전함 이력**
1910년 8월 : 기공
1915년 4월 : 준공
1915-1918년 : 제1차 세계대전에 참전
1933년 10월 : 개장
1937년 6월 : 재취역
1940년 7월 9일 : 칼라브리아(푼타 스틸로)해전
1940년 11월 12일 : 타란토 공습에서 대파
1943년 9월 : 이탈리아 항복
1947년 2월 : 제적

CONTE DI CAVOUR CLASS
동급함 - 콘테 디 카보우르, 카이오 쥴리오 체자레, 레오나르도 다 빈치

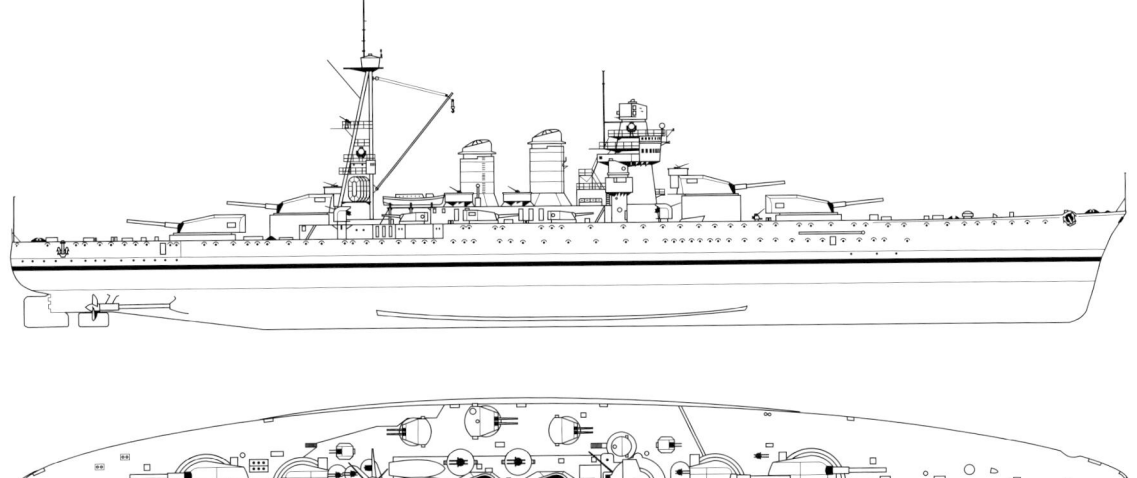

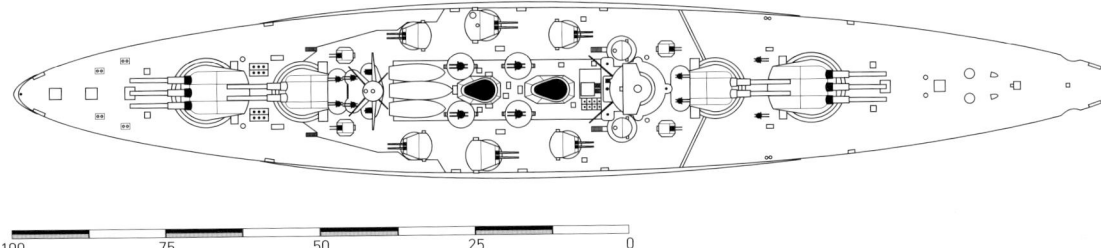

콘테 디 카보우르 (1938년)

이탈리아해군 MMI

제2차 세계대전에서 불운했던 콘테 디 카보우르 개량형
카이오 두일리오급 전함

　카이오 두일리오급은 콘테 디 카보우르급의 개량형으로 건조되었다. 콘테 디 카보우르급의 부포는 12cm 포였지만 이탈리아 해군 당국은 이 포가 위력이 부족하다 하여 신형전함의 부포를 15cm 포로 강화할 것을 요구했다. 당시 이탈리아는 지중해의 패권을 쥐고 있었고 그 때문에 전함의 세력증강은 불가피해 신형전함 건조가 고려된 것이었다. 콘테 디 카보우르급이 아직까지 완성되지 않은 1912년 일찍부터 신형 전함 2척의 건조가 개시되었다. 이 2척이 카이오 두일리오와 안드레아 도리아(Andrea Doria)였다. 함명은 옛날 이탈리아 제독들의 이름에 유래한다.

　1915년과 1916년에 취역한 이 급 2척은 기본적으로는 콘테 디 카보우르와 같지만 부포의 강화가 중요한 차이점이었다. 따라서 주포도 30cm 포였는지라, 각국이 34cm, 36cm, 38cm로 주포구경이 스텝업된 유행은 따라하지 않았다. 이 급은 이어서 38cm 주포를 채용한 프란체스코 카라치올로급이 건조에 착수되었지만 전쟁과 함께 중지되었다. 이탈리아의 국력은 당시 격화되고 있던 열강의 건함경쟁을 따라갈 수 없어 일단 이 급으로 전함건조는 멈추게 되었다.

　이 급도 콘테 디 카보우르와 같이 제1차 세계대전 당시 눈에 띄는 활약은 없이 종전을 맞았다. 제1차 세계대전 후는 군축조약의 영향 때문에 전함건조는 이루어 지지 않았고 대신에 근대화 개장이 실시되었다. 그러나 재정적으로 어려워서 이 급의 근대화 개장이 착수되었던 것은 제2차 세계대전 발발까지 2년밖에 시간이 없던 1937년의 일이었다.

　이 급의 개장도 콘테 디 카보우르와 같이 대개장으로 함의 모습도 완전히 변해서 신형의 리토리오급과 비슷한 외견이 되었다. 개장요령은 콘테 디 카보우르와 거의 같아서 개장 포인트는 주포를 30.5cm 포에서 32cm 포로 교환, 중앙포탑을 빼고 보일러를 증설하는 공사를 통해 기관출력의 강화로 속력향상, 석탄에서 중유로 연료 변경, 보일러도 석탄 중유 혼연식에서 중유 전연식으로 변경, 프리에제 원통을 이용한 수중방어력 개선, 10cm 고각포 탑재 등이 있다. 주포는 구경을 확대함과 함께 사정거리도 종래의 1만 4,000m에서 2만 9,400m로 연장했다. 레이더는 그때까지도 다른 이탈리아 군함과 마찬가지로 탑재되지 않아서 실전에서 큰 결점이 되었다.

　이 같은 개장으로 이 급도 27kn의 스피드를 발휘할 수 있는 고속중형전함으로 탈바꿈했다. 그 대신에 항속거리는 짧아서 전속력으로는 2일 반밖에 행동할 수 없었다. 다만 이탈리아 해군의 예상 전장은 좁은 지중해였고, 통상파괴전도 예상하지 않았기 때문에 이것은 문제가 되지 않았다. 이 급은 가상 적국인 프랑스의 33cm 주포 탑재 고속전함 됭케르크급을 상대하기에는 부족한 전함이라 전해졌다.

　이 급이 개장을 끝낸 것은 신형 리토리오급의 준공과 거의 동시기인 1940년 중순으로, 이탈리아의 참전 후였다. 큰 활약이 기대되었던 이 급은 본격적인 활동을 맞이하기 전에 영국 해군의 타란토 공습에 노출되었다. 이 공습에서 카이오 두일리오는 어뢰 1발이 명중, 이 피해를 수리하기 위해 반년 가까이 행동불능이 되어버렸다. 안드레아 도리아는 타란토 공습 때에 훈련중이었기 때문에 피해를 피할 수 있어서 1941년부터 1942년까지 출격을 반복했지만 영국 전함과 교전하는 기회는 찾아오지 않았다. 1942년 후반에 이탈리아 해군은 심각한 연료부족에 처하게 되어 연료소비량이 많은 대형함의 행동은 크게 제약을 받게 되었다. 또 낙후된 레이더 기술은 이탈리아 함대를 전투에서 불리한 입장으로 밀어넣고 있었다.

　1942년 후반 이탈리아 해군은 중형전함의 퇴역과 승무원의 호위함정 배치를 결정했다. 그러다가 시칠리아 함락 후 이 급은 연합군의 본토상륙에 대비해 다시 한 번 복귀되었다. 그러나 1943년 9월에 이탈리아는 항복하여 출전의 기회는 없어졌다. 그 뿐만이 아니라 이탈리

개장 후의 안드레아 도리아. 30.5cm 주포를 32cm 포로 교환하고 속력 향상과 신형의 부포, 고각포를 탑재하는 등 큰 폭으로 강화가 실시되어 프랑스의 됭케르크급에 대항가능한 함으로 주목받았다. 함명은 1571년의 레판토 해전(Battle of Lepanto)에서 활약한 제노바 제독 안드레아 도리아의 이름에서 유래한다.

---

*두일리오급: 자료에 따라서는 이 급을 안드레아 도리아 급으로도 표기하는데, 전함 안드레아 도리아가 더 먼저 기공되었기 때문이다.

MARINA MILITARE ITALIANA BATTLESHIPS_ 이탈리아 전함

아 함대는 추축군의 통제를 받는 것을 피하기 위해 몰타섬으로 탈출했던 것이었다. 이 급은 이후 1944년 6월까지 여기에서 연합군의 관리하에 있어서 종전까지 전국에 기여하는 일은 없었다.

전쟁 후에 이탈리아 전함은 모두 해체되거나 배상으로 연합국 해군에 인도되었지만 이 급은 이탈리아 해군의 보유가 인정되었다. 벌써 구식화되어 있었지만 이 급은 이탈리아 해군의 상징적 존재로 1956년까지 훈련에 종사하면서 긴 여생을 지내고 마지막을 맞이했던 것이었다.

네임쉽인 카이오 두일리오. 이렇다 할 큰 피해는 받지 않고 제2차 세계대전에서 살아남았다.
함명은 카르타고 함대를 부순 고대 로마의 군인 카이우스 두일리우스에 유래한다.

■ 카이오 두일리오 전함 이력
1912년 2월 : 기공
1915년 5월 : 취역
1937년 4월 : 개장착수
1940년 7월 : 재취역
1940년 11월 12일 : 타란토 공습에서 파손
1943년 9월 : 이탈리아 항복
1956년 : 제적

■ 제원 전함 카이오 두일리오(개장 후)
기준 배수량 : 28,680t
길 이 : 186.9m
너 비 : 28.0m
흘 수 : 10.3m
출 력 : 86,300마력
속 력 : 27kn
항속거리 : 20kn/3,400해리
무 장 : 32cm 3연장주포탑 2기, 32cm 연장포탑2기, 13.5cm 3연장포탑 4기, 9cm 단장고각포탑 10기, 37mm 연장기총탑 15기, 20mm 연장기총탑 8기
장 갑 : 수선 250mm, 갑판 102mm, 주포탑 280mm, 사령탑 260mm
승무원 : 1,440명

CAIO DUILIO CLASS

동급함
카이오 두일리오, 안드레아 도리아

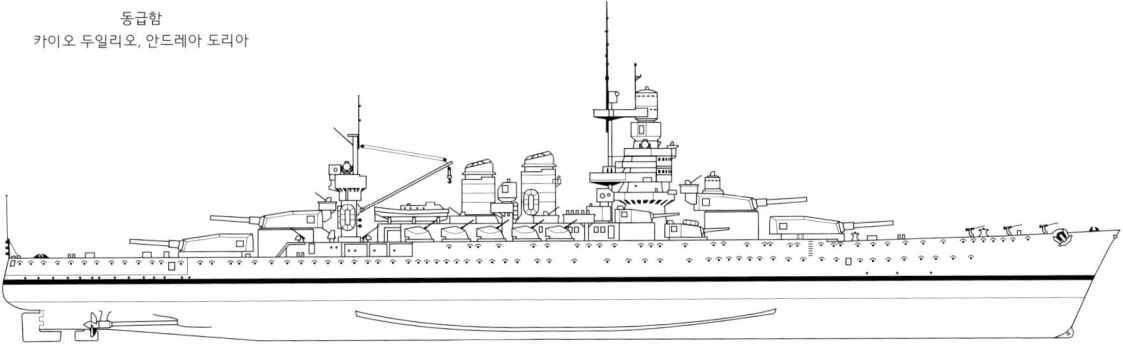

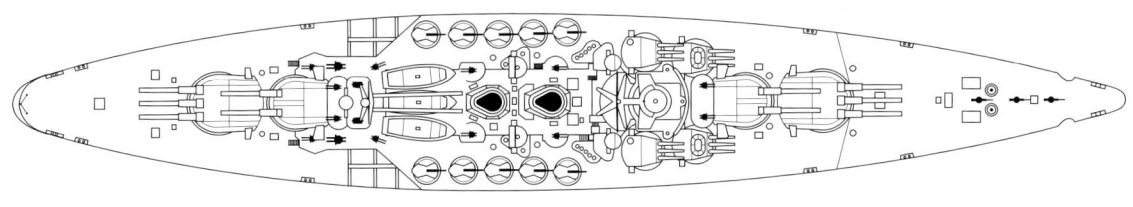

카이오 두일리오 (1940년)

이탈리아 해군

지중해의 패자를 목표로 한 이탈리아 최강 최후의 전함
리토리오급 전함

함정 보유를 제한한 1930년도 런던조약에서 이탈리아 해군은 합계 7만 톤의 틀 안에서 주력함 건조가 인정되었다. 1932년 이탈리아 해군은 이 틀을 이용하여 전함건조를 결정했다. 당시 이탈리아 해군의 라이벌이던 프랑스 해군은 고속전함 됭케르크급을 기공해서 여기에 대항했다.

새로운 수중방어 시스템 프리에제 원통을 개발한 프리에제 조선총감독을 책임자로 신형전함개발 프로젝트가 조직되어 조약에서 정한 3만 5,000톤이내에서 38cm 3연장포탑 3기와 속력 30kn를 목표로 신형전함의 설계작업이 진행되었다. 이 신형전함이 리토리오급¹이었다.

1934년 파시스트당 기념일에 기공된 리토리오급은 조약제한인 배수량 3만 5,000톤 이내(물론 실제로는 모든 나라의 전함이 배수량초과였다)로 건조되었다. 즉 3만 5,000톤급 전함 중 가장 일찍 건조가 시작된 함이다. 조약제한에 따라 주포는 38cm 포를 채용했지만 이 포는 포구속도가 초당 870m로 상당히 빠르고, 사정거리도 4만 2,800m로 구경에 비해서는 긴 사정거리였다. 카탈로그 데이터로 본 방어능력은 프랑스의 리슐리외와 독일의 비스마르크와 비교해도 손색이 없을 정도였다. 그러나 스마트한 외견에서 순양함적인 디자인으로 방어력을 희생하여 속력을 중시했다고 하는 지적도 있었다. 이 같이 많은 내용을 담은 전함이 조약 제한 내에서 제대로 만들어질 턱은 없었다. 리토리오급의 실제 배수량은 조약 제한을 7,000톤이나 초과한 4만 3,835톤이 되어버렸지만 이탈리아 해군은 공식적으로는 3만 5,000톤으로 발표했다. 이것은 조약제한을 받은 각국에서 정도의 차는 있지만 눈에 띄는 경향이었다.

항속거리는 4,580해리밖에 되지 않았다. 독일의 비스마르크가 9,820해리, 영국의 킹 조지 5세가 1만 5,000해리인 것에 비하면 매우 짧은데, 이것은 이탈리아 해군이 예상 전장을 좁은 지중해로 한 결과였다. 리토리오급은 1934년에 리토리오와 비토리오 베네토^{Vittorio Veneto} 2척이 기공되고, 1938년에 로마와 임페로(Impero - '제국'이란 의미)의 2척이 기공되었다. 1940년에 이탈리아가 참전한 시점에서는 리토리오와 베네토만이 완성 단계에 들어섰지만, 아직 최종 의장 공사중이었는지라 완전한 취역을 하기에는 일렀다.

두 함 모두 8월에 준공되었지만 11월의 타란토 공습으로 리토리오는 3발의 어뢰를 맞아 행동불능이 되어버렸다.

남은 비토리오 베네토는 1941년 3월의 마타판 곶 해전에서 영국 항모기의 뇌격으로 스크류를 잃어버리는 손해를 이기고 전장을 탈출했다. 이 해전에서 이탈리아 해군은 중순양함 3척을 잃는 큰 손실을 입었다. 그 원인은 이탈리아 측의 항모와 레이더 결여로, 이제 더 이상 전함이 해전의 주역이 아님을 알리는 싸움이었다. 비토리오 베네토는 그 후도 1941년 말에 잠수함의 뇌격으로 반년간

---

1 *리토리오급:자료에 따라서는 이 급을 비토리오 베네토 급으로 표기하고 있기도 하다. 비토리오 베네토와 리토리오가 같은 날 기공되었기 때문이다.

아마도 1940년도의 비토리오 베네토, 두일리오급과 같이 함교 옆에 단장고각포를 여럿 장비했다. 스펙으로는 유럽 최강이라 말해도 과언이 아닌 베네토였지만 활약할 기회는 찾아오지 않았다. 함명은 제1차 세계대전 말기 이탈리아가 오스트리아에 한 방 먹인 비토리오 베네토 전투에서 유래했다. 또 '리토리오'는 고대 로마시대 집정관을 경호하는 위사(衛士), 또는 위사가 가지고 있었던 도끼(이탈리아 파시스트의 문장이었다)을 의미한다.

행동불능이 되었고 1942년에는 연료 부족으로 사실상 행동 불가능하게 되었다.

리토리오는 1941년 4월에 복귀하여 1941년 12월 17일의 제1차 시드라 만 해전First Battle of Sirte과 이듬해 3월 제2차 시드라 만 해전에서 영국 함대와 교전했지만 두드러진 큰 전과를 올리지는 못하고 이후 연료부족으로 활동할 수 없었다. 1943년 7월에는 함명을 이탈리아로 개명했지만 출전 기회는 없었고 이탈리아 본국의 항복과 함께 리토리오급도 몰타 섬으로 탈출을 시도했다.

이 때 완성된지 얼마 안 된 로마는 독일 공군의 대함미사일 공격으로 격침되었다. 이탈리아와 베네토는 수에즈 운하에서 연합군의 관리하에 두어져서 종전 후에 해체되었다. 임페로는 미완성인 채로 독일군이 접수하였지만 연합군의 공습으로 전체 파손되었다.

리토리오급은 신형전함으로 큰 기대를 받은 존재였지만 레이더 결여 등의 제한으로 진가를 발휘할 수 없이 끝났던 것이다.

함미에서 본 로마. 휴전 직후, 연합군에 항복하기 위해 몰타섬에 회항 중, 배반을 용서하지 않은 독일 공군의 대함유도폭탄 프리츠 X의 공격을 받고 탄약고에 인화되어 폭침했다.

■ 리토리오 전함 이력
1934년 10월 : 기공
1940년 8월 : 준공
1940년 11월 12일 : 타란토 공습에서 대파
1941년 3월 : 마타판 곶 해전에서 파손
1942년 3월 : 제2차 시드라 만 해전
1943년 7월 : <이탈리아>로 개명
1943년 9월 : 이탈리아 항복
1948년 9월 : 제적

■ 제원 전함 리토리오
기준 배수량 : 41,377t
길 이 : 237.8m
너 비 : 32.9m
흘 수 : 10.5m
출 력 : 130,000마력
속 력 : 30kn
항속거리 : 20kn/3,900해리
무 장 : 38.1cm 3연장주포탑 3기, 15.2cm 3연장포탑 4기, 12cm 단장포탑 4기, 9cm 단장고각포탑 12기, 37mm 연장기총탑 20기, 20mm 연장기총탑 16기
장 갑 : 수선 350mm, 갑판 207mm, 주포탑 380mm, 사령탑 260mm
승무원 : 1,860명

LITTORIO CLASS

동급함 - 리토리오(이탈리아)
비토리오 베네토, 로마, 임페로

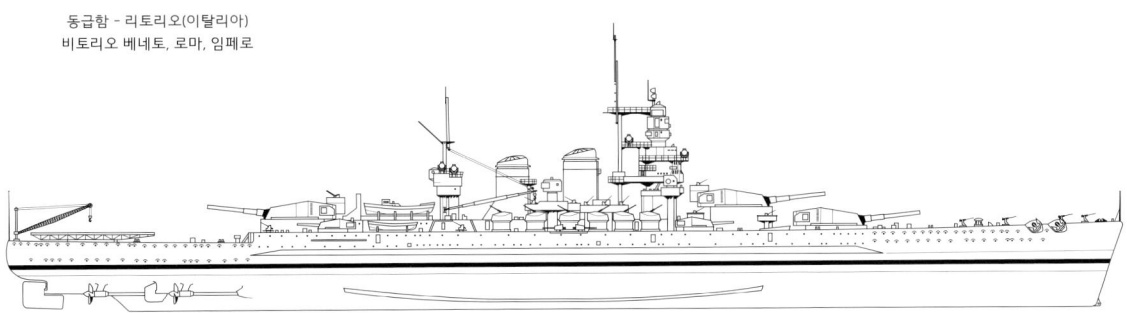

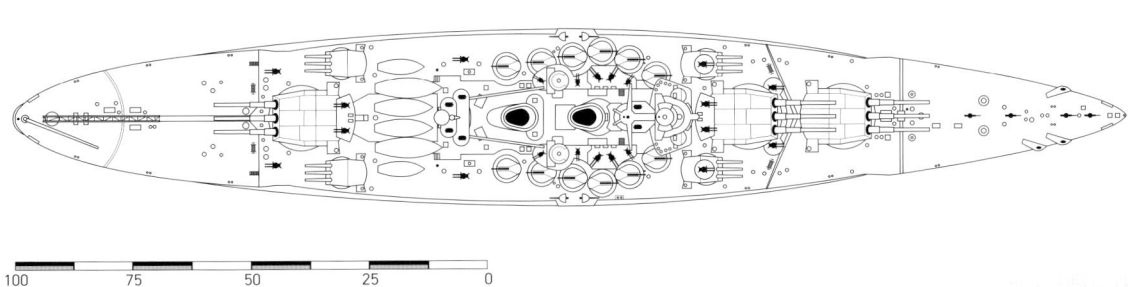

비토리오 베네토 (1943년)

- COLUMN -
전함 각부 명칭과 관련 용어

전함 '야마토' 각부 명칭

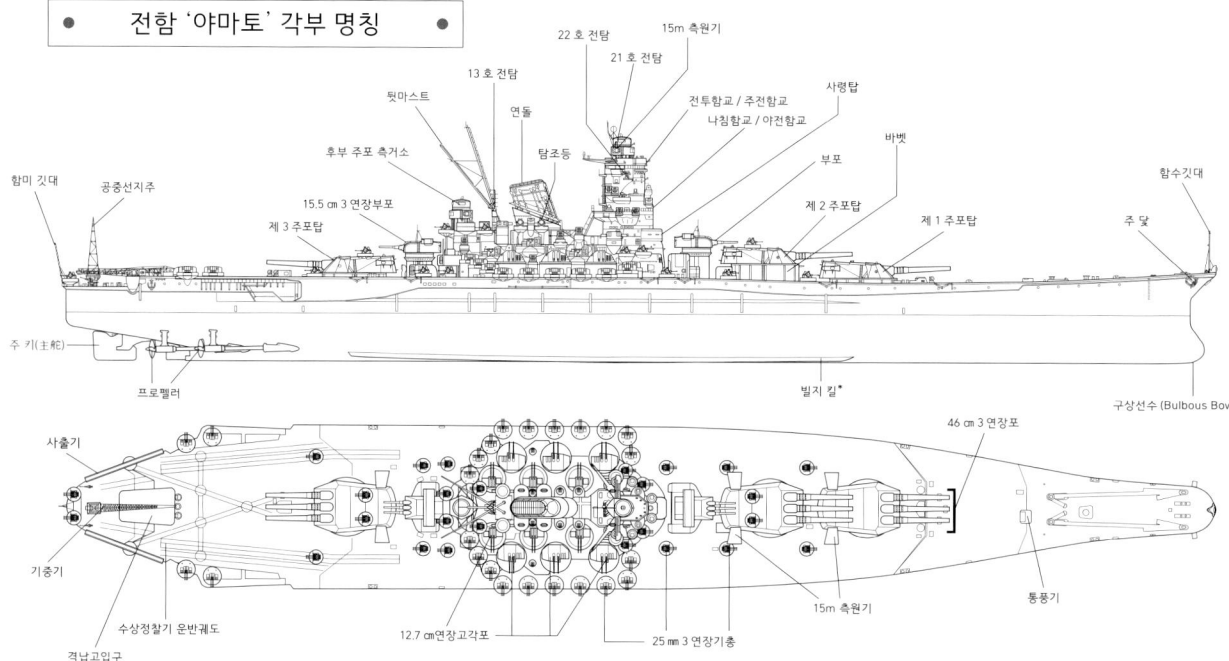

전함관련기본용어

CIC
Command Information Center의 약자로 직접 전투지휘와 레이더 등으로 얻을 수 있는 주변정보가 중요시 되어 가면서 종래의 사령탑을 대신해서 선체 내부에 설치된 중앙전투지휘소.

갑판장갑
갑판에 설치된 장갑. 수직에 가까운 각도로 날아오는 포탄으로부터 선체를 지킨다.

개장
함의 내부 및 외부구조, 탑재무장을 함종을 변경하지 않는 선에서 새롭게 하는 것. 함종이 변하는 경우는 '개조'라 한다.

건현(乾舷)
수면에서 갑판까지의 수직거리. 흘수선보다 위에 있어 물이 닿지 않는 현측을 말한다.

공시
건조를 끝낸 함선이 성능이 충실한지 아닌지를 일정한 룰을 통해서 테스트하는 것.

공시배수량
함선의 공시 때에 사용되는 배수량 표기. 일본 해군은 탄약을 가득 싣고 연료와 물을 2/3 탑재한 경우를 공시배수량이라 했다.

관(缶)
연료를 연소시켜 그 열 에너지로 고온고압의 습기를 발생시키는 장치. 그 습기를 가열기관 습기터빈에 보내서 동력을 얻거나 발전을 한다. 기관, 보일러라고도 한다.

구상선수
함수 수면 밑에 구 모양의 돌기를 설치한 것. 이것은 항해시의 파도 저항을 적게 한다.

기계실
주기가 있는 방.

기준배수량
탄약은 탑재하지만 물과 연료 등을 탑재하지 않는 경우는 배수량표기. 워싱턴 해군군축조약에서 정해진 배수량의 기준표기이기도 하다.

깃발
함수와 함미에 있는 깃발을 게양하는 대.

나침함교
함교 중에 나침반이 있는 장소. 일반적으로는 함교 밑부분에 있다. 항해함교, 또는 야간의 전투지휘는 여기에서 하는 경우가 많았기 때문에 야전함교라고 불려진다.

네임 쉽
거의 같은 설계로 건조된 여러 척의 동급함을 부르는 호칭인 ○○급에서, ○○부분에 들어가는 이름을 가진 함. 동급함 중 가장 먼저 건조된 함을 네임 쉽으로 하는 것이 원칙이다.

노급
1906년에 취역한 영국 전함 드레드노트가 당시의 함력이 보유했던 전함의 성능을 능가해서 이후, 드레드노트와 동등한 성능을 가진 함을 노급함이라 칭했다.

노트(kn)
함선과 비행기의 속도를 나타낼 때에 사용되는 단위로 1kn=1.852km/h.

능파성
파도가 세도 안정상태를 유지하면서 항행할 수 있는 성능. 파도를 잘 가를 수 있는 성능

대체함
구식화, 노후화된 함을 바꾸는 목적으로 계획, 건조된 함.

데미지 컨트롤
함이 손상을 입은 경우에 피해가 더 이상 커지지 않게 실시한 처치. 구체적으로는 침수를 막기 위해서 압력을 견디는 격벽을 만들거나, 선체의 기울어짐을 바르게 하기 위해서 탱크에 주수물을 주입하거나 화재시의 소화작업 등을 말한다.

만재배수량
탄약, 연료, 물 등을 만재한 경우의 배수량.

망루
함선의 마스트 상부에 있는 발판. 파수대.

바벳(Barbette)
포탑이 얹혀있는 포탑 기부의 원통 모양의 대. 매우 튼튼한 장갑이 설치된다.

바이탈 파트(Vital part)
주포탄약고와 기관부 등 함의 생존에 가장 중요한 구획. 중요 방어 구획.

배수량
함선의 크기를 나타내는 수치. 물을 가득 채운 가상의 수조에 함선을 띄웠을 때 넘쳐흐르는 물의 중량을 톤 단위로 나타낸 것.

벌지
선체 양측의 배 바닥 부근까지 볼록하게 나온 곳. 부력과 복원력을 늘리는 동시에 어뢰공격의 데미지를 경감시킨다.

빌지 킬(bilge keel)
만곡부의 용골(배가 옆으로 흔들리는 것을 방지하기 위한 용골형 돌출재)

복원력
좌우로 기울어진 배가 원래 상태로 수평으로 돌아오는 힘.

사령탑
최악의 공격으로 함교구조물이 파괴될 때 지휘를 실시하는 최후의 요새. 일반적으로 함교중간 정도에 있다. 여기에는 그 함의 최대방어에 적합한 장갑이 설치된다.

초노급
1912년에 준공한 영국 전함 오리온급이, 노급전함을 넘어서는 강력한 주포화 고속력을 가지고 있기 때문에 이후 동등한 성능을 가지고 있는 함을 초노급전함이라 말한다.

산포구계(算布界)
함포사격에서 일정 지점을 겨냥해서 포탄이 탄착 시에 퍼져나가는 범위. 일반적으로 구경이 크고, 포신이 짧고 목표와의 거리가 짧을수록 산포계가 크게 된다.

상부구조물
선체상부, 갑판 위에 있는 함교와 무장, 연돌과 마스트 등의 관련설비의 총칭. 상구(上構)라고도 부른다.

수선장
흘수선의 맨 앞부터 맨 뒤까지의 길이

스크류
프로펠러함의 추진력을 얻기 위해 쓰이는 터빈 날개 모양의 부품

야전함교 ⇒ 나침함교

양용포
평사포와 고각포의 기능을 합한 포.

의장
선체가 완성된 후에 항해나 전투에 필요한 여러 가지 장비를 설치하는 것. 진수 후에 실시하는 일도 있다.

인치
야드(길이) 파운드(질량)법에서 쓰는 길이의 단위로, 함선에서는 포구경을 나타내는 단위로도 사용된다. 1인치=2.54cm.

전탐
일본 해군의 레이더 호칭. 정식으로는 전파탐지기

전투함교
함교 중에서 전투 시에 사령관과 함장이 지휘를 하는 장소. 일반적으로는 함교 상부에 있다. 일출에서 일몰까지의 전투지휘는 여기에서 하기 때문에 주전함교라고 불려진다.

점감(漸減)요격
워싱턴, 런던 등 두 해군 조약 이후에 일본 해군에서 주류가 된 대미국작전 구상. 필리핀 괌을 공략한 후 태평양을 횡단하여 공격하는 미국 함대를 잠수함, 비행기 및 수뢰전대의 야전으로 순차적으로 격파하고, 세력을 없애게 한 후 나머지 미 함대를 온존한 주력함으로 섬멸하는 것.

주기
함선의 기관 종류, 탑재기, 추진방법 등을 가리키는 총칭.

주전함교 ⇒ 전투함교

주포탑
주포를 탑재하는 포탑. 전함의 주포탑에는 선체 각부위 중에서도 가장 두꺼운 장갑을 설치한다.

준공
함선의 건조공사가 완료되는 것.

준노급
드레드노트 출현 이전의 전함을 편의적으로 칭한 것.

진수
건조공사를 거의 끝낸 함선을 수상에 띄우는 것.

축
기관출력을 전달하는 추진축. 스크류 샤프트

측원기
목표까지의 거리를 재는 장치. WW2에서는 반사 프리즘(角)의 원리를 이용한 광학식 측원기가 주류였다.

케이스메이트
현측에 장비된 포가 설치되어 있는 한정선회식의 커버. 포곽.

탄약고
포탄과 장약(裝藥)을 넣어두는 방. 유폭을 막기 위해 엄중한 장갑으로 지켜지고 있다.

탐조등
써치라이트. 적을 찾거나 요함과 신호로 연락을 하기 위해 사용한다.

터빈
함선에서 힘차게 내 뿜는 증기를 터빈 날개(羽根車)에 맞추어서 그 에너지를 회전운동으로 교환하여 동력을 얻는 장치. 습기 터빈.

파고다 마스트
삼각과 칠각의 평판을 층층이 쌓아올린 구조를 갖춘 마스트. 그 모습이 동양의 불탑(파고다)을 연상시키기 때문에 이렇게 불려진다. 일본 해군 전함의 특징으로 잘 알려졌다.

퍼넬 캡
퍼넬(연돌)에 설치되어 연기가 원치않는 방향으로 가지 못하게 편향시키는 반원형의 장비.

포탑 상면
함교와 포탑의 천정부분

프로펠러 샤프트
스크류 프로펠러를 붙이는 축. 기관(엔진)에서 생산한 동력을 스크류 프로펠러로 전달한다.

플레어
흘수선 부근에서 갑판으로 올라가면서 함폭이 넓어지게 만든 디자인. 파도 물보라가 갑판 위로 올라오는 것을 막음.

함미
함의 뒤쪽 부분. 스턴(stern)이라고도 한다.

항이배수량
함선이 전투행동에 들어간 상태를 예상하여 탑재량을 탄약 3/4, 연료 1/4, 물 1/2로 한 경우의 배수량 표기.

항속성
연안만이 아니라 대양을 항해가능한 성능. 배수량과 항속력, 연료소비율이 균형을 이루어야 좋다.

항해함교 ⇒ 나침함교

해리(nm)
항해나 항공 분야에서 해면상의 거리와 항속거리를 나타낼 때에 사용하는 단위로, 1nm(노티컬마일)=1.852km.

현측
선체의 측면.

현측장갑
현측에 설치된 장갑.

흘수
수상에 떠있는 함선의 함저에서 수면까지의 수직거리. 끽수(喫水)라고도 함.

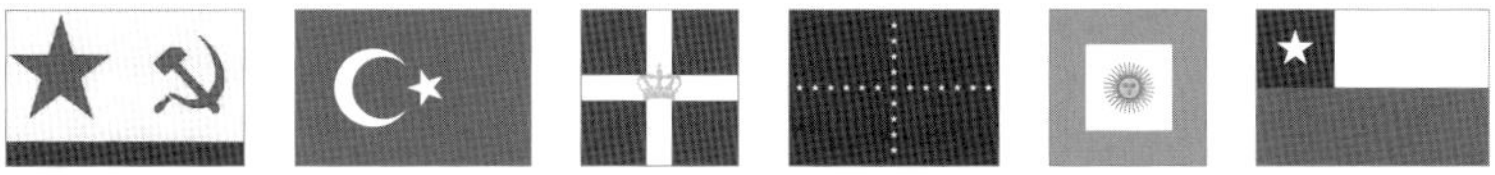

소련·터키·그리스·남미 3개국 전함

글 마츠다이 모리히로 **그림** 고가 슈토(소련), 다다 게이이치(그 외 각국)

☞ 소련 전함

러·일 전쟁에서 괴멸한 러시아 해군은, 제1차 세계대전 때에는 부활한 것 같이 보였지만, 이어진 혁명에서 또다시 큰 타격을 받았다. 레닌 정권 밑에서 해군은 부활했지만, 기술력·경제력의 한계가 있었고, 고급장교 숙청 등의 이유도 있어서 부흥의 길로는 전혀 나아가지 못했다. 스탈린 정권은 전함과 대형순양함 건조 목표를 세웠지만 그것도 생각처럼 진행되지 못하고 결국 제2차 세계대전에 참가할 수 있는 전함은 제1차 세계대전 직전에 완성한 마라^{Marat}급 3척과, 세계대전 말기에 영국에서 빌려온 아르항겔리스크^{Arkhangelsk}뿐이었다. 해군 자체의 활동도 육군을 보조하는 수준에 머물렀다.

☞ 터키, 그리스 전함

터키는 제1차 세계대전 당시 독일에서 순양전함 괴벤^{Goeben}을 양도 받아 그대로 독일측의 동맹군으로 합세했다. 괴벤은 '야부즈 술탄 셀림'으로 개명되어 흑해에서 러시아 전함에 계속 압력을 주었다. 그 뒤의 제2차 세계대전에는 터키가 중립을 지켰기 때문에 이 함은 참가하지 않고 전쟁 후 잠시 동안 현역에 있었다.

또 그리스는 제1차 세계대전 직전에 미국에서 저속전함 미시시피급 2척을 구입해서 킬키스^{Kilkis}급 전함으로 운용하여 에게해 주력 방위임무에 임했다. 제2차 세계대전 때에 현역에서 물러난 2척이었지만 그리스 최대의 함이었기 때문에 독일군의 공격목표가 되어 격침되었다

☞ 남미 3개국 전함

남미의 3대 강국인 브라질, 아르헨티나, 칠레는 군사력으로도 서로 견제해오고 있어서 해군력의 상징인 전함 배치에도 눈에 띄게 두드러졌다. 1910년에 먼저 브라질이 노급전함의 미나스 제라이스$^{Minas\ Gerais}$급을 배치하자, 아르헨티나는 그것에 대항하여 리바다비아^{Rivadavia}급을 배치하였다. 그리고 칠레가 그에 뒤지지 않게 알미란테 라토르레$^{Almirante\ Latorre}$를 배치시켜서 남미 3개국의 세력경쟁은 겨우 안정되었다.

(글/편집부)

마라급
아르항겔리스크
야부즈
킬키스급

미나스 제라이스급
리바다비아급
알미란테 라토르레

제5장

소련해군

열악한 소련 해군을 지지한 노급전함
마라급 전함

러시아 최초의 노급 전함으로 강구트Gangut급이라고도 부른다. 1908년의 계획에서 이탈리아의 설계사상을 큰 폭으로 도입했기 때문에 동시기에 이탈리아에서 건조 중이었던 단테 알리기에리와 비슷한 점이 많다. 동급함은 4척으로 전부 1914년 말에 준공되었다. 제1차 세계대전 중에는 활약기회가 없었고 그 뿐 아니라 혁명기의 혼란으로 폴타바(뒤에 프룬제Frunze로 개명)가 대파당해 폐함과 다를 바 없게 되었다. 소비에트 정권의 성립후, 4척 모두 혁명과 관련된 이름으로 개칭되어 1930년대의 초반에는 프룬제를 뺀 3척이 대규모 근대화 개장을 실시했다.

제2차 세계대전이 발발했을 때, 가동상태에 있었던 것은 마라뿐이었다. 마라는 대 핀란드 전쟁 때에 출전은 했지만 연안포대의 반격을 받고 철수했다. 그 뒤 독일군의 침공으로 소련은 발트해 연안의 근거지를 잃고 마라와 강구트는 레닌그라드로 후퇴했지만 둘 다 공습을 받아 대파했다. 흑해에 있던 동급함 세바스토폴 호도 공습으로 파괴되어 포티 군항으로 어쩔 수 없이 피난하고, 전쟁종결까지 거의 활동하지 않았다.

공격력과 방어력이 모두 낮고 더군다나 저속이었기 때문에 전력적인 가치는 한정되어 있었지만 대항하는 적 주력함이 거의 없던 발트해와 흑해에서는 충분한 존재가치가 있는 '전함'이라고 볼 수 있다. 분명 독·소전 초기는 공습으로 큰 손해를 입었지만 소련 공군이 전력을 다시 세운 1943년 이후는 다시 출격하여 연안행동을 행한 것만으로도 상당한 위협이 되었을 것이다.

기울어진 연돌이 특징인 마스트. 성능은 제1차 세계대전 수준이었다.

■ 마라 전함 이력
1914년 : 발트 공창에서 페트로파블로프스크 (Petropavlovsk)로 준공
1915년 : 리가만에 진공한 독일 함대를 공격
1919년 : 크론슈타트에서 영국 어뢰정의 뇌격을 받아 대파 착저
1920년 : 인양 수리
1921년 : 마라로 개명, 반란수병에게 점령. 뒤에 반란 진압
1931~1934년 : 근대화 개장
1941년 : 독일군의 공습에 피폭되어 착저
1943년 : 착저상태인 채로 페트로파블로프스크로 개명
1944년 : 착저상태로 포격 실시 후, 포술연습함 볼호프로 개명
1953년경 : 제적
1959년 : 해체

■ 제원 전함 마라
기준 배수량 : 23,606t
길 이 : 184.9m
너 비 : 26.9m
흘 수 : 9.3m
출 력 : 60,000마력
속 력 : 22.5kn
항속거리 : 14kn/2,400해리
무 장 : 30.5cm 3연장주포탑 4기, 12cm단장포탑16기, 7.6cm고각포탑6문, 37mm고각포탑6문
장 갑 : 수선 229mm, 갑판 76mm, 포탑 203mm, 사령탑 254mm
승무원 : 1,300명

MARAT CLASS
동급함
페트로파블로프스크(마라)
강구트(옥챠브르스카야 레볼류챠)
폴타바(프룬제)
세바스토폴(파리스카야 콤무나)
*( )안은 모두 공산혁명 후 개칭된 이름

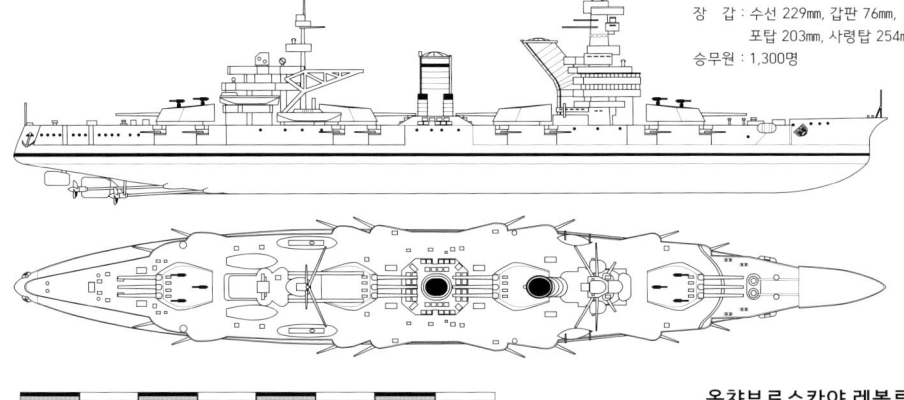

옥챠브르스카야 레볼류챠 (개장 후)

소련해군

영국에서 대여받은 구식전함
전함 아르항겔리스크

영국에서 대여받은 전함으로 원래는 R급 로열 소버린이었다. 1944년에 영국 해군으로부터 인도되어 4년 8개월 후인 1949년에 반환되었다. 영국 해군은 인도 시 특별한 개장 등은 실시하지 않은 영국 해군 재적 상태 그대로 인도했다. 또 소련 해군도 특별한 개장이나 사양 변경을 하지 않아 제원은 물론 외견에도 변화는 없다. 그러나 아르항겔리스크 시대의 사진이 너무 적기 때문에 도장과 세부에 관해서는 불명한 점이 많다.

아르항겔리스크를 영국에서 대여받은 이유는 이탈리아의 항복과 연합국 간의 타협이었다. 1943년 9월에 이탈리아가 항복하고 이탈리아 해군 전함을 시작으로 전 함정을 연합국에 인도했는데, 이때 소련은 구 이탈리아 함정 중 3분의 1을 인도하도록 영국과 미국에 요구했다. 그러나 이탈리아의 신정권은 연합국 측에 서서 독일에 선전포고하겠다고 약속하고 있어서 영·미는 구 이탈리아 해군의 함정을 반환하여 신생 이탈리아 해군의 중핵으로 할 생각이었다. 그 때문에 영·미 양국은 소련에게 독일이 항복할 때까지 함정의 인도를 기다리라고 설득했다. 하지만 소비에트는 구 이탈리아 해군 함정, 특히 전함의 인도를 집요하게 계속 요구했다. 그래서 어쩔 수 없이 그 대신 인도된 것이 이 아르항겔리스크였던 것이었다. 소련 해군이 북해에서 아르항겔리스크를 수령한 당시는 아직 티르피츠가 남아있어서 북해에는 긴장이 이어지고 있었다. 그 때문에 조금이라도 전력에 기여할 것이 기대되었지만 독일군 잠수함의 추적을 받은 이후부터 전쟁이 끝날 때까지 군항에 틀어박혀 거의 활동하지 않았다.

세계대전 말기 영국에서 그다지 전력으로 중요시 되지 않은 로열 소버린은 소련에 대여되어 아르항겔리스크가 되었다.

■ 아르항겔리스크 전함 이력
- 1916년 : 영국에서 전함 로열 소버린으로 준공
- 1944년 : 영국의 로사이스(Rosyth)에서 소련에 대여
- 1944년 : 아르항겔리스크로 개명
- 1944년 : 북해 함대에 편입 후, 콜라(Kola)만에서 행동
- 1949년 : 영국에 반환
- 1950년 : 매각 해체

■ 제원 전함 아르항겔리스크
- 기준 배수량 : 29,150t
- 길 이 : 190.95m
- 너 비 : 30.94m
- 흘 수 : 8.7m
- 출 력 : 40,000마력
- 속 력 : 23 kn
- 항속거리 : 10kn/4,200해리
- 무 장 : 38.1cm연장주포탑 4기, 15.2cm 단장포탑 8기, 10.2cm 연장고각포탑 4기, 40mm 4연장기총 8기, 20mm 단장기총탑 17기
- 장 갑 : 수선 330mm, 갑판 51mm, 주포탑330mm, 사령탑 279mm
- 승무원 : 1,146명

ARKHANGELSK CLASS
동급함 - 로열 소버린급(영국)

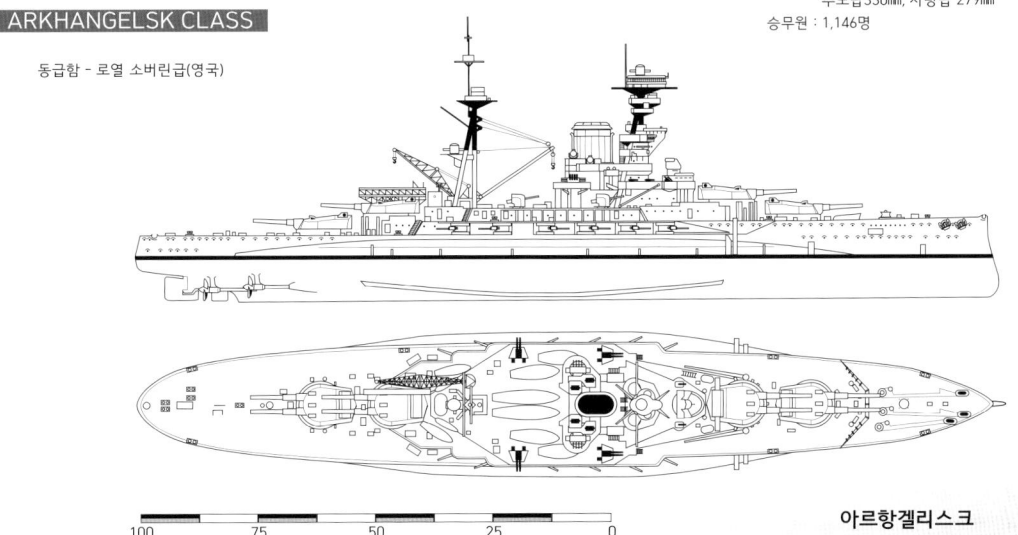

아르항겔리스크

제1차 세계대전에서 독일이 양도한 순양전함
순양전함 야부즈

터키해군 / TDK

독일 제국에서 양도된 순양전함으로 원래는 몰트케Moltke급의 괴벤이었다. 1914년에 제1차 세계대전이 시작한 때 괴벤은 지중해에서 활동하여 영국 해군의 과격한 추적을 받고 있었다. 그 때문에 독일과 우호관계에 있어서 아직 참전하지 않았던 터키 제국에 양도하여 영국 해군의 추적에서 벗어나게 되었다. 양도할 때도 특별한 개장 등은 실시하지 않아 구조와 외형이 몰트케와 같았다. 또 승무원도 독일 해군 군인이 그대로 머물러서 전투에도 참가했다. 괴벤을 인도받은 터키제국은 그 대가로 독일측 동맹국으로 참전했기 때문에, 이를 두고 한때 "독일은 전함 1척으로 한 나라를 손에 넣었다."라고 전해질 때도 있었다.

독일에서 양도받은 괴벤은 '야부즈 술탄 셀림'으로 개명되어 터키 해군 최강의 순양전함으로 흑해방면에서 주된 활동을 했다. 당시 러시아의 흑해함대에는 야부즈에 대항가능한 함이 존재하지 않았고, 속력과 공격력의 양면에서 극도로 우수한 이 함의 존재는 러시아에게 매우 중대한 위협이 되었다. 그 뒤 러시아는 1915년에서 17년에 걸쳐서 3척의 임펠라트리챠 마리야Imperatritsa Mariya급 전함을 준공시켜 전부 흑해함대에 배치했지만 속도가 느리기 때문에 야부즈를 완전하게 압도하는 것은 불가능했다.

야부즈는 제1차 세계대전과 터키제국의 붕괴 이후에도 연명하여 전후에는 '야부즈 셀림'으로 개명한 뒤에 함종도 전함으로 변경되었던 것 같다. 터키는 제2차 세계대전에 참전하지 않았기 때문에 야부즈는 또다시 세계대전에서 살아남아 그 뒤도 터키 해군의 상징으로 계속 군림했다. 그러나 시간이 지남에 따른 노후화에는 어쩔 수 없어서 예비함으로 잠시 동안 보관된 뒤 1963년에는 제적, 해체되었다.

기구한 운명을 겪고 터키 군함이 된 야부즈

■ 제원 순양전함 야부즈
기준 배수량 : 23,606t
길 이 : 186.5m
너 비 : 29.5m
흘 수 : 8.98m
출 력 : 52,000마력
속 력 : 25.5kn
항속거리 : 14kn/4,120해리
무 장 : 28cm 연장주포탑 5기, 15cm 단장포탑 12기, 8.8cm 단장포탑 12기, 50cm수중어뢰발사관 4기
장 갑 : 수선 270mm, 갑판 50mm, 포탑 230mm, 사령탑 350mm
승무원 : 1,053명

■ 야부즈 전함 이력
1912년 : 독일에서 독일 순양전함 괴벤으로 준공
1914년 : 터키에 인도. '야부즈 술탄 셀림'으로 개명
1914년 : 세바스토폴을 포격
1918년 : 기뢰와 폭격으로 손상. 연합군에 의해 이즈미트(Izmit)에 억류됨
1923년~1930년 : 이즈미트에서 근대화개장을 받음. 동시기 '야부즈 셀림'으로 개명
1936년 : 야부즈로 개명
1941년 : 제2차 근대화 개장
1950년 : 예비역 편입
1954년 : 좌초. 부두로 사용
1971년 : 매각
1973년 : 해체

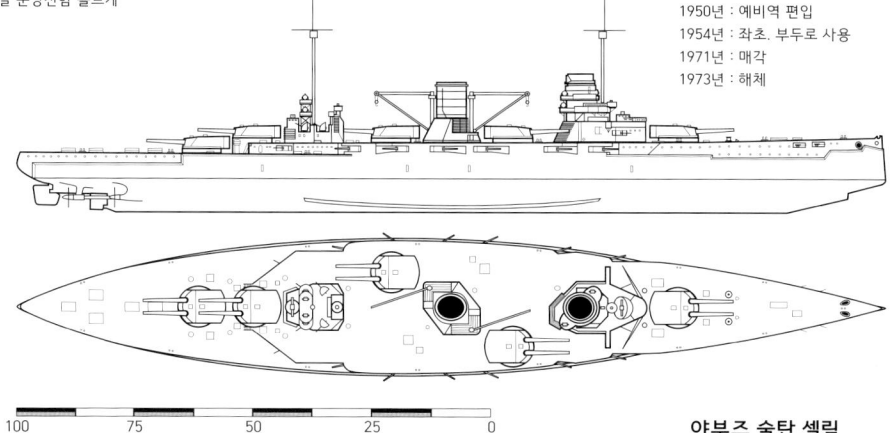

YAVUS
동급함
야부즈(원 독일 순양전함 괴벤)
독일 순양전함 몰트케

야부즈 술탄 셀림

미국에서 그리스에 건너온 저속전함
킬키스급 전함

그리스해군 HN

미국에서 매각된 전함으로 건조 당초에는 미시시피급으로 불리어졌다. 미시시피급은 1903년도 계획에서 건조가 인정된 소형전함으로 동급함은 2척이다. 계획 당초에 미 해군은 미시시피급과 병행해서 주력인 대형의 코네티컷급 전함을 장비하고 있었지만 카리브해의 방어용으로 속력이 느린 대신 작고 저렴한 전함으로 설계되었다. 화력과 방어장갑은 코네티컷급과 동등하게 취급되었기 때문에 특히 함 전반부의 구조와 외견은 코네티컷급과 비슷하다. 그러나 최고속력이 17kn에 그쳐서, 최고속력 18kn의 코네티컷급과 동일행동을 취할 수 없었다.

게다가 미시시피급 준공 때에는 코네티컷급의 정비도 진행되고, 또한 영국에는 획기적인 신전함인 드레드노트가 출현하고 있었다. 결국 미시시피급은 준공과 동시에 2선급 존재가 되어 처치곤란하게 되었다. 그 때문에 준공 후 겨우 6년 만에 2척 모두 그리스에 매각되어, 제1차 세계대전 직전인 1914년 7월에 미 해군으로부터 인도되었다.

그리스는 2척을 각각 킬키스, 림노스로 개명하고 에게해 방어의 주력으로 운용했다. 그러나 제1차 세계대전에서는 실전참가기회가 없었고, 그 후는 부포대(浮砲臺)와 폐선으로 제2차 세계대전을 맞았다. 제2차 세계대전 때는 이미 전력가치가 없었지만 그리스 해군 최대 최강의 전함으로 독일 공군의 목표가 되어 독일군의 그리스 침공이 시작된 직후인 1941년 4월 10일에 2척 모두 폭격으로 침몰당했다.

원래는 제1차 세계대전 전의 준노급 전함인 킬키스. 17kn의 저속이었다.

■ 킬키스 전함 이력
1908년 : 미국에서 미국전함 미시시피로 준공
1914년 : 그리스에 매각
1914년 : 킬키스로 개명
1932년 : 포술연습함이 됨
1940년 : 부포대가 됨
1941년 : 살라미스(Salamis)만에서 독일 공군의 폭격을 받고 침몰

■ 제원 전함 킬키스(제원은 미시시피급의 것)
기준 배수량 : 13,000t
길 이 : 116.5m
너 비 : 23.5m
흘 수 : 7.5m
출 력 : 10,000마력
속 력 : 17kn
항속거리 : 10kn/5,775해리
무 장 : 30.5cm 연장주포탑 2기, 20.3cm 연장포탑 4기, 17.8cm 단장포탑 8기, 7.6cm 단장포탑 12기, 47mm 단장포탑 6기, 53.3cm 수중어뢰발사관 2문
장 갑 : 수선 229mm, 갑판 76mm, 포탑 305mm
승무원 : 774명

KILKIS CLASS
동급함
킬키스(원래는 미 전함 미시시피)
림노스(원래는 미 전함 아이다호)

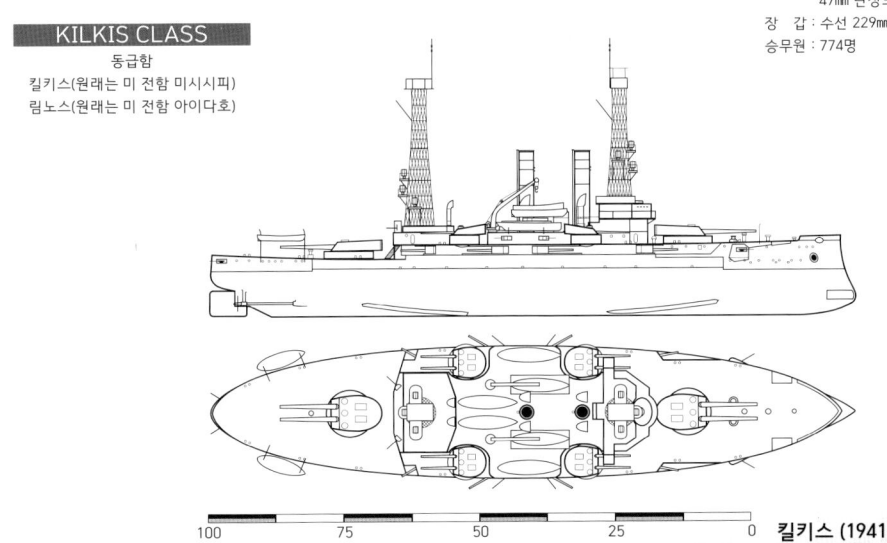

킬키스 (1941년)

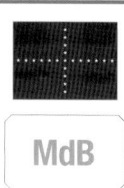

브라질해군 MdB

남미에 전함경쟁을 일으킨 강력한 전함
미나스 제라이스급 전함

영국에서 건조된 전함으로 남미 최초의 노급전함이다. 남미각국, 특히 브라질과 아르헨티나, 칠레의 3국은 이해관계에서 서로 충돌하는 일이 많아 서로 군비를 증강하여 견제하고 있었다. 그런 상황에서 20세기 처음으로 아르헨티나가 영국에서 4척의 장갑순양함을 구입했기 때문에 그동안 균형을 이뤄오던 ABC 3국(아르헨티나, 브라질, 칠레 세 나라의 알파벳 머리글자를 딴 약자)의 해군력이 아르헨티나쪽으로 크게 유리하게 기울어 버렸다. 19세기 말 까지 ABC 3국은 모두 소형의 해방전함 정도 밖에 보유하지 않았기 때문에 속력과 공격력, 방어력, 항해능력 전부에서 크게 우위에 있는 아르헨티나 장갑순양함은 특히 브라질에 큰 위협이 되었다. 그 때문에 브라질은 영국에 최강의 최신예전함을 발주하여 군사력 균형을 한 번에 되돌려 놓으려 했다. 그 결과 동시기에 영국에서 건조되었던 벨레로폰Bellerophon급보다도 강한 공격력과 속력을 겸비한 진정한 '최강의 최신예전함'을 손에 넣어 남미의 해군력 발란스를 완전하게 역전시켰다.

2척은 모두 1910년에 완성되어 각각 미나스 제라이스와 상 파울루로 이름이 붙여지고 브라질 해군의 주력으로 남대서양에 군림했다. 그러나 1914년에서 1915년에 걸쳐서 아르헨티나도 2척의 노급전함을 손에 넣었기 때문에 브라질의 우위는 몇 년 못 가 끝났다. 그 뒤 미나스 제라이스는 1934년부터 37년에 걸쳐서 근대화 개장공사가 실시되어 1952년에 제적될 때까지 브라질 해군의 상징으로 현역에 머물렀다. 그러나 동급함 상 파울루는 예상 이상으로 빨리 노후화되었기 때문에 개장도 실시되지 않고 1946년에 제적되었다. 그 후 1951년에 해체를 위해 업자에게 인도되던 도중에 대서양에서 침몰했다.

30.5cm 포를 12문 탑재한 노급전함 미나스 제라이스

■ 미나스 제라이스의 전함 이력
1910년 : 영국에서 준공
1910년 : 반란 수병에게 점거. 그 뒤 퇴거.
1934~1937년 : 근대화 개장
1952년 : 제적
1953년 : 매각 해체

■ 제원 전함 미나스 제라이스
기준 배수량 : 19,281t
길　이 : 165.5m
너　비 : 25.3m
흘　수 : 7.6m
출　력 : 30,000마력
속　력 : 21 kn
항속거리 : 10kn/8,000해리
무　장 : 30.5cm연장주포탑 6기,
　　　　12cm단장포탑 22기, 10.2cm 포탑4기
장　갑 : 수선 230mm, 갑판 50mm,
　　　　포탑 230mm, 사령탑 305mm
승무원 : 850명

MINAS GERAIS CLASS

동급함 - 미나스 제라이스, 상 파울루

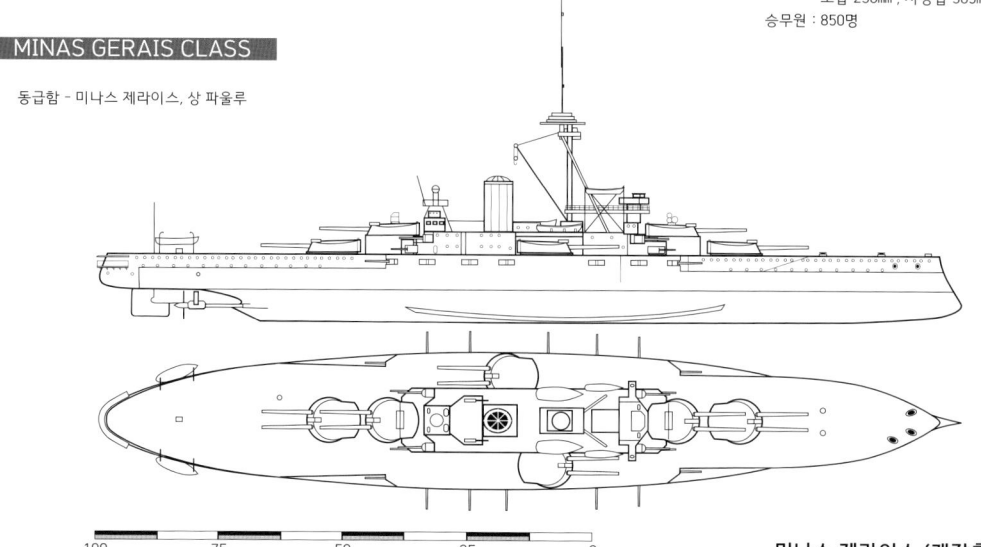

미나스 제라이스 (개장후)

미나스 제라이스를 능가하는 우수함
리바다비아급 전함

아르헨티나해군 / ARA

미국에서 건조된 이 함은 브라질의 미나스 제라이스급에 맞서고자 발주되었다. 리바다비아급은 브라질의 미나스 제라이스급이 발주된 다음 해인 1907년도에 발주되었고 동급함은 2척이었다. 당시의 아르헨티나 해군은 이탈리아에서 쥬세페 가리발디Giuseppe Garibaldi급 장갑순양함을 4척이나 수입하여 함대의 주력으로 정비했다. 그러나 브라질 해군이 이에 맞서 영국에 미나스 제라이스급 노급전함을 발주한 것에서 이 대로는 주력함이 일제히 브라질에 밀리는 위기에 처하게 되었다. 그 때문에 미나스 제라이스급을 능가하는 노급전함을 장비하기로 결정하여 미국에 전함 2척을 발주했다.

이들은 1914년부터 1915년에 걸쳐서 준공, 각각 리바다비아, 모레노로 명명되어 아르헨티나해군에 취역했다. 리바디비아급은 주포화력은 미나스 제라이스급과 동등했지만 속력과 방어장갑은 더욱 우수했으며, 동시기에 건조되었던 미국의 델라웨어급과 플로리다급보다도 강력했다.

또 리바디비아급의 준공 당시는 제1차 세계대전이 시작된 때였는지라, 재정상의 문제도 있었기 때문에 브라질은 전함의 추가 장비도 단념할 수 밖에 없는 상황이었다. 그 때문에 브라질과 아르헨티나의 해군력 균형은 리바디비아급으로 유지되어 양국의 건함경쟁은 일단락되었다. 그 뒤 리바다비아급은 1924년에서 1925년에 걸쳐서 근대화 개장 공사가 실시되었지만 1940년대 후반에는 예비역이 되어 1956년에는 해체되었다.

미제 전함의 특징인 격자형마스트가 잘 드러나는 리바디비아

■ 리바디비아의 전함 이력
1914년 : 미국에서 준공
1924~25년 : 근대화 개장
1940년대 : 예비역 편입
1956년 : 제적, 매각해체

■ 제원 전함 리바디비아
기준 배수량 : 28,000t
길 이 : 178.3m
너 비 : 29.5m
흘 수 : 8.5m
출 력 : 39,500마력
속 력 : 22.5 kn
항속거리 : 15kn/7,000해리
무 장 : 30.5cm연장 주포탑 6기, 10.2cm단장포탑 16기, 7.6cm 포탑4기, 40mm기관포탑4기, 53.3cm수중어뢰발사관 2문
장 갑 : 수선 280mm, 갑판 76mm, 포탑 305mm, 사령탑 305mm
승무원 : 1,050명

RIVADAVIA CLASS
동급함 - 리바다비아, 모레노

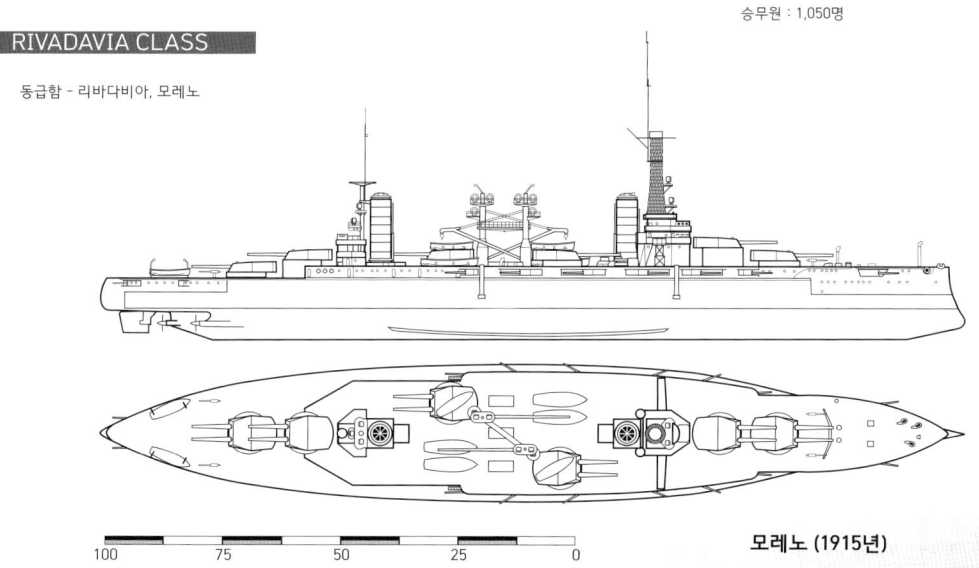

모레노 (1915년)

전함 알미란테 라토르레

칠레해군 / AdC

남미 건함 경쟁에 종지부를 찍은 초노급전함

영국에서 건조된 초노급전함으로 결과적으로 남미 최후의 전함이 되었다. 20세기 초, 아르헨티나와 브라질이 각각 2척씩 노급 전함을 보유했고, 게다가 브라질은 영국에 전함 1척을 발주하였기 때문에 칠레만이 크게 뒤쳐지게 되어 버렸다. 그 때문에 칠레는 아르헨티나와 브라질 양국의 전함을 압도할 수 있는 강력한 전함을 필요로 했다. 이리하여 칠레가 영국에 발주한 함은 큰 공격력과 속력이 요구되어 동시기에 건조된 아이언 듀크급보다도 대구경의 주포를 갖추고 속력도 웃돌았지만 그 대신에 장갑방어는 조금 약했다.

칠레는 1911년에 2척을 발주하고 각각 리베르타Liberta, 산 디에고San Diego로 명명했다. 그러나 리베르타 발파라이소Valparaíso로 개명되고, 얼마 안 있어 또 알미란테 라토르레로 개명되었다. 또 산 디에고도 알미란테 코라네Almirante Cochrane로 개명되었다.

그러나 완성 직전에 제1차 세계대전이 시작되었기 때문에 1914년9월에는 2척 모두 영국 해군에 매수되어서 알미란테 라토르레는 '캐나다', 알미란테 코라네는 '인디아'로 개명되었다. 그 뒤 알미란테 코라네는 영국 해군의 항모로 완성되어 '이글'로 다시 개명되었다.

제1차 세계대전 후인 1920년에 전함 캐나다는 칠레로 매각되어 다시 알미란테 라토르레로 개명되었다. 그 뒤 1929년에서 1931년에 걸쳐 근대화개장을 실시하여 1958년에 제적될 때까지 남미 최강의 전함으로 현역에 머무르다가, 1959년에 해체되었다.

36㎝ 주포 10문을 보유, 일본의 후소에 육박하는 강력한 전함이었던 알미란테 라토르레

■ 알미란테 라토르레 전함 이력
- 1915년 : 영국에서 영국 전함 캐나다로 준공
- 1920년 : 칠레에 매각
- 1920년 : 알미란테 라토르레로 개명
- 1929~1931년 : 영국의 데본포트(Devonport) 공창에서 근대화 개장
- 1958년 : 제적
- 1959년 : 해체

■ 제원 전함 알미란테 라토르레
- 기준 배수량 : 28,500t
- 길 이 : 201.5m
- 너 비 : 28.0m
- 흘 수 : 8.8m
- 출 력 : 37,000마력
- 속 력 : 22.75 kn
- 항속거리 : 10kn/4,400해리
- 무 장 : 35.6㎝연장주포탑 5기, 15.2㎝단장포탑 16기, 76㎜단장고각포탑2기, 47㎜단장포탑4기, 50㎝수중어뢰발사관 5문
- 장 갑 : 수선 229㎜, 갑판 102㎜, 포탑 254㎜, 사령탑 279㎜
- 승무원 : 1,170명

ALMIRANTE LATORRE

동급함 - 알미란테 라토르레

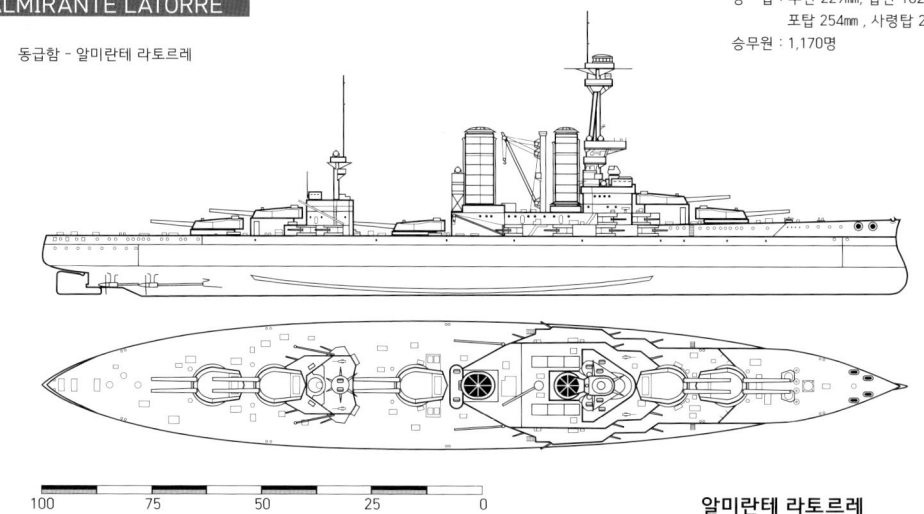

알미란테 라토르레

각국의 미완성 전함

글 마츠다이 모리히로 **그림** 다무라 노리오

제2차 세계대전은 해전의 양상을 대함거포주의에서 항공주의로 극적으로 바꾼 전쟁이었다. 그 때문에 계획은 되었으나 완성되지 않은 전함이 많았지만 그 장대한 구상력은 지금까지 우리들을 매혹시킨다. 이 장에서는 세계대전 전~전쟁 중기에 계획·구상된, 또는 건조를 시작했지만 완성되지 않은 전함과 그것에 준하는 것 10종에 대해서 해설하려고 한다.

타입별로 개설하면 야마토 개량급/초야마토급, H급, 라이온급, 몬태나급은 각각 야마토급, 비스마르크급, 킹 조지 5세급, 아이오와급을 확대발전시킨 즉 정통발전급이다. 그리고 초갑순(초갑순양함), O급, 네덜란드 순양전함은 쾌속을 활용해 적 중순양함을 구축하는 것을 목적으로 한 순양전함 타입이다. 그리고 가스코뉴Gascogne급은 리슐리외급의 주포배치를 변경한 타입으로 소베츠키 소유즈Sovetskii Soyuz는 소련이 처음으로 건조하려 했던 거대전함이었다. 이 같은 미완성 전함 계획에는 각국 해군의 전략·사상이 깊게 배여있는 것을 유의해 주기 바란다.

그리고 이 장이 수록한 각 함의 도면은 베이스가 된 다른 함 등에서 추측한 것이다.

(글/편집부)

야마토 개량급
초야마토급
초갑순(초갑순양함)B65급
몬태나급
H급

O급
라이온급
가스코뉴급
소베츠키 소유즈급
K·네데린덴급

제6장

전함 야마토개량급 / 초야마토급
끝없는 포격력에 대한 갈망으로 나온 51cm포함

일본해군 / IJN

　해군군축조약 실효 후에 일본 해군은 야마토급을 중심으로 한 강력한 전함부대를 해군군비의 핵심으로 자리 매김하여 미 해군과의 결전에 대비하게 되었다. 그 때문에 야마토와 무사시에 이어서 4계획(제4차 해군군비충실계획)에서는 110호함 시나노(信濃)와 111호함의 2척을 건조했다.

　그러나 1940년에 미국 정부가 양양함대법[1]을 성립시켜 아이오와급 전함 4척을 추가건조하게 되었기 때문에 일본은 1942년의 5계획(제5차 해군군비충실계획)에서 야마토급을 개량한 전함 3척을 건조하게 되었다. 그 중의 1척(797호함)은 야마토급에 개량을 가한 약(略)동급함이 될 예정이었기 때문에 '야마토 개

[1] Two-Ocean Navy Act, 일명 스타크스 계획 Stark's plan

량급'으로 칭하게 된 적도 있었다. 또 남은 2척(798, 799호함)은 50.8cm 포를 탑재한 전함으로 설계가 진행, '초야마토급' 전함으로 널리 알려져 있다.

　1939년 당시 미 해군이 건조를 진행하고 있었던 신형전함은 노스캐롤라이나급 2척과 사우스다코타급 4척의 계 6척이었기 때문에 일본 해군은 야마토급이 4척 구비되면 전력적으로 이길 수 있다고 판단하였다.

　그러나 미 해군은 계속해서 아이오와급의 건조에 착수하였다. 그리고 아이오와급을 능가하는 강력한 전함의 출현 가능성에 위협을 느낀 일본은 5계획을 통해 3척의 신형전함을 추가 건조하려 했다. 게다가 미국의 건조 페이스는 너무 빨라서 1945년까지는 아이오와급이 6척이나 준공될 예정이었다. 그 때문에 이

같은 전함은 모두 야마토급을 개량, 발전시킴으로서 가능한 한 설계를 공통화하고 건조 페이스를 빠르게 한 것이었다.

　또 벌써 110호함을 건조한 단계에서 야마토급의 설계를 변경했으므로 엄밀하게는 시나노와 111호함도 야마토급의 동급함이라 말할 수 없으며 개량급으로 보는 것이 정확하다. 110호함과 야마토급과의 중요한 변경점은 과다했던 현측 및 갑판방어를 가볍게 한 대신 함저방어를 강화하고 함대기함으로서의 사령부 설비를 충실화한 것, 양현측의 15cm 부포를 폐지한 뒤에 장포신 10cm 고각포를 장비하는 것이었다.

　그러나 장포신 10cm 고각포 양산이 제대로 되지 않았고 또 예산상의 제약도 있었기 때문에 110호함의 건조 단계에서는 장포신 10cm 고각포의 장비는 포

YAMATO-IMPROVED

동급함 - 797호함

■ 제원 전함 야마토 개량급 (야마토와 크게 다른점)
주요무장 : 15.5cm 부포 3연장포탑 2기,
10cm 연장고각포탑 10기,
25mm 3연장기총 다수

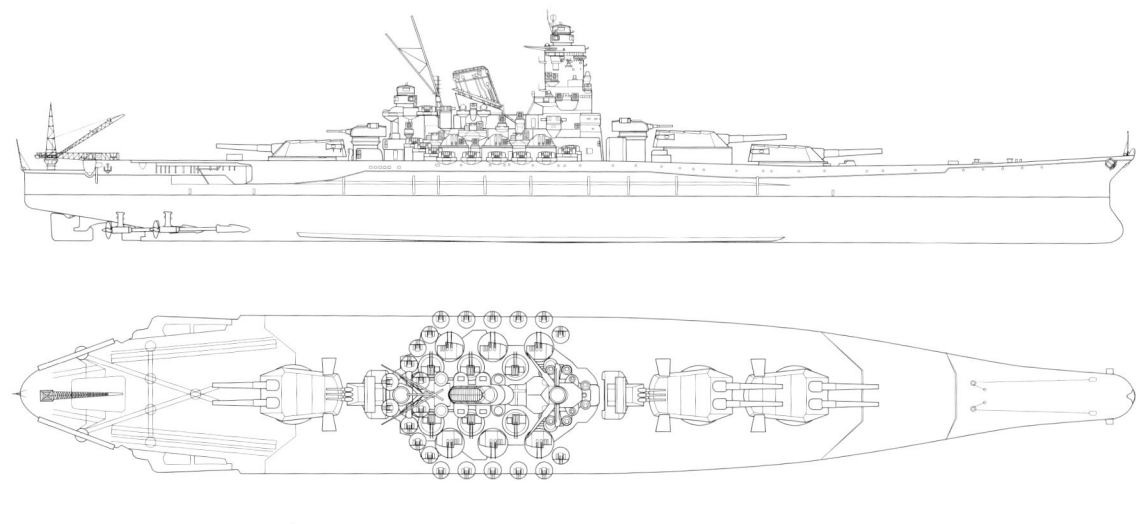

초야마토급 (부포부착안)

기하게 되었다.

이 같은 상황에서 먼저 797호함은 시나노와 111호함과 같은 개량을 더한 뒤에 본래 장비할 예정이었던 길이 10cm 고각포를 당초부터 장비하고 또 좌우양현의 부포탑은 당초부터 장비하지 않고 고각포를 강화하는 등, 야마토급의 결정판이라고 할수 있는 위치가 예정되었다. 그러나 장비하는 것은 어디까지나 46cm 포이므로 동시에 건조가 결정된 798, 799호함이 취역하면 전력가치가 크게 낮아지는 너무나 슬픈 숙명을 짊어진 함이기도 했다.

게다가 야마토급과 야마토 개량급을 합하면 4척으로 797호함은 5번째의 함이 되기 때문에 2척단위의 전대편제상에도 '따돌림 취급'받는 존재였다. 그러나 군령부가 마지막 협의단계에서 해군성에 제시한 계획에서는 46cm 포함 2척과 50.8cm 포함 1척을 건조할 예정이었다고 한다. 계획이 이 중 어느 쪽으로 변경되었는지는 분명치 않다.

한편 798, 799호함은 50.8cm 포를 탑재한 전함으로 일단 새롭게 설계가 진행되었다. 그러나 언급한 바와 같이 미국 건함계획이 극히 대규모여서 조금이라도 빠르게 완성하지 않으면 안되었기 때문에 항만과 건조시설 처리능력을 고려한 결과 선체, 기관의 기본설계는 야마토급을 크게 반영하게 되었다. 또 50.8cm 주포의 연장포탑은 46cm 3연장포탑과 거의 같은 크기의 용량임이 드러난 것도 야마토급의 설계를 기초로 한 큰 요인이 되었다.

그 때문에 최종적으로 정리된 설계안은 50.8cm 주포를 탑재하고 대 50cm 포 방어력을 갖춘 야마토의 약동급함이라고 말할 수 있다. 그러나 주포의 구경이 50.8cm로 강화되었기 때문에 주포 문수가 9문에서 6문(연장포탑 3기)으로 줄어들었다. 이 6문을 최소한의 일제사격 문수라고 해도 46cm 포 탑재시보다는 일제사격 탄수와 단위시간당 발사탄수가 적어지기 때문에 포탄 1발의 위력에 기대하는 수 밖에 없었다.

797호함은 1943년에 기공되어 1947년에 준공 예정이었고, 798과 799호함은 1950년에 준공될 예정이었다. 그러나 태평양 전쟁의 개전으로 상황이 변하고, 또 1942년에는 미드웨이 해전에서 항모기동부대가 큰 타격을 받았기 때문에 1943년 5계획 개정 때에는 항모의 건조가 최우선사항으로 되어 전함의 건조는 전부 중지되었다. 물론 797에서 799호함의 건조도 중지되어 3척 모두 기공조차 되지 않은 채 책상위의 존재로 사라져 버렸다.

■ 제원 전함 초야마토급 (야마토와 크게 다른점)
주요무장: 50.8cm 연장포탑 3기,
10cm 연장고각포탑 10~12기

SUPER-YAMATO CLASS

동급함 - 798호함, 799호함

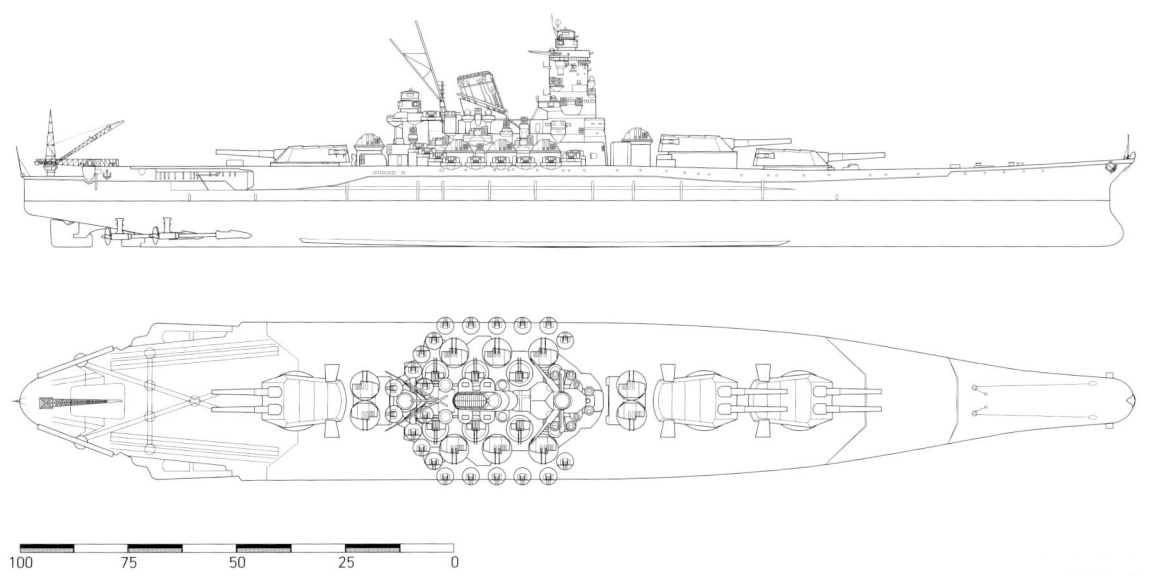

초야마토급 (무 부포안)

일본해군 IJN

야간뇌격전에서 혈로를 열 초대형 중순양함
B65급 초갑형 순양전함

군축조약의 실효와 함께 조약급 중순양함을 구축하기 위해서 초대형 중순양함이 계획되었다. 계획 번호 B64와 65가 그것으로 대 20cm 포 방어와 30kn를 넘는 고속력을 구비한 함체에 31cm 주포를 탑재하고 있었다. 콘셉은 장갑순양함을 구축하는 순양전함과 거의 같아서 특히 색다른 것은 아니었다. 그러나 일본 해군은 수뢰전대를 사용한 야습을 극히 중시하고 있어서 미 해군의 주력함을 지원하고 있는 중순양함을 제거하고 수뢰전대의 돌파구를 열 준주력함이 필요하게 되었다. 그 때문에 공고급의 고속전함을 야습부대에 편입하게 되었지만 이미 공고급의 함령은 30년에 가까워서 새로운 함이 필요하게 되었다. 초갑순은 함체 앞 부분에 주포탑 2기, 뒷 부분에 1기의 전통적인 주포배치였지만 경사 연돌과 탑모양의 사령탑을 채용하여 야마토급과 비슷한 외견이 되었다. 또 야습부대의 지휘를 하므로 정찰능력을 중시, 수상정찰기를 3대 탑재하였다. 연돌의 뒷 부분에 격납고와 대형 사출기를 설치하여 외견상의 특징은 현저했다.

그 뒤 계획 도중에서 알래스카급의 정보가 입수되었기 때문에 주포구경을 36cm로 하는 안이 부상했지만 당초 장비가 예정된 31cm 3연장포탑조차 중량은 1,000톤에 이르러 주포를 강화하는 것은 곤란하였다. 최종적으로는 31cm 포를 장비하는 당초안대로 건조준비가 진행되었지만 1942년에는 미드웨이 해전에서 항모 기동부대가 큰 타격을 받아 항모 건조가 최우선사항이 되었고, 또 1943년의 5계획 개정 때는 초갑순의 건조도 중지되었다.

■ 제원 초갑순
- 배수량 : 31,495t
- 길 이 : 244.6m
- 너 비 : 27.2m
- 흘 수 : 8.8m
- 출 력 : 136,000마력
- 속 력 : 33kn
- 항속거리 : 18kn/8,000해리
- 무 장 : 31cm 3연장주포탑 3기, 10cm연장고각포탑 10기 25mm 3연장기총탑 12기
- 장 갑 : 수선 190mm, 갑판 120mm
- 승무원 : 약 1,300명

SUPER-HEAVY-CRUISER B65 CLASS

동급함 - 795호함, 796호함

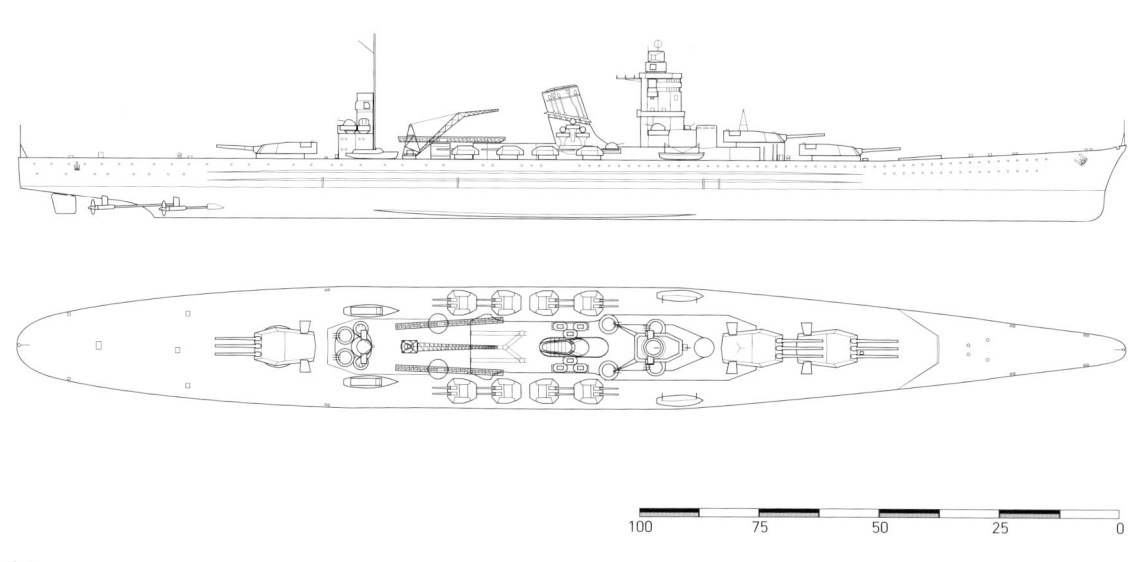

초갑순

몬태나급 전함

야마토와 호각의 성능을 가진 미 해군의 히든카드

미국해군 / USN

아이오와급에 이어서 건조가 예정되어 있었던 전함이었지만 건조계획 그 자체는 아이오와급과 같은 1938년까지 거슬러 올라간다. 흔히 이 급을 두고 46㎝ 주포를 장비한 일본의 신형전함에 맞서기 위한 전함이라고들 얘기하지만 사실은 40㎝ 주포탑재함에 맞서기 위한 전함이라 할 수 있다. 아이오와급이 속력을 낮추고 미 전함으로서는 보기 드물 정도로 방어력을 높인 것에 반해서 몬태나급은 아이오와급과 비슷한 정도의 공격력과 보다 높은 방어력, 27kn 정도의 속력을 추구했다.

공격력에 있어서는 아이오와급을 넘어서야 한다는 의견이 있어서 1938년의 단계에서는 46㎝ 주포의 장비도 검토되었다. 그러나 해군 정보부가 일본의 신형전함은 46㎝ 주포를 장비할 수 없을 거라고 주장한 것에 영향을 받아 주포 구경은 40㎝ 그대로 유지되었다. 그러나 1939년에는 계획의 갱신이 이루어져서 40㎝ 3연장주포탑 4기(총 12문)을 장비, 공격력을 보다 강화하게 되었다. 1940년에는 중미의 니카라과에 새로운 운하를 건조한다는 가정하에 파나마 운하의 폭을 넘는 넓은 폭의 함체가 인정되어 1941년 3월에는 최종 설계안이 해군의 승인을 얻었다. 그러나 미 해군은 아이오와급의 건조를 최우선으로 했기 때문에 1941년 중에는 1척도 기공되지 않은 채 일본군의 진주만 공격을 맞이해 버린다. 그 뒤 1942년 초에 대통령으로부터 건조중지 명령이 하달되어 1943년에는 최종적으로 취소되어 버렸다.

결과적으로 몬태나급은 일본의 야마토급에 맞서기 위해서 요구된 전함이었지만 공격력과 속력이 야마토급과 동급 또는 그 이상이라고 말하기는 어렵다.

■ 제원 전함 몬태나급
배수량 : 60,500t
길　이 : 280.9m
너　비 : 36.9m
흘　수 : 11.2m
속　력 : 28 kn
항속거리 : 15kn/15,000해리
주요무장 : 40.6㎝ 3연장주포탑 4기, 12.7㎝연장양용포탑 10기
장　갑 : 주장갑두께 406mm, 장갑154mm
승무원 : 2,149명

MONTANA CLASS

동급함 - 몬태나, 오하이오, 메인, 뉴햄프셔, 루이지애나

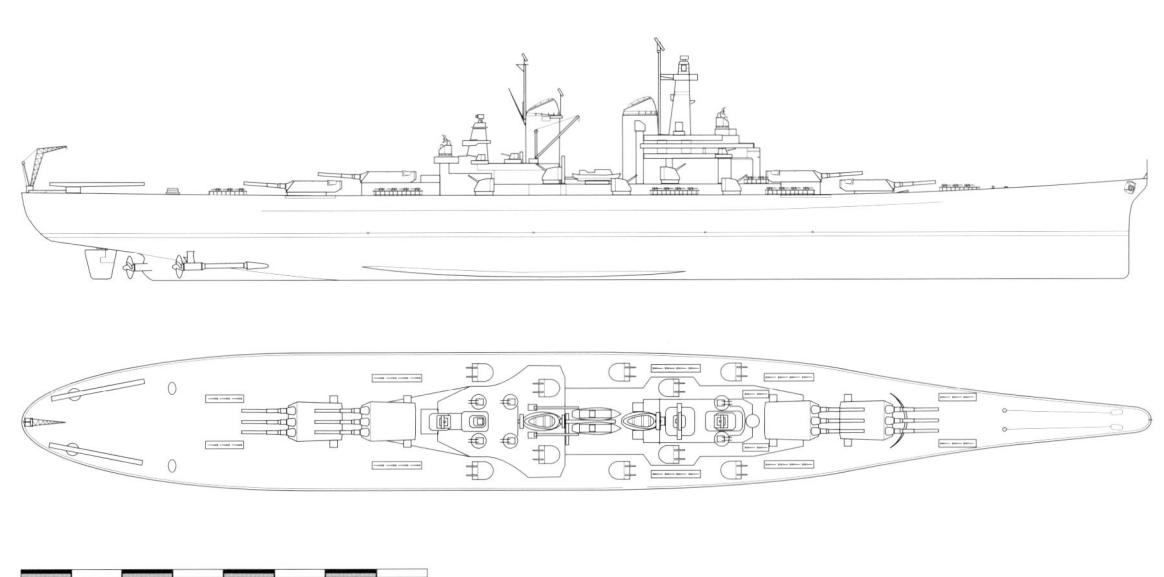

몬태나

독일해군  KM

비스마르크를 확대 강화한 유럽 최강 전함
H급 전함

1939년에 발령된 Z계획의 중핵이 된 전함으로, 완성되었다면 유럽 최강의 전함이 되었을 것이다. Z계획이란 영국 해군에 정면으로 맞설 수 있는 전력 보유를 목적으로 한 대규모 건함 계획으로 1948년까지 전함과 순양전함 13척, 장갑함(포켓전함) 15척, 항모 4척 등을 장비할 예정이었다. 신생 독일 해군에게 H급은 최대최강의 전함으로 동급함 6척의 건조가 계획되어 문자 그대로 전함의 주력이 될 예정이었다.

설계적으로는 비스마르크급의 확대 강화급이라 말할 수 있는 것으로 실루엣도 비슷하다. 40㎝ 포탄에 대한 방어력을 구비했고, 속력도 30kn나 되는 이 급은 야마토급과 아이오와급에 필적하는 능력을 가지고 있었다. H급의 설계적인 특징은 디젤기관을 전면 채용한 것과 당시의 전함으로서는 드문 어뢰발사관을 장비한 것이었다. 당시 큰 출력의 디젤기관은 진동이 심한 결점이 있었지만 H급에는 개량된 신형기관이 채용되어서 고속력과 대항속력을 함께 겸비한 함이 될 예정이었다.

독일 전함의 결정판이라 할 수 있었던 함으로 먼저 H함(가칭함명)과 J함(가칭함명)가 각각 1939년 7월과 9월에 기공되어, 4년 후에는 준공될 예정이었다. 그러나 J함의 기공 당일에 독일군이 폴란드 침공을 개시하여 제2차 세계대전이 시작돼 버렸다. 개전과 함께 동반되는 자재상황의 악화로 인해서 계획단계였던 4척은 물론, 기공이 시작된 2척도 1942년 8월에 건조중지되었다.

■ 제원 전함 H39급
배수량 : 57,617t
길 이 : 266m
너 비 : 37m
흘 수 : 10m
속 력 : 30.4kn
항속거리 : 19kn/16,000해리
주요무장 : 40.6㎝연장주포탑 4기, 15㎝연장포탑 6기, 10.5㎝연장고각포8기, 37㎜연장기총탑8기
장 갑 : 수선 300mm, 갑판 200mm, 포탑 정면 400mm, 사령탑 정면 350mm
승무원 : 2,600명

H CLASS

동급함 - H, J, K, L, M, N

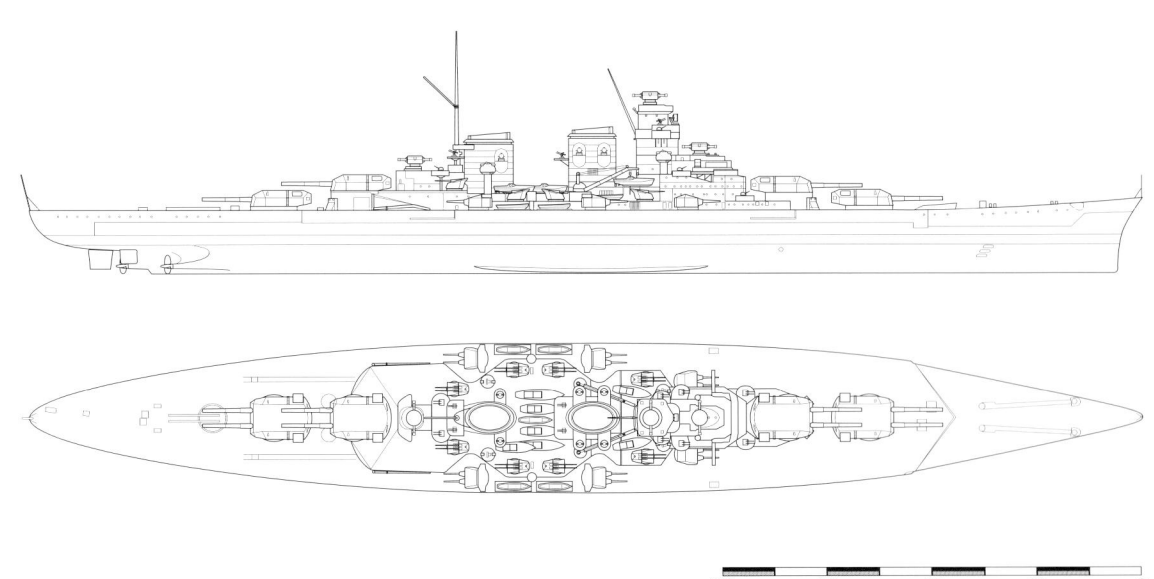

H39

O급 순양전함

독일해군 | KM

위협적인 고속을 발휘하는 하이브리드 순양전함

H급전함과 같이 Z계획에서 건조가 예정되어 있었던 순양전함으로 계획으로는 3척 건조될 예정이었다. O급의 기본 계획은 통상파괴를 목적으로 한 장갑함(포켓전함) P급에서 파생된 것으로 기본적으로는 장갑함과 일본의 초갑순, 미국의 알래스카급 대형순양함과 비슷한 콘셉으로 설계되었다. 즉 중순양함을 확실히 격파하는 공격력과 방어력을 구비하고, 전함을 확실히 따돌릴 수 있는 속력을 가진 준주력함의 위치였다. 그러나 O급은 영국의 후드와 프랑스의 됭케르크급, 리슐리외급 고속전함과의 조우에도 대비하지 않으면 안 되었기 때문에 그들보다 높은 33.5kn의 고속력이 추구되었다. O급의 설계는 역시 장갑함의 확대강화급으로 태어난 샤른호르스트급과 비슷한 점이 많고 함의 실루엣도 비교적 비슷했지만 연돌을 2개 구비한 점이 크게 달랐다. 이것은 속력을 중시하여 디젤과 증기 터빈의 복합동력을 채용했기 때문으로 완성되었다면 주력함의 역사에 남은 선진적인 존재가 되었을 것이다. 또 속력을 중시한 결과 방어장갑이 꽤 얇았기 때문에 적의 주력함과 정면에서 맞붙는 것은 위험했을 것이다.

O급은 극도로 강력한 통상파괴함으로도, 단독함으로도 운용이 가능했기 때문인지 공기는 2~3년 반으로 예정되어 전력화를 도모했다. 그러나 제2차 세계대전의 개전으로 인해 기공되지 않은 채 취소되었다.

■ 제원 순양전함 O급
배수량 : 31,152t
길 이 : 246m
너 비 : 30m
흘 수 : 8m
속 력 : 33.5kn
항속거리 : 19kn/14,000해리
주요무장 : 38㎝연장주포탑 3기, 15㎝연장포탑 3기, 10.5㎝고각포탑 4기, 37㎜연장기총탑 4기
장 갑 : 수선 190mm, 갑판 110mm, 포탑정면 220mm, 사령탑 정면 200mm
승무원 : 1,965명

O CLASS

동급함 - O, P, Q

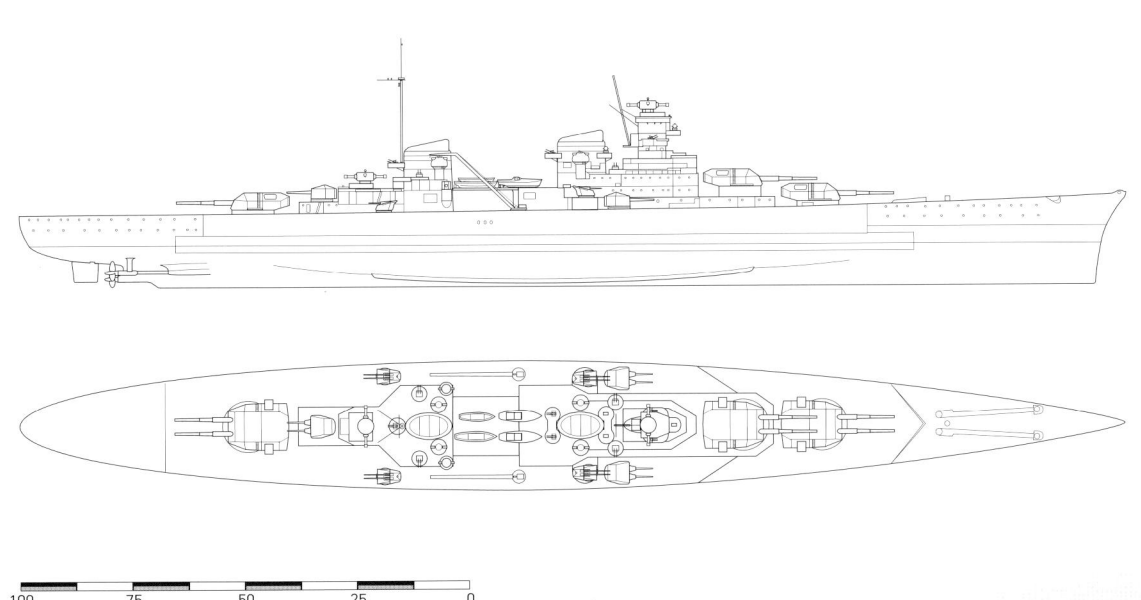

라이온급 전함

40.6cm 포 9문을 장비한 영국 최강 전함

영국해군 / RN

독일의 비스마르크급과 이탈리아의 신형전함에 맞서기 위해 영국 해군은 40cm 주포를 장비한 신전함 건조를 계획했다. 기초연구를 세워 1938년에 설계가 완료되고 다음 년도인 1939년에 기공되었다. 기본적으로는 킹 조지 5세급을 확대개량한 것으로 실루엣도 크게 비슷했지만 함미는 각진 트랜섬식이었다. 또 방어와 속력도 약간이나마 강화되어 방어력과 공격력의 균형이 잡힌 견실한 전함으로 평가되었다. 그러나 최대속력 30kn는 기관이 과부하출력으로 운전될 때의 비상속력으로 보통 최대속력은 28kn 이하로 추정되었다. 만약 라이온급이 완성되었다면 비스마르크급에도 충분히 맞설 수 있었을 것이다. 또 주포 포신길이가 45구경장이었기 때문에 50구경장 포 장비가 예정되어 있었던 H급과 비교한 경우, 조금 뒤떨어진다는 의견도 있지만 사정거리, 위력 모두 영향을 줄 정도의 차이는 아니고 H급도 충분히 맞설 수 있다고 생각되었다.

건조 중이던 킹 조지 5세급은 36cm 주포를 장비했기 때문에 40cm 주포를 장비한 라이온급의 전력화가 서둘러졌다. 영국 해군은 동급함 4척의 건조를 계획하고 1939년에는 네임 쉽 라이온과 2번함 테메레르 HMS Temeraire가 기공되었다. 그러나 제2차 세계대전의 발발로 3번함과 4번함은 기공되지 않은 채 건조중지되었고, 이미 기공된 2척에 대해서는 건조가 중지된 뒤에 세계대전 말기에는 선대(船台)상에서 해체되었다.

■ 제원 전함 라이온급
- 배수량 : 42,550t
- 길 이 : 237.7m
- 너 비 : 32.9m
- 홀 수 : 10.4m
- 속 력 : 28.25kn
- 주요무장 : 40.6cm 3연장주포탑 3기, 13.3cm 연장양용포탑 8기
- 장 갑 : 수선 373mm, 갑판 149mm, 포탑정면 373mm
- 승무원 : 1,680명

LION CLASS

동급함 - 라이온, 테메레르, 콩쿼러, 썬더러

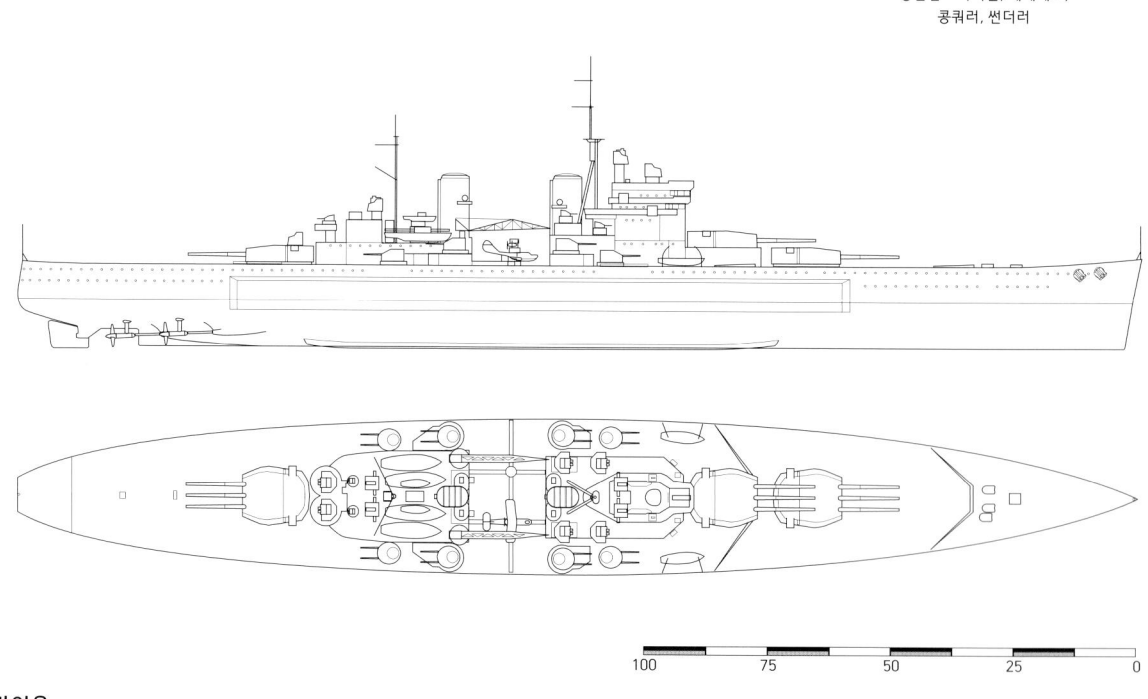

라이온

프랑스해군

리슐리외급에서 파생된 환상의 전함
전함 가스코뉴

프랑스 해군은 1938년 계획에서 2척의 리슐리외급 전함을 추가 건조하게 되어 클레망소, 가스코뉴로 이름이 지어져서 1939년에 기공하기로 결정했다. 이 2척 중에 클레망소는 리슐리외와 같이 2기의 4연장주포탑을 앞부분에 집중배치한 디자인이었지만 가스코뉴는 설계를 새로하여 주포탑을 전후에 1기씩 배치했다. 전통적인 디자인으로 평가 되었다.

그 때문에 건조중인 4척이 전부 장비된 경우라도 가스코뉴만이 크게 함형이 달랐기 때문에 함대로서 통일 행동을 취하는 것은 극히 곤란하다고 생각되었다. 물론 함대로서의 통일행동을 취하기 어려운 것은 문제이기 때문에 프랑스 해군은 1940년 계획에서 전함을 2척 추가 건조, 전함 6척으로 각 3척으로 구성된 2개 전대를 편성할 예정이었다고 한다.

또 리슐리외에서 클레망소까지는 함명에 인명을 썼지만 가스코뉴급에서는 지명을 썼던 점에서도 프랑스 해군의 전함에 대한 생각이 바뀐 것이 엿보인다. 그러나 굳이 함형을 크게 변경할 경우에는 뭔가 이유가 있을 것인데 실은 그 이유가 분명하지 않다.

당시 리슐리외의 급은 아직 건조 중이었으므로 운용실적을 고려한 설계 변경이라고 하기도 어렵고, 해군 지도부 내에서 뭔가 방침변경이 있었던 것으로 추측된다. 또 프랑스 해군은 실험적인 아이디어를 적극적으로 반영하는 전통이 있었기 때문에 그것이 표출되었다고 보는 전문가도 있다. 그러나 어찌되었던 결정적인 근거는 부족하고 억측이 많은 함이라 할 수 있다.

■ 제원 전함 가스코뉴급
배수량 : 35,000t
길 이 : 247.85m
너 비 : 33.0m
흘 수 : 9.6m
속 력 : 30kn
항속거리 : 12kn/10,000해리
주요무장 : 38㎝ 4연장주포탑 2기, 15.2㎝ 3연장포탑 3기
장 갑 : 수선 330mm, 갑판 150mm, 포탑정면 430mm
승무원 : 1,670명

GASCONGNE CLASS

동급함 - 불명

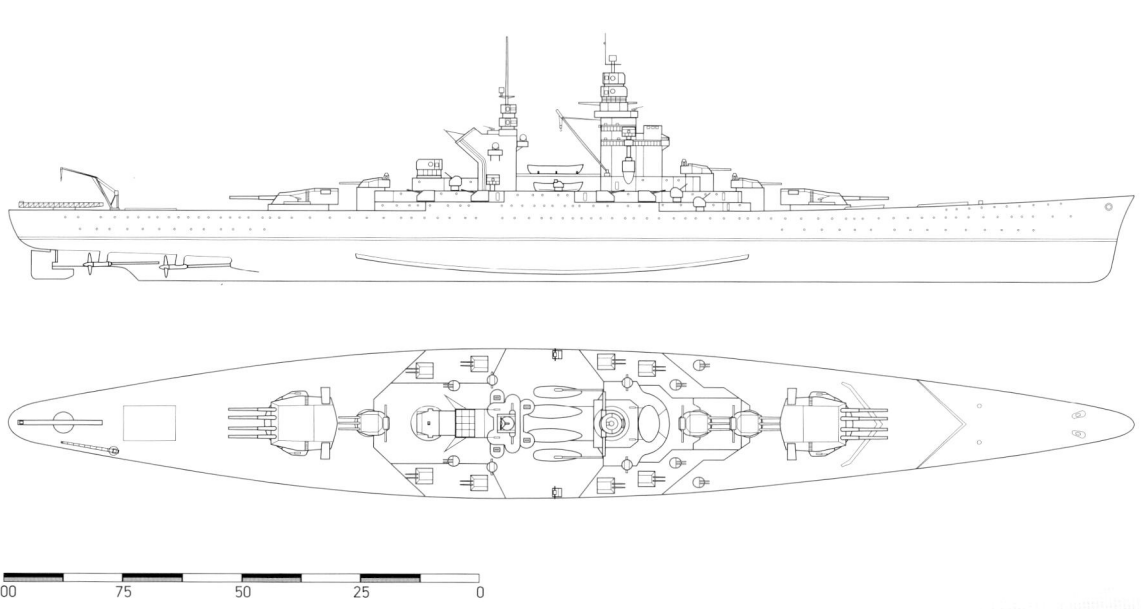

가스코뉴

소베츠키 소유즈급 전함

비밀에 싸인 소련제 거대 전함
소련해군 / BM

소련이 건조하려고 했던 이 거대전함은 길이에서는 아이오와급을 미묘하게 넘어섰고, 완성되었다면 세계 최대급의 함이 되었을 것이다(배수량은 야마토급보다 작았다) 1번함 소베츠키 소유즈는 1938년에 기공되어, 독소개전 때에는 선체 공사가 끝나가고 있었지만 (1941년 말 진수예정), 개전으로 인해 공사는 중단되고 최종적으로는 해체되어 버렸다.

현재에도 세부적으로는 불명확한 점이 많고 최근까지 함형도로 몇 개의 부정확한 구상도만 있었을 뿐이었지만 최근의 연구로 인해 개요는 꽤 명확히 알려졌다.

소베츠키 소유즈급의 원급이 된 것은 1933년에 이탈리아에서도 알려진 U·P·41 계획안이었다. 동 계획은 40cm 3연장 주포탑을 3기장비하고 33kn의 속력을 발휘하는 고속전함이었다.

그 뒤 소련군 간부 숙청으로 인한 곤란으로 작업은 일시정체되었다. 1938년에는 기본 설계가 이루어지고 공사에도 착수되었지만, 독소전으로 인해 완성에는 이르지 못했던 것은 앞에서 언급한 바와 같다.

흥미롭지는 않은 전함이지만(제원은 미 해군 연구소의 자료에 의한 것), 무기로서의 능력에 대해서는 의문점이 많다. 예를 들면 소련 해군은 사격지휘장치 운용 경험이 별로 없었고, 대형함의 데미지 컨트롤에도 익숙하지 않았다. 또한 공격력, 방어력, 속력이 충분히 발휘될 수 있었을지 의문스럽다. 더군다나 1940년에 이르러서도 주포 공급 계획이 세워지지 않았다. 독소전 개전이 없었다고 해도 완성되었을지 여부는 극히 미묘한 문제라고 말할 수 있다.

■ 제원 전함 소베츠키 소유즈급
배수량 : 59,150t
길 이 : 271.5m
너 비 : 38.9m
흘 수 : 10.1m
속 력 : 29 kn
항속거리 : 15kn/7,500해리
주요무장 : 40.6cm 3연장주포탑 3기,
15.2cm연장포탑 6기,
10cm단장고각포탑 8기
장 갑 : 수선425mm, 갑판225mm
포탑정면495mm, 사령탑정면425mm
승무원 : 1,292명

SOVETSKII SOYUZ CLASS
동급함
소베츠키 소유즈, 소베츠카야 우크라이나
소베츠카야 벨루시야, 소베츠카야 로시야

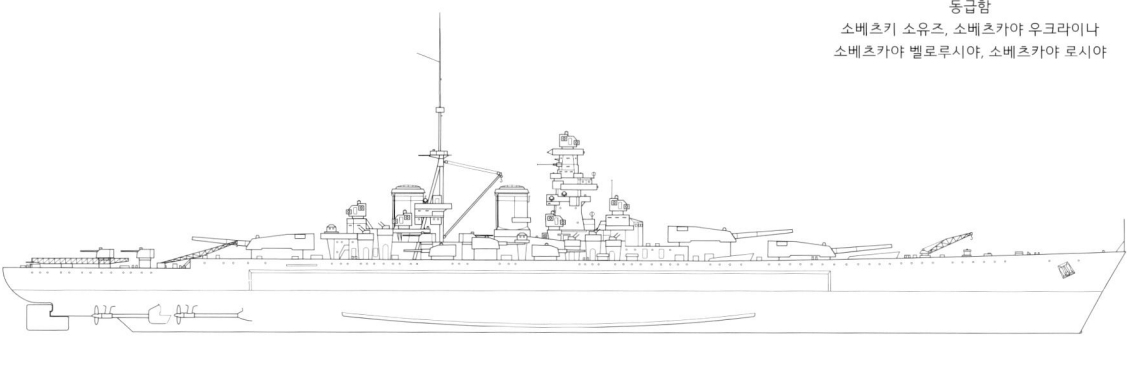

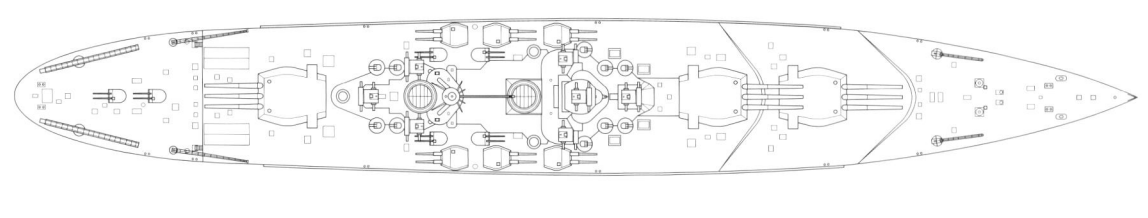

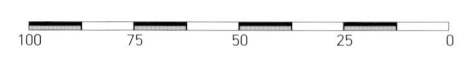

소베츠키 소유즈

일본 중순양함에 대한 대책으로 계획된 쾌속전함
K·네데린덴급 순양전함

1938년 네덜란드 정부는 아시아 식민지(네덜란드령 동인도, 현재의 인도네시아)를 방위하기 위해서 순양전함 건조를 계획했다. 이 순양전함은 특히 일본의 중순양함에 맞서기 위한 목적으로 장갑방어력은 20cm 포탄을 막는 정도로 타협을 보았지만 순양함의 고속력과 큰 항속거리가 요구되었다. 또 28.3cm 주포를 9문 탑재하는 것으로 인해 중순양함을 화력으로 압도하고 공고급 고속전함처럼 속력을 살려 다른 전함을 뿌리치는 것이 가능한 함이 요구되었다.

1939년 2월 17일 정부가 건조계획을 승인했지만, 네덜란드 해군은 전함 건조 경험이 없었기 때문에 독일의 기술원조를 받게 되었다. 같은 해 4월 24일에서 25일에 걸쳐서 베를린의 전문가와 상담한 결과 나온 계획함의 스타일은 어느것이나 독일의 샤른호르스트급과 비슷했다.

결국 1940년에 네덜란드가 항복해버렸기 때문에 이 순양전함은 기공조차 되지 않은 채 사라져 버렸지만 완성되었으면 미국의 알래스카급과 일본의 초갑순에 상당하는 함으로 미·일의 계획이 빠르게 진행되는 등 여러가지로 흥미로운 현상을 불러일으켰을 것이다. 설령 1938년에 기공되었더라도 1940년 항복까지 완성되었을 가능성은 매우 의심스럽다. 그래도 분명 흥미로운 함이다.

■ 제원 순양전함 K·네데린덴급
기준 배수량 : 27,950t
길 이 : 237.1m
너 비 : 30.0m
흘 수 : 7.8m
속 력 : 34kn
항속거리 : 20kn/4,500해리
주요무장 : 28.3cm 3연장주포탑 3기,
　　　　　12cm 연장포탑 6기,
　　　　　40mm 보포스연장탑 14기
장 갑 : 수선 250mm, 상부장갑갑판 100mm,
　　　　포탑기부(基部) 250mm, 사령탑정면 300mm
승무원 : 1,020명
(설계번호 1047호의 경우)

DUTCH BATTLECRUISER PLAN

동급함 - 전3척

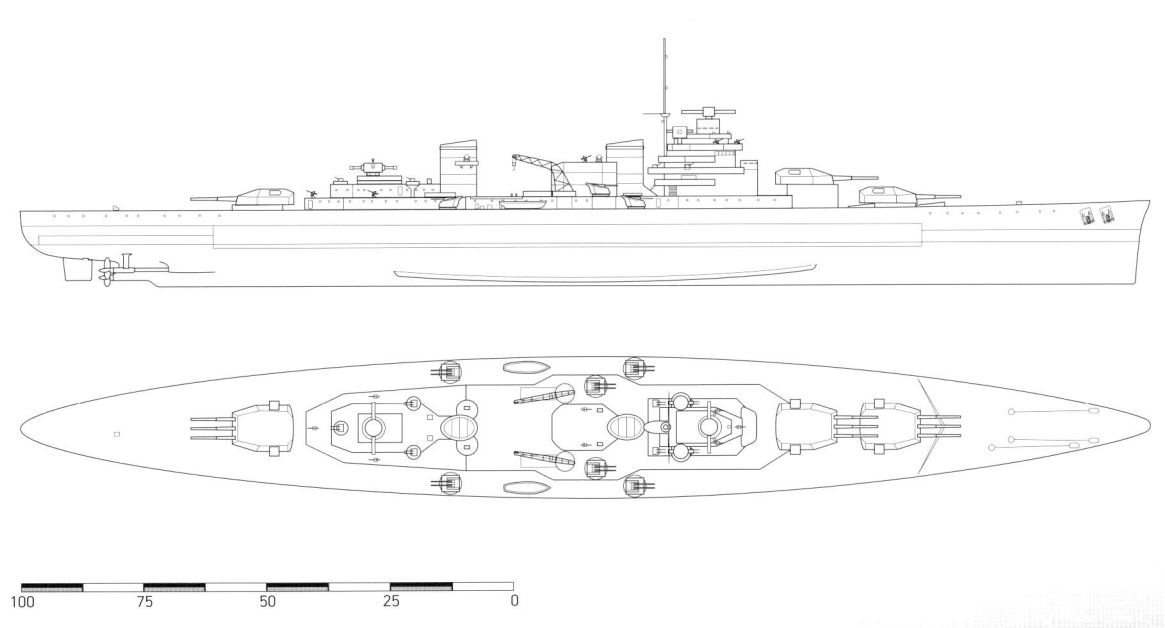

네덜란드 순양전함안

세계의 전함
1939~1945

2011년 3월 1일 초판 1쇄 발행
2020년 9월 30일 초판 4쇄 발행

편 저	계간 밀리터리 클래식 편집부(季刊ミリタリー・クラシックス編集部)
번 역	진정숙
편 집	aoi (일본어판) / 박관형 (한국어판)
마케팅	정다움
발행인	원종우
발 행	도서출판 길찾기 주소 [18314] 경기도 과천시 뒷골1로 6, 3층 전화 02-3667-2653 팩스 02-3667-3655 메일 edit01@imageframe.kr 웹 imageframe.kr
책 값	18,000원
ISBN	978-89-6052-161-2 17810

世界の戰艦 完全ガイド1939~1945
(Battleships of World War II)

© イカロス出版
First published in Japan 2010 by IKAROS PUBLICATIONS LTD., Tokyo
Korean translation rights arranged with IKAROS PUBLICATIONS LTD.

'세계의 전함 1939~1945' 한국어판 판권은 (주)이미지프레임에 있습니다.
이 책에 실린 글과 도판의 무단전재와 복제를 금지합니다.

번역 진정숙(nizyugo@naver.com)
영진전문대학 및 일본 쿄린(杏林)대학 관광교류문화학과를 졸업하고, 동대학원 석사 학위를 취득했다.
현재 일본어 통역 및 번역 프리랜서로 일하고 있다.